U0727122

国际能源政策新变化及其对中国的启示

江苏高校国际能源政策研究中心　编著

科学出版社

北　京

内 容 简 介

近年来，国际能源形势正在发生深刻变化，出现国际能源消费重心东移、能源清洁低碳转型加快、中东局势持续动荡不安等特点。国际能源格局的变化影响了世界各国的能源政策。本书基于国际能源新形势，探讨了国际能源政策新变化及其对中国的影响和启示，主要内容包括能源政策的内涵、制定与实施；典型国家能源政策演变及启示；能源投资政策的国际比较及启示；能源融资政策及国际比较；国际能源价格指数比较及启示；可再生能源发电的国际经验及启示；家庭能源消费政策的国际比较及启示；国际市场化减排机制及其对中国的启示；中国的大气污染防控及国际经验借鉴；特朗普政府的能源政策及对中国的影响；德国能源转型及其对中国的启示；印度能源发展趋势及对中国的影响；"一带一路"背景下的国际能源合作潜力评价。

本书可供能源经济管理、国际问题研究的专家、学者、研究生阅读和参考。

图书在版编目（CIP）数据

国际能源政策新变化及其对中国的启示 / 江苏高校国际能源政策研究中心编著.—北京：科学出版社，2017

ISBN 978-7-03-055054-5

Ⅰ.①国… Ⅱ.①江… Ⅲ.①能源政策-研究-世界 Ⅳ.①F416.2

中国版本图书馆CIP数据核字(2017)第267168号

责任编辑：李 雪 武 洲 / 责任校对：桂伟利
责任印制：张 伟 / 封面设计：无极书装

科学出版社 出版
北京东黄城根北街 16 号
邮政编码：100717
http://www.sciencep.com

北京中石油彩色印刷有限责任公司 印刷
科学出版社发行 各地新华书店经销

*

2017 年 10 月第 一 版 开本：720×1000 1/16
2019 年 3 月第三次印刷 印张：14 1/2
字数：285 000

定价：98.00 元
（如有印装质量问题，我社负责调换）

前　言

近年来，国际能源格局发生了很多大变化，首先，中国成为最大的能源消费国，印度能源需求快速增长，促使全球能源格局向多中心化发展，全球能源治理体系正悄悄发生变化；其次，应对全球气候变化继续得到关注，低碳和绿色发展成为共识；第三，全球能源转型不断加快，德国能源转型成效显著，中国风电、光伏装机容量达到了全球首位；第四，特朗普政府摒弃奥巴马的"气候行动计划"政策倾向，大力扶持美国传统能源行业，轻视清洁能源，给全球能源治理带来了不确定因素。国际能源格局的变化也影响了世界各国的能源政策。

在这种背景下，江苏高校国际能源政策研究中心组织开展了国际能源政策相关课题研究，本书选取了部分研究成果加以出版。本书共有 13 章，第 1 章研究了能源政策的基本概念与内容，分析了能源政策的制定和实施过程，由吕涛、邓旭等撰写；第 2 章概述了典型国家能源政策的演变过程，由何凌云撰写；第 3 章比较分析了美国、俄罗斯、欧盟、日本、中国能源投资的政策目标、政府角色、激励政策，提出了对中国的启示，由刘传哲、谢方铭等撰写；第 4 章比较分析了国际能源融资政策，由周莹莹、李楠等撰写；第 5 章重点探讨了全球能源价格指数类型、特征及启示，由刘满芝、陈梦等撰写；第 6 章选择德国和荷兰两个典型国家，探讨了促进可再生能源发电的政策，由吕涛、刘风撰写；第 7 章分析了不同国家的家庭消费政策及其对中国的启示，由芈凌云、俞学燕等撰写；第 8 章研究了国际市场化减排机制的发展及其对中国的启示，由王许撰写；第 9 章分析了中国大气污染的时空特征与防控管理体制，探讨了美英等国家大气污染防控的经验及其对中国的启示，由王迪撰写；第 10 章探讨了特朗普政府的能源政策及对中国的影响，由聂锐、张言方等撰写；第 11 章重点研究了德国能源转型的举措及其对中国的启示，由王锋撰写；第 12 章对印度能源和煤炭发展趋势进行了预测，分析了印度能源需求增长的全球影响，由吕涛、张美珍撰写；第 13 章对"一带一路"背景下的中国国际能源合作潜力进行了评价和分析，由吕涛、高剑撰写。全书由吕涛、何凌云和张明统稿。

本书中的系列研究成果得到了江苏省教育厅"江苏高校国际能源政策研究中心"的资助，在此表示感谢。中心研究生参与了其中的课题研究，科学出版社编辑为本书的出版付出了大量辛勤劳动，在此一并感谢。本书写作过程中参阅了大量文献和数据资料，特别向这些文献的作者表示感谢。

目　　录

第1章　能源政策的内涵、制定与实施

1.1　能源政策的基本概念

1.1.1　政策的含义

政策，无论在日常生活还是学术领域都没有一致性的界定，总的来看，有广义和狭义之分。广义的政策指政策制定主体有目标有计划的活动及过程，不涉及对政策内涵和内容的界定和描述。例如，美国学者詹姆斯·安德森提出，政策是一个有目的的活动过程；著名学者卡尔·弗里德里希认为，政策是在某一特定的环境下个人、团体或政府有计划的活动过程，政策的用意是利用时机克服障碍，以实现某个既定的目标或达到某一既定的目的[1]。这两位学者都强调了政策的过程性。哈罗德·拉斯韦尔与亚伯拉罕·卡普兰认为，政策是一种含有目标、价值与策略的大型计划，突出了政策的计划性[2]。在此基础上，台湾学者林水波、张世贤提出政策是执行行动的指引，是一个人、团体或政府在固定的环境中拟定的一个行动计划[3]。

现今的公共政策学文献更多是对"政策"作狭义描述。公共行政学的创始人美国学者伍德罗·威尔逊提出，政策是由政治家即具有立法权者制定的、由行政人员执行的法律和法规，将政策纳入到法律法规的范畴[4]。国内学者宁骚认为，政策是由公共权力机关或政党通过政治过程所选择和制定的为解决公共问题、达成公共目标以实现公共利益的方案[5]。这个定义从公共视角限定了政策的主体、作用和内容。

从这些学者的定义来看，政策是公共机关，如国家机关、政党及其他政治团体在特定的时期为实现或服务于一定的社会政治、经济、文化等公共目标所采取的政治行为或规定的行为准则，它是一系列战略、法令、措施、办法、方法、条例、标准等的总称。

理解政策的内涵，可以从以下方面入手：

(1)政策制定的主体。政策制定者不仅包括正式的行政机构，还涉及到非政府组织、社会团体等。

(2)政策作用的范围。政策作用的范围包括公共领域里的一切事物,包括社会、经济、文化环境下存在的问题和所要发生作用的社会成员两个方面。

(3)政策实施的方式。政策的表现形式包括各种有计划的指示、批示、方针、规划和精神等，主要起到积极的导向作用，具有一定的鼓励性。

(4)政策实施的目的。政策是一定社会阶级意志和利益的集中体现,通过调节各种利益关系,来服务于社会经济的发展。

(5)政策活动的过程性。政策从制定、修订、发布、执行到反馈需要经历相应的过程,也需要相关主体的参与和资源的投入。

1.1.2 能源政策的含义及特点

结合政策的含义,能源政策可以理解为政府和各级能源主管部门围绕能源生产、供应、消费所制定的一系列方针和策略,涉及能源发展战略、能源市场、能源产业政策等多方面的行动纲领和政策规划。能源政策的表现形式包括法律、规划、纲要、标准、办法、条例等(表1-1)。

能源政策制定的初衷源于能源发展的外部性。伴随着经济快速发展,世界各国能源消耗量都大幅度提高。能源消耗使社会获得了福利满足,但是其外部性问题也逐渐影响经济个体和社会经济的健康发展。所谓能源外部性,主要是由能源开发利用活动所产生但没有相应能源生产者和消费者承担的损害或获得的收益[6]。其正外部性主要表现在能源消费极大地促进了工业化进程,大大提高了生产力,经济得以迅速发展。负外部性主要有工业化进程加快所产生的资源消耗问题,过量能源消耗所产生的生态环境破坏问题,能源价格波动、能源供应中断等所引起的能源安全问题。

能源生产和消费产生的外部不经济性,单靠市场机制是无法纠正和补偿的,需要政府承担起保护能源环境、市场监管的职责。政府可以制定和采取一系列能源政策,以征税或补贴等形式,使产生外部不经济性的经济主体足额付费,使能源外部不经济性内部化。

表 1-1 能源政策表现形式

形式	特点	举例
法律	长期	《中华人民共和国可再生能源法》
规划		《能源发展"十三五"规划》
纲要	中期	《中国21世纪初可持续发展行动纲要》
标准		《能源标准化管理办法》
办法		《清洁发展机制项目运行管理办法》
意见	短期	《关于加快推行清洁生产的意见》
条例		《建设项目环境保护管理条例》

1.1.3 国际能源政策的含义及特点

世界经济全球化的今天,能源问题已超出局部和经济范畴,对国家安全、大国关系以及国际战略正在产生深远影响,国际间的竞争博弈以及未来能源发展趋势都促使着国际能源政策的产生与调整。

国际能源政策制定的主体既可以是各国政府，也可以是国际或区域性组织，如国际能源署、欧盟、国际可再生能源机构等。国际能源政策既可以指国别能源政策，也可以指适用于多个国家的国际性能源政策。当前，国际能源政策关注的重点是全球气候变化和能源结构转型，即通过一系列激励措施和补偿机制，减少煤炭、石油、天然气等不可再生能源的消耗，大力开发以风能、核能、水能、太阳能、生物质能为主的可再生能源，促进能源的清洁化和可再生循环[7]。

对各国来讲，能源政策不仅关系到能源产业的发展，还直接影响其他经济部门的活动，影响到未来的社会发展及环境，甚至国家的经济安全。从国际层次来看，能源政策涉及资源控制权的争夺、全球气候变化的约束、国际关系等多种因素的影响，旨在谋求合作实现共赢。

在全球一体化进程加快的今天，国际能源政策具有以下特点。

(1) 以能源供应保障为核心。在全球能源需求不断增加的形势下，能源进口国面临的能源安全压力不断增大，寻求稳定的能源供应是各国能源政策优先考虑的目标。例如，美国建立了五大战略石油储备基地，总储量约为 1.03 亿吨，其中商业原油储备可供全国使用 150 天，并以《能源政策与保护法》为法律保障[8]；日本在积极拓宽能源获取渠道，2010 年石油储备量接近 150 万吨[9]。

(2) 关注环境的可持续性。生态环境是人类生存之本，转变发展观念，注重生态和谐是当今各国的共识。2016 年 6 月，第二届联合国环境大会在肯尼亚内罗毕召开，大会围绕《2030 年可持续发展议程》的落实，通过了 25 项决议和行动，在海洋垃圾、野生动植物非法贸易、空气污染、化学品和废物、环境教育、可持续消费和生产等问题上达成影响深远的决定[10]。减轻甚至消除能源发展对生态的破坏已经成为国际能源政策关注的焦点问题。

(3) 注重能源可持续发展。从供给侧来看，一方面在于减少化石能源的消耗，主要通过技术创新提高使用效率，在不增加能源消耗和增加环境代价的前提下减少对能源的依赖；另一方面在于推动新能源的开发，通过价格激励，财政补贴，税收优惠等一系列鼓励政策，促进新能源技术的研发[11]。从需求侧来看，主要通过广泛的宣传与落实，提高社会民众的节能环保意识，降低能源的需求[12]。

1.2　能源政策的内容体系

能源政策可以按照不同的标准加以划分，这里从发展阶段和政策内容阐述能源政策的内容体系。

1.2.1 能源政策的发展与变革

人类的能源利用经历了从薪柴时代到煤炭时代，再到油气时代的演变，每一次能源时代的变迁都伴随着自然观、发展观的演变以及科学技术的发展，生产力的巨大飞跃和能源观念的变革对能源政策的形成和制定产生了重要的影响(表1-2)。

表 1-2　不同发展阶段的能源政策

发展阶段	背景描述	代表国家和政策
世界能源工业的兴起—煤炭时代	18世纪的工业革命开创以机器代替手工工具的时代，能源需求日益增加，能源政策的目的大都是发展能源工业，以满足经济增长对能源的旺盛需求。	法国1964年对煤炭、石油、天然气和电力部门实行国有化，促进能源的开发与利用；日本确立了"官民一体"的煤炭增产体制，采用倾斜生产方式，实施"煤主油从"政策。
能源危机后的各国能源政策—石油时代	石油危机导致国际油价大幅上涨，一些西方国家经济严重受挫，能源安全问题空前突出。能源政策旨在拓宽能源来源的多样性，降低对外依存度。	美国总统尼克松发起"独立工程"，力图实现能源自给，1975年颁布了《能源政策和节约法》；日本1975年颁布的《石油储备法》使石油储备上升为国家战略，1978年颁布的《节能技术开发计划》鼓励企业开发节能、高效和高附加值的技术与产品。
生态文明时代的能源政策—新能源时代	20世纪90年代以来，生态危机已经成为威胁人类生存和发展的首要问题，过量使用化石能源导致的气候异常、环境污染、水土流失、沙漠扩大、水源枯竭等生态平衡失调现象越来越引起人们的重视。	欧盟2007年提出了21世纪节能减排政策，并通过了"欧洲委员会能源行动计划"，旨在建立欧盟统一的天然气与电力市场领域的先驱，通过了"德国可再生能源改革计划"，注重新能源和传统能源的平衡；中国2016年颁布了《能源发展"十三五"规划》和《可再生能源"十三五"规划》，大力发展新能源和可再生能源。

1.2.2 能源政策的类型与内容

能源政策涉及能源生产、供应、消费等各个方面，根据当前各国的关注点，可以大体确定能源政策主要的内容和方向(表1-3)。

表 1-3　能源政策的内容

政策内容	解释	代表国家和政策
能源储备政策	通过储备能源产品和能源资源应对能源供应严重短缺、供应中断或者价格剧烈波动等能源供应紧急状态的一种制度。	美国制定《能源政策与储备法》，建立政府战略石油储备和企业商业化石油储备；欧盟颁布《欧盟能源供应安全绿皮书》，公布"欧盟能源安全与合作行动计划"等。
能源应急政策	在能源供应紧急时期维护基本能源供应和消费秩序，保障经济平稳运行的一系列制度政策的总称。	中国出台《电力企业应急预案管理办法》、《中国石油突发事件应急预案》；德国以石油储备联盟为主体，投放石油储备。
节约能源和提高能效政策	节约能源指采取技术上可行、经济上合理、环境和社会可接受的一切措施来提高能源的利用效率；能源效率减指减少提供同等能源服务的投入。	中国颁布《节约能源法》，《电力法》和《煤炭法》；美国颁布《节约能源法2007》，推进能源市场机制的建立，促进建筑节能等；欧盟颁布《能源效率行动计划》，转变能源消费模式和社会行为模式；德国制定《节约能源条例》。

续表

政策内容	解释	代表国家和政策
促进可再生能源发展政策	促进可再生能源发展的各项制度和政策。	德国电力领域的《可再生能源优先法》，供热领域的《可再生能源供热促进法》以及交通领域的《生物燃料配额法》等；英国的《可再生能源义务法令》；美国可再生能源配额制度等。
能源环保的碳标识制度	将产品在生产、使用和弃置阶段所排放的二氧化碳及其他温室气体总量以标签的形式予以表述，通过引导消费者选择低碳产品达到鼓励企业研发低碳技术和减少温室气体排放的目的。	英国 2008 年颁布了《商品和服务在生命周期内的温室气体排放评价规范》，提供了一套统一的碳足迹评价体系和计算方法；加拿大推出了基于Ⅲ型环境标志的碳足迹标志。
能源技术创新与推广政策与法律	新能源的开发利用技术和常规能源的创新性利用技术的推广应用。	美国的煤气化技术，清洁煤技术和计划等。

1.3　能源政策的制定过程

　　能源政策不是孤立发生的，其与各地独特的能源问题、政策目标和利益相关者有密切关系，这都会影响能源政策的制定和实施[13]。人们通常特别重视政策的内容，却忽视政策制定与形成的过程。政策制定是决策者根据面临的问题，提出解决方案，并使其转化为政策规范的过程。政策制定是政策过程的首要环节，是政策成败的基础[14]。参照公共政策制定的一般程序，该部分分析了能源政策产生的过程。

1.3.1　能源政策的来源

　　能源政策制定的起点是各类能源问题。虽然世界各国面临的能源问题不同，但制定能源政策的目的基本一致，一是注重能源安全，应对供应中断、油价暴涨等紧急情况，迅速做出反应。例如，日本基于本国能源匮乏的国情，以 20 世纪 70 年代遭遇的两次能源危机为契机，通过制定正确有效的能源政策和与之相对的能源法律制度，迅速调整其过于依赖石油的能源政策[15]。二是注重节能减排，减缓全球气候变化。2015 年巴黎气候变化大会通过的《巴黎协议》在一定程度上影响了各国能源政策的制定，各国将应对生态危机和气候变化作为制定能源政策的主要目的[16]。三是注重技术创新，着力抢占未来新能源技术的制高点。世界各国都非常重视新能源技术的研发和应用，欧盟于 2010 年 3 月发布了《欧盟 2020 年战略——为实现灵巧增长、可持续增长和包容性增长的战略》，提出发展智能、现代化和全面互联的运输和能源基础设施等措施，建立资源效率更高、更加绿色、竞争力更强经济的目标[17]。

1.3.2　影响能源政策的主体

能源政策的制定是一个复杂的动态过程，参与政策制定的个人、团体或者组织，根据其在政策制定过程中的地位及影响，分为两类：直接制定者和间接影响者，直接制定者包括立法机关和行政机关；间接影响者包括政党、利益团体和公民等。

1) 直接制定者

能源政策属于公共政策的范畴，由拥有决策权的政府机关组织制定。由于各国的社会政治制度、经济发展状况、文化传统等不同，政策制定过程存在着差异[14]，政策制定者的构成要素和作用方式也有不同，但从国家能源发展的长远利益出发，能源政策必须由具有权威性的高层政府组织制定、颁布才有效用，可以得到实施[18]，因此，能源政策通常都是由国家立法机关和行政机关负责制定的。

(1) 立法机关是被称为国会、议会、代表会议一类的国家权利机构[14]。立法机关是执掌立法权的机关，主要职能是制定法律，从本质意义上来讲，制定法律也是制定政策。例如，日本国会制定的《日本能源政策基本法》；中国的《中华人民共和国可再生能源法》、《中华人民共和国节约能源法》、《中华人民共和国煤炭法》和《中华人民共和国电力法》等能源法律法规是由全国人民代表大会常务委员会制定通过的。

(2) 行政机关是国家权力机关的执行机关，是立法和政策建议的重要来源。西方各国政府行政机关的组织形式、政府首脑及其内阁的地位及权限各有特点，随着现代各国行政机构的职能不断扩大，其在政策制定过程中作用增大，具体表现在为了配合立法机关制定的能源法案的深入贯彻和实施，制定一系列的政策规范加以辅助。例如，美国国会通过一项法案后，由联邦政府机构部门制定法规细节和具体政策。在中国，行政机关根据基本国策制定出具体的政策法规，例如国家能源局和发改委按照《可再生能源法》的要求，制定了《能源发展"十三五"规划》以及配套的《可再生能源发展"十三五"规划》、《太阳能发展"十三五"规划》、《电力发展"十三五"规划》、《煤炭发展"十三五"规划》、《石油发展"十三五"规划》和《天然气发展"十三五"规划》等政策规划。

2) 间接影响者

能源政策的制定直接影响社会各个行业、各个领域的生产生活，为使政策能够尽可能被广泛的舆论接受和反映广大群体的利益，政策制定者在制定政策时，需要保证具有广泛的参与性[19]。这里将不具有政策决策权，但对政策制定有影响力的参与主体称之为间接影响者，包括政党、利益团体和公民。

(1) 政党尤其是执政党是影响政策制定的一支核心力量。特别在美国等实行总统选举制的国家，能源政策更是赢得选票的关键[19]。中国实行的是中国共产党领导的多党合作制度，各民主党派参与重大能源政策的讨论与决定。

(2) 大型能源企业及能源消费者是影响能源政策制定的利益团体。在西方国家,利益团体是能源政策制定的最重要力量,他们通过游说、宣传、捐款、抗议等方式影响政策的制定,或者通过制造舆论,进行民意调查[20],向政府提供有关的信息来影响政策制定。与其他政策类似,制定能源政策的压力多来自生产集团,英国能源政策的生产者驱动性正是忽视了消费者的利益,所以导致了能源政策的短期性。

(3) 公众广泛参与能源政策的制定是政策透明化的重要措施。联邦制的国家政策制定需要通过严格、广泛和高度的咨询程序,包括要向非政府组织和社会公众咨询,并将形成的建议提交相关的部委或再提交国会通过。20 世纪 70 年代以来,美国能源部就十分强调公众的参与,美国的一些州公民能对法案直接投票,使政府的能源政策和法规建立在广大公众对能源问题及其解决办法的共同认识的基础上[19];澳大利亚、英国等国家能源政策的制定需要经过社会咨询的过程;玻利维亚甚至采用全民公决的方式确定国家的能源政策。

国际能源政策主要针对的是国家间围绕能源开展的贸易、投资及能源争议问题,由国际能源组织(如国际能源署、欧佩克、国际可再生能源机构等)成员国代表组成理事会,制定调整国际间因能源产生的跨国关系的法律规则和制度[21],涉及的内容有能源合作、能源环境问题、能源投资、能源贸易、能源执行机制等方面。在国际能源政策的制定过程中,跨国能源公司和 WTO 的间接影响作用不容忽视。一方面,大的跨国公司直接推动了行为准则的形成,例如英国"壳牌"石油公司的"一般经营原则"在世界石油贸易中发挥作用,他们的利益诉求往往成为能源组织制定政策考虑的重要因素;另一方面,能源是影响世界经济发展的关键因素,WTO 作为全球性最活跃的经济组织,能源贸易的规范机制对能源政策制定起到一定的指导性作用。

1.3.3　能源政策制定程序

能源政策的制定实际上是一个利益博弈的过程,就是将各种能源问题、能源现状及利益要求输入政策制定系统中并将其转化为政策输出的过程,由立法机制、管理机制、对话机制、咨询机制、选择机制、目标机制、市场机制、预测机制等多种机制共同作用[22]。正确的政策来自于正确的制定机制与过程,包括"自上而下"和"自下而上"两种方式。所谓"自下而上"就是需要政策制定者做好深入基层的调查研究工作,及时将基层出现的、可影响能源全局发展的问题进行反馈或将某些试点运用的政策,总结分析或推广;"自上而下"的能源政策制定行为,就是要以超前的宏观指导性政策贯彻到基层,控制能源形势的全局性发展趋势,托马斯·戴伊将美国政策制定的过程描述为自上而下的政策制定过程,包括能源政策,能源问题由精英利益集团"流向"政府。在一般情况下,能源政策的制定程序如下:

(1)由能源企业或由各级政府能源监管机构将政策执行过程中遇到的能源问题、难点反馈，提供素材，提出建议；或者由决策者以调查研究、观测、感知发现当前存在的问题；或为实现国家中长期能源发展战略目标，分析当前的形势，提出措施、对策等[19]。

(2)政策制定者归纳分析其中的冲突点，进行能源政策问题的界定、判别和筛选，分析需要解决的问题或实现目标的方式，并列入政策议程。例如，欧盟各成员国政府要根据欧盟能源政策法规和方针政策的总体框架，确定本国的基本能源政策和法规，对能源问题的界定除了要结合本国国情，还要参照欧盟能源行业的发展状况。

(3)在政策目标确立后，政策研究人员着手设计各项政策方案，对政策的每一细节进行细致周密的设计。包括：分析政策所要解决的核心问题；与政策相关的社会各方面的关联性；政策出台后可能产生的影响及其后果；政策实施的责任主体；政策的适应范围；政策执行的可能性；实施对象的现状和各种不同政策下的发展趋势，如企业规模、技术基础、资源条件、投资等[19]。

(4)政策方案优选。以各种假设讨论方案可行性，从政策受益、政策费用、政策时限等角度考量方案的优劣势，选择最佳的备选方案、方案组合或配置次序。

(5)合理的决策方法应该有一个具有分析问题能力和具有对解决途径进行合理评价能力的代表构成的公共群体参与，以及有政策实施的各级机构参与，这样做才可以减少由于各个经济主体为追逐自身利益对政策目标的曲解和降低未来实施的难度[19]。能源生产者、消费者、地方政府、商业以及大工业用户、环保机构的代表、市民等构成了一个丰富多彩的思想库，可以向决策者提供国内外能源领域新的动向、新的思路、新的信息、新的技术，提出从不同角度观察问题得出的政策建议，为下一步进行实质性的讨论打下基础。决策者通过广泛的咨询、讨论，既有横向的相关部门、机构以及个体，也有纵向的各级部门参与，才有利于协调各种政策目标的冲突，取得对政策目标优先权相对一致性的选择意见。仅有极少数的政策是由权力机构依法决策、颁布并强制实施。

(6)将公众咨询意见返回决策者，修订政策、上报，或再反馈咨询、修订、上报，依照法定程序审批。

(7)政府部门依照法定程序对政策方案予以审议和核定，进行一些修订和阐释，实现政策的合法化。能源立法为能源政策的落实提供保障，美国政府在制定出能源政策后，需要向国会寻求立法支持[23]，各项具体能源政策也都有一系列的法律及条款相呼应。

(8)为实施政策，将以上政策研究的细节内容，配以实施细则，说明政策实施的对象、范围，奖励或惩罚的对策及程度，各级政府与部门之间的配合，政策的有效期等具体问题[19]。

1.4　能源政策的组织实施

政策实施是指不同行为者、相关组织、程序以及技术等要素结合，将所采纳的政策付诸实施，努力实现所要达到的政策或者计划的目标。能源政策是由强制性的能源目标转化为政府自上而下的实施方案，基于标准的评估系统的支持，以在地方层面上验证实施。各级政府部门根据政策目标，逐层下达任务指令，贯彻政策内容，解决能源问题，以达到预期目标。政策实施决定着政策方案能否实现以及实现的程度和范围，是对原政策进行修正、补充和完善的重要依据，因此，良好的政策实施机制为实现政策目标奠定了基础。能源政策组织实施的参与主体及过程如下：

1) 分解政策目标，宣传政策内容

初始的能源政策通常由中央政府提出宏观的能源目标，而实施过程就是不断地将大目标具体化和可操作化。政策目标分解是实施过程的第一步，通过分配地方的具体目标，将实施责任逐级传达下去。在这个过程中，由发改委或国家能源局对能源政策的目标进行划分，并为每个省份分配能源目标，省级政府继续对目标进行分解，按照市、区、县层次逐级分配下去，各级政府根据管辖范围与辖区内的企业签订责任合同，督促其承担并完成能源目标。

目标分配和传达的过程中，伴随着的一项重要的任务是学习和宣传政策。由于参与者和利益相关者的背景、态度和知识不同，可能造成政策优先级的冲突，因此在政策颁布后，要组织各级政府执行人员进行学习，掌握政策目标、政策措施、政策界限、适用范围和条件等内容。就中国的情况来看，在省、市、自治区级的层面上，学习能源政策既要吃透中央的能源路线方针政策，还要吃透当地能源禀赋和能源发展问题等实际情况，才能将两者结合，有效贯彻执行政策。由于能源问题渗透到社会生活的方方面面，涉及范围极广，因此行政机关需要结合多种方法，把政策传播到各个阶层，改变家庭、企业、行业协会和其他社会组织对政策的认识。

2) 明确部门职责，制定执行计划

执行能源政策不是能源主管部门单独可以完成的，需要协调各个相关部门配合完成。因此，在制定执行计划这个环节，需要参照上一步政策目标分解的结果，明确各级政府和各个部门在长期、中期、近期的责任范围和目标，估算执行期限，列出所有活动的明细表，制定具体计划。发改委和国家能源局是政策实施的起点，负责能源目标的分解和能源项目的审批；部门负责发放能源项目经费和补贴，以保证政策推行的进度；环保部门负责制定污染物排放标准以及对能源企业环保问题进行鉴定，间接对企业施压督促其采用绿色技术完成能源目标；企业执行能源审计，根据审计结果制定行动计划。如美国《清洁能源法案》由环境保护署、农业部及其他联邦部门和机构共同制定和执行，环保署优先执行温室气体减排规章。要强调的一点是，地方政府制定执行计划时，要充分考虑当地的社会经济和物理环境，有效的回应当地的特殊情况和利益相关者的利益，灵活实施中央的政策，避免极端地响应国家的政策目标，而忽视能源系统和其他社会系统的联系。

3) 进行政策试点，积累执行经验

试点是在政策全面铺开前，根据"中间法则"选择合适的地区或行业代表，先行执行政策，总结经验教训，完善政策方案，指导政策的普遍执行。尤其是重大能源政策的执行和重大能源改革举措的实施，都应有典型的"试点"经验，政府对加强风电、光伏等可再生能源消纳工作的政策的执行，就是逐步展开的，由国家电网根据电力供需和可再生能源产能的匹配结果，分别展开可再生能源的并网工作。试点地区的地方政府积极响应国家政策，配合试点项目开展工作，并且及时向上级政府汇报运行情况。根据政策试点执行情况，择优采用成功的经验，对失败的经验认真分析，提出反馈意见，改良政策内容，逐步完善试点经验，推动政策的全面执行。在推广过程中，各级政府有关部门要根据政策的有关要求，抓紧研究制定配套法规和标准，加快建立地方性政策法规和制度，促进政策有效落实。

4) 加强政策监督，改进政策内容

各级政府监管部门或者由能源主管部门成立的临时监督组织对政策的执行情况进行监督，同时相应的各级行政机关将政策实施的效果定期进行反馈，将解决问题的水平、政策目标的实现程度、执行过程中的漏洞等情况及时反馈给政策制定和执行的机关组织，不断总结执行经验，修订政策法规，更好地发挥政策效应。

按照制定和实施主体的具体职责和流程，可构建能源政策制定和组织实施流程图，见图 1-1。

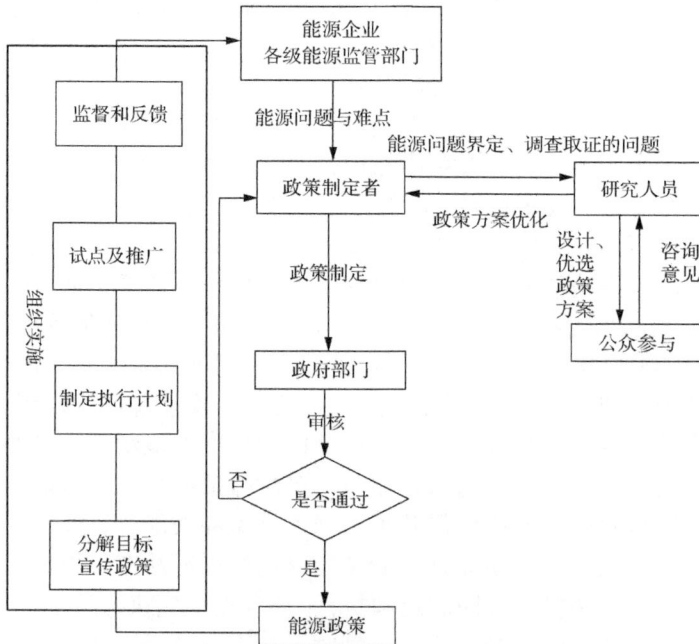

图 1-1　能源政策的制定与实施过程

1.5　能源政策制定与实施实例

1.5.1　中国《能源发展"十三五"规划》的制定

习近平总书记在 2014 年 6 月召开的中央财经领导小组第六次会议上，提出推动能源消费革命、能源供给革命、能源技术革命和能源体制革命，加强全方位加强国际合作，实现开放条件下的能源安全，要求抓紧制定 2030 年能源生产和消费革命战略，研究"十三五"能源规划。为解决传统能源产能过剩、能源系统效率较低、能源安全存在不确定因素等诸多难题，《能源发展"十三五"规划》（以下简称《规划》）的编制工作提上议程。

《规划》的前期准备工作开始于 2014 年 3 月，国家能源局委托多家单位开展了 52 项重大课题研究，包括《"十三五"能源需求总量及结构变化趋势分析》、《"十三五"及中长期电力和油气能源流向及规模研究》、《能源系统整体优化研究》和《"三北"地区风电和光伏发展问题研究》等[24]，这些高质量的专题报告为《规划》的编制工作奠定了理论基础。此外，国家能源局领导调研、走访了新能源富集地区、能源企业、煤炭去产能主战场等能源一线，对重大能源战略问题进行专题调研，征求地区、企业对能源发展战略的意见建议，为编制《规划》提供了科学依据。

在《规划》的编制过程中，国家能源局向国家能源委员会成员、31 个省（区、市）、新疆生产建设兵团、23 家有关企业及行业协会和有关部门征求意见，采纳了其中 500 多条意见。国家发展改革委副主任、国家能源局局长努尔·白克力主持召开了 4 次专题研讨会议，组织来自能源、经济、环保等领域的专家、骨干力量组建能源规划专家委员会和咨询工作组，共同参与《规划》编制工作，针对新常态下能源发展目标、发展思路、新能源消纳、过剩产能化解、系统效率提升等问题进行充分讨论，形成"十三五"能源规划有关重大问题专家论证意见智力库。

历经两年讨论、起草、修改、再讨论、再修改、再完善的过程之后，《规划》编制工作完成。2016 年 11 月 17 日，李克强总理主持召开的能源委员会会议，审议通过了《能源发展"十三五"规划》，报经国务院批准后正式印发。

1.5.2　日本《节约能源法》的制定和实施

日本实行国家统一管理的能源管理机制，建立了能源管理的多级体制。首先，由经济产业省负责能源管理工作。该国《能源政策法》规定，经济大臣应当在听取相关政府机关长官意见的同时，在听取综合资源能源调查会意见的基础上，编制能源基本计划的草案，并谋求内阁会议的决定[25]。因此，在节能管理中，经济产业省根据国家的总体要求，结合能源调查会的意见，制定节能法规、条例及经济产业政策，对企业的节能提出要求和奖惩措施，并将初步形成的草案提交内阁会议审核。审核未通过的草案由经济产业省下设的职能部门(如能源厅、核能和工业安全厅等)分别就其责任领域内具体的政策条例进行修改完善，重新提交的政策方案审核通过之后，由内阁议员分别向两议院提案，议员委员会对提案进行审查，审查通过的提案交由议员全体会议审议，这里的审查和审议是有区别的，审查是审议前的准备工作[14]，之后的表决结果决定法案的正式通过，国会执行立法程序，《节约能源法》正式公布执行。日本的能源法具有较强的操作性的一大典型表现就是在能源立法或者政策的制定过程中，提出定量化的指标来保证政策目标的具体化。《节约能源法》在将能源使用部门进行分类管理的基础上，规定不同类别能耗标准，促进企业提高能源使用率，这样的量化规定对政策的执行起到一个指引性的作用。

一般在能源立法完成之后，日本政府敦促下属能源管理部门及时制定《施行令》、《施行规则》等相关的配套法规[26]，辅助能源政策的贯彻执行，这一点同样适用于我国能源政策的实施过程。各部门根据节能目标，制定地方性的配套法规，将节能任务传达到各个产业、各个阶层，在这个过程中，有两个组织发挥重要作用。其中，新能源技术综合开发机构(NEDO)为法案及相关条例的实行提供技术支撑。NEDO作为独立法人，侧重为日本产业界服务，核心是产业技术的研究开发，基础是日本产业节能需求，是日本能源、环境技术研究开发的核心力量[25]。NEDO主要承担节能技术和设备，尤其是新能源技术的研发和推广工作，在保证产业效益不减的前提下，满足政府的节能目标。节能中心(ECCJ)是《节约能源法》在贯彻过程中的重要民间组织，主要从社会学的角度，例如教育、人事安排等角度推进节能工作，在政府和企业之间传递政策内容和反馈意见。企业在执行政府节能政策过程中出现的问题通过ECCJ反馈给能源部，帮助政府根据不同时期技术进步程度、市场需求的变化对法案及时进行修订和补充，《节约能源法》共经历了8次修订，这也是日本能源立法灵活性的一大表现。

参 考 文 献

[1] 陈振明. 公共政策分析[M]. 北京: 中国人民大学出版社, 2002.

[2] 高海波. 拉斯韦尔战时传播理论研究[D]. 武汉: 华中科技大学, 2010.

[3] 吴镇聪. 政策执行创新:提升党执政能力的关键[J]. 福建论坛(人文社会科学版), 2005, 13(s1): 35-37.

[4] 黄维民. 浅析公共政策的本质属性——公共性的涵义[J]. 西北大学学报哲学社会科学版, 2005, 35(6): 112-116.

[5] 宁骚. 公共政策学[M]. 北京: 高等教育出版社, 2010.

[6] 赵勇强. 能源外部性评价指标体系研究[J]. 中国能源, 2010, 32(4): 32-36.

[7] 高峰. 国际能源政策比较及对我国的启示[J]. 山西财经大学学报, 2007, (s2): 11-12.

[8] 费明明, 赵鹏大, 陶春. 中美战略石油储备的比较研究[J]. 中国科技论坛, 2011, (2): 143-147.

[9] 孙顺利, 杨殿. 日本能源安全政策及对我国的启示[J]. 中国石油和化工标准与质量, 2006, 15(7): 13-15.

[10] 董亮, 张海滨. 2030 年可持续发展议程对全球及中国环境治理的影响[J]. 中国人口·资源与环境, 2016, 26(1)：8-15.

[11] 孟浩. 美国新能源政策、影响及对策[J]. 价值工程, 2012, 31(20)：323-325.

[12] 陈海嵩. 德国能源问题及能源政策探析[J]. 德国研究, 2009, 24(1)：9-16.

[13] Wu J, Zuidema C, Gugerell K, et al. Mind the gap! Barriers and implementation deficiencies of energy policies at the local scale in urban China[J]. Energy Policy, 2017, 106: 201-211.

[14] 刘斌. 政策科学研究[M]. 北京：人民出版社, 2000.

[15] 黄琳. 中东能源因素对大国能源战略的影响[D]. 上海：上海外国语大学, 2010.

[16] 汪海波, 李正风, 王衍行,等. 能源政策演变:基于自然观和发展观维度的分析[J]. 科技进步与对策, 2012, 29(4)：100-104.

[17] 王衍行, 汪海波, 樊柳言. 中国能源政策的演变及趋势[J]. 理论学刊, 2012, (9)：70-73.

[18] 中国社会科学院数量经济与技术经济研究所课题组. 国家能源政策制定的关键条件:需要有权威性的、健全的管理机构[J]. 经济研究参考, 2006, (36)：40-45.

[19] 中国社会科学院数量经济与技术经济研究所课题组. 国家能源政策的形成过程[J]. 经济研究参考, 2006, (36)：30-38.

[20] 武悦. 公共政策制定过程中的主体权力运用研究[D]. 泉州：华侨大学, 2012.

[21] 余敏友, 唐旗. 国际能源法的兴起与变迁[C]// 中国能源与安全问题研究法律与政策分析国际会议. 2007.

[22] 中国社会科学院数量经济与技术经济研究所课题组, 杨敏英. 完善我国能源政策制定机制的建议[J]. 经济研究参考, 2006, (36)：45-51.

[23] 魏晓莎. 石油危机后美国能源政策制定的政治经济学研究[D]. 长春：吉林大学, 2013.

[24] 《能源发展"十三五"规划》诞生记[OL]. http://news.sina.com.cn/o/2017-04-05/doc-ifyeayzu6782280.shtml?qq-pf-to=pcqq.c2c

[25] 陈海嵩. 日本的能源管理及启示[J]. 中国科技论坛, 2009, (11)：134-139.

[26] 吴志忠. 日本新能源政策与法律及其对我国的借鉴[J]. 法学杂志, 2013, 34(1)：100-107.

第2章 典型国家能源政策演变及启示

2.1 引　言

能源是社会发展的物质基础，能源产业是关系国计民生的战略性产业。工业推动的经济增长模式下，对煤炭、石油等传统能源的依赖仍是能源利用的常态，因此，传统能源的发展仍是维护能源安全、维持能源稳定供应的过程中不可忽略的部分；进一步地，要实现节能减排的战略目标，除充分发挥市场机制的资源配置作用外，还需要政府能源战略发展规划和政策法律体系的支持，从而以完备的能源法律、政策体系支持能源系统的稳步转型、逐步实现节能减排，维护能源安全。

从世界范围来看，未来全球能源供给逐步呈现出扁平化、离散化的发展趋势，能源供给格局的多极化趋势将进一步发展，各国相应的能源政策及法律法规也随之不断调整[1]。总体来看，各国结合实际所制定的能源政策各具特色，涵盖了传统能源和新能源，涉及能源战略、能源储备、能源供需、能源价格、能源技术创新、能源与环境等多个方面，并在极大程度上影响着各国在能源领域内的竞争与合作。从我国的实际来看，为适应经济发展和市场化改革的需要，结合我国能源供需变化实际，我国自20世纪80年代以来不断出台并调整和优化了一系列能源政策，为能源产业的发展起到了积极的作用。但总体来看，政策体系在结构、配套及协调性等方面仍存在一定缺陷，需要借鉴发达国家及地区的先进经验，从而逐步建立起内容完善、结构严谨、各方面协调统一的能源政策与法律体系。基于此，本章从世界各典型国家的传统能源政策与新能源政策两个方面出发，对主要国家现行的能源政策作以梳理，以期为能源政策的制定与执行提供参考，并为后续的研究提供一定的借鉴。

2.2 传统能源政策演变

长期以来，世界各国采取了一系列能促进传统能源合理有效利用、并兼顾生态环境保护的政策。考虑到中国、美国、俄罗斯、澳大利亚是能源储量大国，而日本由于自然资源匮乏导致能源进口量排名世界前列，因此，基于能源储量和进口角度，本章选取中国、美国、日本等国为例，并基于能源类别对其传统能源政策进行梳理和分析。

2.2.1 煤炭能源政策

1) 中国的煤炭能源政策

基于煤炭在中国能源结构和全球煤炭生产中的地位，相关的煤炭能源政策也非常多(表 2-1)[2-8]。中国煤炭能源政策的变革大致分为三个阶段，第一阶段为 2002 年之前，煤炭生产经历了新中国成立后工业复苏的大幅度波动后，进入到转轨期，国家取消了煤炭销售的地区限制，煤炭生产量大幅度提升，缓解了煤炭供应紧张的局面。从总体上看，煤炭工业基本上能够支撑持续增长的国民经济对基础性产业提出的要求，经济的快速增长没有引起煤炭工业瓶颈状况的加剧。第二个阶段为 2003 至 2013 年，该阶段煤炭需求增长迅速，国家更加重视煤炭生产安全工作，指导和规范煤炭建设、生产、技术改造和结构调整，煤炭产业政策的实施带动了我国整体社会生产力水平的不断提高。第三阶段为 2013 年后，煤炭交易市场体系得以规范，煤炭加工转化水平逐步提高。此外，我国政府积极优化煤炭开发布局、调整煤炭产业结构、加强煤炭规划管理，有序推进了煤炭深加工产业化示范，进一步规范了示范工程标定评价工作；同时，相关部门及时总结经验，提升了科技创新、工程建设和运行管理水平。

表 2-1 中国煤炭能源政策演变

颁布时间/年	政策、法律法规	颁布机构
1988	出口煤炭质量监督管理办法	国家进出口商品检验局、煤炭工业部
1992	中华人民共和国矿山安全法	全国人大会常务委员会
1994	煤炭生产许可证管理办法	国务院
	煤层气勘探开发管理暂行规定	煤炭工业部
1995	关于加快高产高效矿井建设的决定	煤炭工业部
1996	中华人民共和国煤炭法	全国人大会常务委员会
	关于民用煤经营企业基本条件的通知	国内贸易部、国家工商行政管理局
1997	关于进一步加强煤炭销售管理工作的通知	煤炭工业部
	关于加强乡镇煤矿环境保护工作的规定	国家环保局、煤炭工业部
1998	关于关闭非法和布局不合理煤矿有关问题的通知	国务院
	关于加强煤炭工业标准化工作的通知	煤炭工业局
1999	关于进一步加强关井压产工作的通知	国务院
2000	中华人民共和国煤矿安全监察条例	国家能源局
	整顿煤炭经营秩序工作验收办法	煤炭工业局、国内贸易局、国家工商行政管理局
	关于加强煤矿安全监察信息工作的通知	国家煤矿安全监察局
2003	煤矿安全监察行政处罚办法	国家煤矿安全监察局
2004	煤炭经营监管办法	国家发改委
	煤炭出口配额管理办法	国家发改委、商务部、海关总署
	煤矿生产能力核定的若干规定	国家发改委

续表

颁布时间/年	政策、法律法规	颁布机构
2004	关于加快开展采煤沉陷区治理工作的通知	国家发改委
	关于进一步加强煤炭生产许可证监督管理工作的通知	国家发改委
2005	关于做好煤炭资源开发规划管理工作的通知	国家发展和改革委员会办公厅、国土资源部办公厅
	关于加强煤炭行业税收管理的通知	国家税务总局
	关于促进煤炭工业健康发展的若干意见	国务院
	关于预防煤矿生产安全事故的特别规定	国务院
2006	关于加强矿产资源补偿费征收管理促进煤矿回采率提高的通知	国土资源部
2006	关于进一步做好煤炭经营监管实施细则和煤炭经营企业合理布局规划制定等工作的通知	国家发展和改革委员会办公厅
	进出口煤炭检验管理办法	国家质量监督检验检疫总局
2011	关于继续暂停受理煤炭探矿权申请的通知	国土资源部
	关于修改《中华人民共和国煤炭法》的决定	全国人大常务委员会
2013	关于促进煤炭行业平稳运行的意见	国务院
2014	煤炭经营监管办法	国家发改委
	煤炭生产技术与装备政策导向(2014 年版)	国家发改委、国家安全监管总局、国家能源局、国家煤矿安监局
	煤炭物流发展规划	国家发改委、国家能源局
	煤矿地质工作规定	国家安全监管总局、国家煤矿安监局
	关于深入推进煤炭交易市场体系建设的指导意见	国家发改委
	煤矿生产能力管理办法	国家安全监管总局、国家煤矿安监局、国家发展改革委、国家能源局
	关于遏制煤矿超能力生产规范企业生产行为的通知	国家发改委、国家能源局、国家煤矿安监局
	关于实施煤炭资源税改革的通知	财政部、国家税务总局
	商品煤质量管理暂行办法	国家发改委等六部委
2015	煤矸石综合利用管理办法	国家发展改革委等 10 个部门
	关于促进煤炭安全绿色开发和清洁高效利用的意见	国家能源局、环境保护部、工业和信息化部
2015	工业领域煤炭清洁高效利用行动计划	工信部、财政部
	煤炭深加工示范工程标定管理办法	国家能源局
	关于促进煤炭工业科学发展的指导意见	国家能源局
	煤炭清洁高效利用行动计划(2015-2020 年)	国家能源局
2016	关于进一步规范和改善煤炭生产经营秩序的通知	国家发改委、人力资源社会保障部、国家能源局、国家煤矿安监局
	关于支持钢铁煤炭行业化解过剩产能实现脱困发展的意见	国土资源部
2017	关于做好 2017 年化解钢铁煤炭行业过剩产能中职工安置工作的通知	人力资源和社会保障部、国家发展改革委

注：关于中国传统能源的部分政策根据国家能源局网站、中国投资指南网公布的信息整理所得，网址分别为：
http://www.nea.gov.cn/、http://www.fdi.gov.cn。

2) 美国的煤炭能源政策

经过多年的发展，美国建立了较为完善的煤炭能源政策与制度体系，内容涉及煤炭资源配置、煤矿安全生产、煤炭清洁利用、洁净煤技术开发、煤矿工人职业健康等（表 2-2）[9-10]。

表 2-2　美国煤炭能源政策演变

颁布时间/年	政策、法律法规	颁布机构
1949-1969	露天采矿管制法、矿山租购法、煤矿安全保健法	美国国会、美国国家煤炭委员会、美国能源部
1970-1980	清洁空气法、成立矿山安全保健总局	美国国家煤炭委员会、美国能源部、国家环保局
1980-2000	能源安全法、环境保护法、洁净煤计划	美国国家煤炭委员会、美国能源部、国家环保局
2000-2016	矿工法案、煤矿粉尘采样设备最终法规	美国国家煤炭委员会、美国能源部

2.2.2　石油和天然气政策

1) 中国的油气政策

中国油气政策见表 2-3，可以分为两个阶段，第一阶段为 2000 年前，主要集中在生产和流通领域，包括规范的石油天然气资源开采工作，加强外国企业在华开采石油资源税收工作，重视石油流通问题，严格控制石油天然气的开采登记管理程序，重视石油天然气的管道安全。第二阶段为 2001 年后，重点在于整顿石油市场秩序，加强对石油市场和进出口的监管，石油价格体系不断完善；同时，开征石油特别收益金，加强对石油、天然气利用的监管工作，调整税收优惠，重视石油天然气安全生产也是第二阶段的政策重点[11-14]。

表 2-3　中国油气政策演变

颁布时间/年	政策、法律法规	颁布机构
1982	中华人民共和国对外合作开采海洋石油资源条例	国务院
1989	石油地震勘探损害补偿规定	国家能源部
1990	关于外国企业在华开采陆上石油资源税收问题的通知	国家税务总局
1991	城市燃气安全管理规定	建设部、劳动部、公安部
1993	中华人民共和国对外合作开采陆上石油资源条例	国务院
1994	关于改革原油、成品油流通体制意见	国务院转发国家计委、国家经贸委
1995	关于修改《中外合作开采陆上石油资源缴纳矿区使用费暂行规定》的通知	财政部、国家税务总局
	关于石油天然气勘查开采登记管理有关问题的通知	国家计委

续表

颁布时间/年	政策、法律法规	颁布机构
1996	关于外国石油公司参与煤气层开采所适用税收政策问题的通知	财政部、国家税务总局
1999	原油、成品油进口组织实施办法	对外贸易经济合作部
2000	石油天然气管道安全监督与管理暂行规定	国家经贸委
2001	关于进一步整顿和规范成品油市场秩序的意见	国家经贸委、工商总局质检总局、公安部、建设部
2004	成品油市场管理暂行办法	商务部
	关于调整成品油价格的通知	国家发展改革委
2005	关于贯彻实施《石油天然气储量计算规范》行业标准的通知	国土资源部
	关于加强液化气价格管理的通知	国家发展改革委
2006	海洋石油安全生产规定	国家安全生产监督管理总局
	关于开征石油特别收益金的决定	国务院
2011	关于发展天然气分布式能源的指导意见	国家发展改革委、财政部、住房城乡建设部、国家能源局
	关于清理整顿成品油流通企业和规范成品油流通秩序的实施意见	国家经贸委、对外贸易部、国家工商管理局、国家税务总局、国家质量技术监督局
	进一步完善原油、成品油流通体制改革意见	国家计委、国家经贸委
2012	天然气利用政策	国家发改委
2013	关于调整进口天然气税收优惠政策有关问题的通知	财政部、海关总署、国家税务总局
2014	关于调整原油、天然气资源税有关政策的通知	财政部、国家税务总局
	关于调整进口天然气税收优惠政策有关问题的通知	财政部、海关总署、税务总局
2015	关于石油天然气生产企业城镇土地使用税政策的通知	财政部、国家税务总局
2016	关于调整享受税收优惠政策的天然气进口项目的通知	财政部、海关总署、国家税务总局

2)美国的油气政策

美国油气资源丰富，油气开采历史长，建立了相对完善的油气政策体系，具体的政策信息见表2-4[15-22]。

3)日本的油气政策

日本的油气消费主要依赖进口，油气政策的主要目的是油气储备和保障供应安全，具体的政策信息见表2-5[23-26]。

表 2-4　美国油气政策演变

能源类别	颁布时间/年	政策、法律法规	颁布机构	政策内容及效果
石油[15-19]	1933	全国产业复兴法案	联邦政府、美国能源部	石油行业采用公平贸易原则
	1935	康纳利紧急石油法案	联邦政府、美国能源部、美国石油协会	支持联邦政府限制竞争、提高价格的州配产计划
	1973	紧急石油分配法案	联邦政府、美国能源部	形成石油两级价格机制——"老油"价格被限制，"新油"价格放开
	1975	能源政策与节约法案	联邦政府、美国能源部	使一系列经济扭曲现象更加恶化
天然气[20-22]	1938	天然气法	美国能源部	国会授权联邦电力委员会(FPC)为州际管道公司的输送制定公平合理的价格
	1954	菲利普斯决议	美国能源部	导致了需求增加，生产商利润微薄，失去了勘探和开采动力
	1978	天然气政策法	美国能源监管委员会、美国能源信息署、	生产者的积极性不断提高，天然气产量急剧反弹
	1985	FERC(联邦能源管理委员会)436 号法令	联邦能源管理委员会	促使州际管道公司把销售和输送职能分开，在天然气供应方面引入市场竞争机制，给予地方配气公司、大型终端用户更多的选择自由
	1987	燃料使用法	美国能源监管委员会、美国能源信息署、	解除对天然气的价格管制，天然气价格由市场供需状况决定
	1989	天然气井口价格解除管制法	美国能源部	标志着天然气井口价格管制的结束
	1992	FERC(联邦能源管理委员会)636 号法令	联邦能源管理委员会	导致了州际管道公司的重组
	2000	FERC(联邦能源管理委员会)637 号法令	联邦能源管理委员会	旨在改进天然气运输市场的效率，更好地保护市场参与者利益

表 2-5　日本油气政策演变

颁布时间/年	政策、法律法规	颁布机构	政策内容及效果
1952	石油及可燃性天然气资源开发法	日本国会、资源与燃料部	目的是为合理开发石油天然气资源，增进社会福利
1962	石油业法	日本国会、国家能源与资源厅、资源与燃料部	确保石油安全及低廉的供给，有助于国民经济的发展和国民生活水平的提高
1972	石油管道事业法	日本石油部、国家能源与资源厅、资源与燃料部	对石油管道设施及石油管道行业的运营进行了规制，以实现合理、安全的石油输送，有助于石油安全及廉价供给
1973	石油供求适当化法	日本石油部、国家能源与资源厅	使石油供求合理化
1975	石油储备法	日本石油部	目的是当石油供给不足时，确保石油供给安全，有助于国民生活的稳定和国民经济的正常运行
1977	石油公团法	日本国会、国家能源与资源厅	目的是促进石油天然气的勘探、开发和储备，以确保石油等的安全低廉供应
1980	关于促进石油替代能源开发及引进的法律	日本国会、资源与燃料部	目的是保障能源供应的稳定和适当供给

2.3　新能源政策演变

从世界范围看，各国极其重视对新能源及可再生能源的开发利用，并连续出台了一系列的政策法规以全面扶持新能源的发展。这其中，在"供给西进"和"需求东移"的大背景下，美欧国家在能源供给侧的话语权逐渐增强，同时，中国、印度等亚洲国家在能源需求侧的话语权也不断提升。此外，澳大利亚等国家具有丰富的风能、太阳能、核能、石油和液态天然气资源，因此鼓励节能减排、大力发展可再生能源已成为该国政府在制定相关政策时优先考虑的问题。从能源供给侧及资源丰富程度的视角出发，本部分选取中国、美国、法国、日本、德国、印度，对其新能源政策进行梳理。如表 2-6 所示。

2.3.1　中国的新能源政策

近年来，中国新能源和可再生能源发展迅速，风电、光伏发电装机总量皆位居全球第一。可再生能源政策体系的不断完善，涉及可再生能源资源评价、可再生发电项目示范、可再生能源上网电价与消纳、可再生能源装备等多个方面，具体如表 2-6 所示[27-29]。

表 2-6　中国新能源政策演变

颁布时间/年	法律、政策、规定	颁布机构	主要政策内容	政策效果
1997	新能源基本建设项目管理的暂行规定	国家计划委员会	明确了新能源基本建设项目的经济规模。达到经济规模的为大中型新能源基本建设项目，达不到的为小型项目	加强了对新能源基本建设的宏观管理，明确划分了项目审批和管理权限
1998	中华人民共和国节约能源法	全国人民代表大会常务委员会	明确提出"国家鼓励开发利用新能源和可再生能源"	为后续的能源政策体系奠定就基础并大力促进了新能源与可再生能源的发展
1999	关于进一步支持可再生能源发展有关问题的通知	国家计委和科技部	规定了可再生能源发展的支持问题	进一步支持了可再生能源发展并加速了可再生能源发电设备的国产化进程
2000	"国债风电"项目实施方案	国家经贸委资源节约综合利用司	利用 2000 年国家重点技术改造项目计划（第四批国债专项资金项目），建设 8 万千瓦国产风力发电机组示范风电场项目	国债专项资金得以合理利用，并进一步促进了我国风力发电国产化的发展
2000	2000-2015 年新能源和可再生能源产业发展规划要点	国家经贸委资源节约综合利用司	制定了新能源和可再生能源产业发展规划的要点，将发展规划每五年为一个实施阶段，并规定了产业发展目标、产业化体系建设、预期效益分析、制约因素等方面	逐步建立了新能源和可再生能源经济激励政策体系以及适应市场经济体制的行业管理体系；完善可再生能源产业配套技术服务体系，进一步规范了市场秩序
2004	全国风能资源评价技术规定	国家发展改革委	以现有气象台站的测风数据为基础，通过整理、分析，对全国风能资源的大小和分布进行评价	加强了风电前期工作管理，提高了风电前期工作质量

续表

颁布时间/年	法律、政策、规定	颁布机构	主要政策内容	政策效果
2005	可再生能源法	全国人民代表大会常务委员会	国家将可再生能源的开发利用列为能源发展的优先领域，通过制定可再生能源开发利用总量目标和采取相应措施，推动可再生能源市场的建立和发展等	促进了可再生能源的开发利用，增加了能源供应，改善了能源结构，保障了能源安全，实现了经济社会的可持续发展
	可再生能源产业发展指导目录	国家发展改革委	涵盖88项可再生能源开发利用和系统设备、装备制造项目等。对于《目录》中具备规模化推广利用的项目，国务院相关部门将制定和完善技术研发、项目示范、财政税收、产品价格、市场销售和进出口等方面的优惠政策	用以指导相关部门制定支持政策和措施，引导相关研究机构和企业的技术研发、项目示范和投资建设方向
2006	可再生能源法	全国人民代表大会常务委员会	将可再生能源的开发利用列为能源发展的优先领域，通过制定可再生能源开发利用总量目标和采取相应措施，推动可再生能源市场的建立和发展；鼓励各种所有制经济主体参与可再生能源的开发利用，依法保护可再生能源开发利用者的合法权益等	确定了可再生能源的基本法律系统和政策框架，《可再生能源法》2006年1月1日正式实施，相关的价格、税收、强制性市场配额和并网接入等鼓励扶持政策也相继出台，中国可再生能源产业由此进入加速发展期
	可再生能源发电价格和费用分摊管理试行办法	国家发展改革委	设置了价格控制和社会成本分摊办法	
	可再生能源发展专项资金管理暂行办法	财政部	规定赠款和贷款利率办法	
	可再生能源电价补贴和配额交易方案的通知	国家发展改革委	公布价格补贴和配额的详细信息	
	关于上网电价调整的通知	国家发展改革委	调整电价附加	
2007	节约资源法	全国人民代表大会常务委员会	扩大了调整范围，设专节规定了工业节能、建筑节能、交通运输节能、公共机构节能和重点用能单位节能，健全了节能标准体系和监管制度，设专章规定了激励措施	为实现节能降耗提供必要的法律保障，促使我国的经济增长建立在节约能源资源和保护环境的基础上
	可再生能源中长期发展规划	国家发展改革委	阐述了国际及国内能源发展的现状，并提出发展目标重点发展领域及规划实施的保障措施	
2008	可再生能源发展"十一五"规划	国家发展改革委	提出了"十一五"时期可再生能源发展的主要任务、指导思想、发展目标、总体布局、重点领域、保障措施和激励政策等	是对《可再生能源法》的贯彻落实，有利于合理开发利用可再生能源资源，促进能源资源节约和环境保护，应对全球气候变化
	风力发电设备产业化专项资金管理暂行办法	财政部	规定了产业化资金补助的支持对象与方式、支持条件及补助标准和资金使用范围，同时为引导企业研究和开发适应市场需求的产品，产业化资金采取"以奖代补"办法，主要对产业化研发成果得到市场认可的企业进行补助	

续表

颁布时间/年	法律、政策、规定	颁布机构	主要政策内容	政策效果
2009	可再生能源法（修正案）	全国人民代表大会常务委员会	在原有可再生能源法的基础上进行相应的调整与修正	
	太阳能光电建筑应用财政补助资金管理暂行办法	财政部	规定了对太阳能发电的补贴细节	贯彻实施了《可再生能源法》，落实了国务院节能减排战略部署，加快了太阳能光电技术在城乡建筑领域的应用
	关于完善风力发电上网电价政策的通知	国家发展改革委	规定分资源区制定陆上风电标杆上网电价，继续实行风电价格费用分摊制度等	规范了风电价格的管理
	节能与新能源汽车示范推广财政补助资金管理暂行办法	财政部	规定对混合动力汽车、纯电动汽车和燃料电池汽车等进行补贴，且公布了补贴的标准及资金拨付等细节	加强了节能与新能源汽车示范推广财政补助资金的管理，提高了资金使用效益
2010	能源行业风电标准体系项目表	国家能源局	公布了风电标准体系项目表，包括风电标准246项，其中现标准54项，已列入计划的标准项目69项，拟计划制修订的标准项目122项，另有国际标准提案1项	制定了能源行业的风电项目标准体系，促进了能源行业风险标准化的发展
2011	可再生能源发展基金征收使用管理暂行办法	财政部、国家发展改革委、国家能源局	规定了可再生能源发展基金的范围及使用方法等	有利于可再生能源发展的资金筹集，有效地促进了可再生能源的开发利用
	关于完善太阳能光伏发电上网电价政策的通知	国家发展改革委	制定全国统一的太阳能光伏发电标杆上网电价等	促进了太阳能光伏发电产业健康持续发展，完善了太阳能光伏发电价格政策
2012	可再生能源电价附加补助资金管理暂行办法	财政部、国家发展改革委、国家能源局	规定了可再生能源发电并网的补贴项目的确认、补贴标准、预算管理和资金拨付等实施细则	规范了可再生能源电价附加资金管理以提高资金使用效率
	可再生能源发展十二五规划	国家能源局	阐述了2011年至2015年我国可再生能源发展的指导思想、基本原则、发展目标、重点任务、产业布局及保障措施和实施机制等	是"十二五"时期我国可再生能源发展的重要依据
2013	关于光伏发电增值税政策的通知	财政部	对纳税人销售自产的利用太阳能生产的电力产品，实行增值税即征即退50%的政策	鼓励利用太阳能发电并促进了光伏产业的健康发展
	关于调整可再生能源电价附加征收标准的通知	财政部	将向除居民生活和农业生产以外的其他用电量征收的可再生能源电价附加征收标准提高至1.5分钱/千瓦时	规定了电价附加的新的实施标准
2016	关于做好风电、光伏发电全额保障性收购管理工作的通知	国家发改委、能源局	明确"按照各类标杆电价覆盖区域，参考准许成本加合理收益，核定部分存在弃风、弃光问题地区规划内的风电、光伏发电最低保障收购年利用小时数"等	促进了电量消纳的制度化发展
	可再生能源调峰机组优先发电试行办法	国家发改委、能源局	明确在全国范围内通过企业自愿、电网和发电企业双方约定的方式确定部分机组为可再生能源调峰等	促进了可再生能源市场交易的透明化

续表

颁布时间/年	法律、政策、规定	颁布机构	主要政策内容	政策效果
2016	新《节约能源法》	全国人民代表大会常务委员会	对原有《节约能源法》进行了修订与补充，并规定实行有利于节能和环境保护的产业政策，限制发展高耗能、高污染行业，发展节能环保型产业等	是"十三五"时期我国可再生能源发展的重要指南
	可再生能源发展"十三五"规划	国家发展改革委	明确了 2016 年至 2020 年我国可再生能源发展的指导思想、基本原则、发展目标、主要任务、优化资源配置、创新发展方式、完善产业体系及保障措施	

注：关于中国可再生能源的部分政策根据国家能源局网站、财政部网站、国家发展和改革委员会网站公布的信息整理所得，网址分别为：http://www.nea.gov.cn/；http://www.mof.gov.cn/index.htm；http://www.ndrc.gov.cn/。

2.3.2　美国的新能源政策

美国国家层面的新能源政策特别强调新能源发展对于国家能源保障、能源革命和减缓气候变化的作用，而具体的新能源产业发展政策往往由各州政府根据自身的特点制定，具体政策信息如表 2-7 所示[30-38]。

表 2-7　美国新能源政策演变

颁布时间/年	法律、政策、规定	颁布机构	主要政策内容	政策效果
1978	美国能源法	国会	由国家节能政策法案；电厂和工业燃料利用法案；公用事业管理政策法案；天然气政策法案和能源税法案 5 项政策法案组成，并对国家能源发展规划、目标等作出规定	促进了美国可再生能源商业化运营，减少了温室气体和有毒有害气体排放，保障了美国的能源及环境安全，确保了美国在可再生能源开发利用技术研发应用领域的领先地位
1995	国家能源政策计划	美国能源部	对美国现行及将来的能源政策等作出规定	
1998	国家全面能源战略	美国能源部	对美国能源安全、能源保障等作出规定，并提出了五个具体的国家能源发展目标及相应的战略措施	被用于有关美国能源项目的协调、财政预算的制定及其他与能源有关的行政管理
2001	国家能源政策	国会	政策包括 105 项建议，内容涵盖国内和国际能源战略两个主要部分，形成具体的战略举措	作为一项长期的能源安全远景规划，指导着美国的能源政的制定和实施
2003	国家能源安全法	国会	对美国能源供给等方面作出全面规定	是能源供给的一项全面、基础、综合的法案
2005	国家能源政策法	国会	该部新能源法案对各事项作出了明确规定	新能源法标志着美国 21 世纪能源战略的开端
2009	清洁能源与安全法	国会	将清洁能源、能源效率、减缓全球变暖等具体措施纳入该法案	不仅降低了美国国内温室气体的排放，同时也重塑了美国在全球环境与气候领域的领袖地位
2014	全面能源战略报告	美国能源部	涵盖了美国能源革命的内涵，阐述了能源革命对经济发展以及能源安全的影响，提出了美国未来低碳化发展的重要领域与举措	是新形势下美国发布的极为重要的能源战略

2.3.3　日本的新能源政策

日本近年来特别重视新能源发展，制定了相关战略规划、激励政策，具体政策信息如表 2-8 所示[39-42]。

表 2-8　日本新能源政策演变

颁布时间/年	法律、政策、规定	颁布机构	主要政策内容	政策效果
1980	替代石油能源法	内阁议会	设立新能源和产业技术开发机构	不仅降低了日本对传统能源的依赖，还增强了其国内社会经济的抗风险能力
1994	新能源推广大纲	内阁议会	第一次正式宣布发展新能源及再生能源	
1997	"环境保护与新商业活动发展"计划	内阁议会	将新能源及再生能源工业列为 15 项新兴工业之一。采取积极措施推进新能源和再生能源的发展	
1997	促进新能源利用的特别措施法（简称新能源法）	内阁议会	对投入能源事业社会公众责任和义务等进行了规定。并在行政上、法规上，作了说明	
2001	关于推进采购环境保护产品法	内阁议会	确立发展、推广环境保护产品的具体实施方案和措施	
2002	能源政策基本法	内阁议会	提出了稳定供给、适合环境与市场原理的能源政策取向	为新能源的开发利用奠定了政策基础，制定了行之有效的奖励制度，扶持了新能源及可再生能源的发展
2002	促进可再生能源利用特别措施法	内阁议会	发展风能、水能、生物质能等清洁可再生能源的具体措施	
2002	日本电力事业者新能源利用特别措施法	内阁议会	制订了一系列新能源推广的奖励及补贴制度，对新能源开发利用提供补助金或融资	
2003	日本电力事业者新能源利用特别措施法实施细则	内阁议会	规定可再生能源国家标准的具体实施细则	
2006	国家可再生能源发展战略	内阁议会	规定"支持和促进新能源合作创新计划"等八大能源发展战略计划和配套	
2010	第三次能源基本计划	内阁议会	重点指出在 2030 年前大幅提高核电比例	为谋取政党的私人利益而设立，忽略了能源开发的安全问题
2011	《能源革新战略》报告	内阁议会	提出了能源战略的两大目标	对能源供给及能源投资起到了极其重要的扶持与引导作用
2014	第四次能源基本计划	内阁议会	再次强调了核能作为"准国产"能源的特性，并概括了核能稳定供给、效率高、低成本、温室气体低排放等优点，最终将核能定位为"重要的基础性负荷能源"	阐述了太能、风能等开发中将存在的困难，为未来的政策导向提供了清晰的现状认识
2015	2015 年度再生能源的收购价格方案	经济产业省	规定了不同类型光伏发电不同时期、不同条件下的电价	大幅下调了光伏收购价格，收缩了光伏产业的扶持力度

2.3.4　德国的新能源政策

德国是能源转型和新能源发展较快的国家，在可再生能源发电上网、补贴、技术开发上支持力度较大，具体政策信息如表 2-9 所示[43-46]。

表 2-9　德国新能源政策演变

颁布时间/年	法律、政策、规定	颁布机构	主要政策内容	政策效果
1991	电力强制收购法	议会	规定了电力强制收购的类型、形式等	不仅成功解决了德国电力行业的市场垄断问题，同时也为德国国内能源从煤炭发电转向天然气发电提供了相对宽松的环境
2008	可再生能源法(修)	议会	确定可再生能源产业发展、技术推广、激励措施	德国国内可再生能源产业得到迅速发展
	可再生能源供热法	议会	规定可再生能源供热的形式、价格、相关主体的权力义务	为德国掌控全球气候主导权创造了条件
2009	国家生物质能行动计划	议会	确定德国未来生物质能产业的发展目标、措施	
2010	能源战略 2050：清洁、可靠、经济的能源系统	议会	规划德国未来 50 年可再生能源发展	
2012	可再生能源优先法	议会	规定可再生能源的相应鼓励、补贴措施及政策实施	

2.3.5　印度的新能源政策

印度作为人口规模第二的新兴经济体，近年来经济增长迅速，对能源的需求不断增加，但是本国的煤炭、油气资源不足，发展新能源和可再生能源成为重要的战略选择，具体政策信息如表 2-10 所示[47-48]。

表 2-10　印度新能源政策演变

颁布时间/年	法律、政策、规定	颁布机构	主要政策内容	政策效果
2001	能源保护法	议会	详细规定了能源效能局的职责、权力，规定了中央政府和邦政府在能源有效利用和保护方面的职责和权力等	该法规定了实施机制和争端解决程序，从而使其可以得到有效的贯彻执行
2003	电力法	议会	最大的特点是引入竞争机制，建立起购买电力企业和销售电力企业多元化	用法律形式规范了国家能源保护和利用行为
2007	建筑节能规范	议会	要求在大型商业建筑中使用节能技术	政府提供政策支持，鼓励对煤电厂进行现代化改造，促进了高效、清洁、节能技术的普及
2010	针对国内可再生能源交易的政策	中央电力监管委员会	大力推广"可再生能源证书"，其操作原则同目前的欧盟碳市场交易有很大相似	在平衡实体经济增长与低碳经济快速发展的同时，也为印度打开了价值数十亿美元的碳交易市场
2015	全国海上风电政策	新能源与可再生能源部	该政策对全国海上风电发展目标以及各个发展阶段相关政府机构的职责作出了明确分工	该政策是首个海上风电政策纲要，但鉴于海上风电高昂的开发成本，必须配合其他相关经济激励措施

2.4　结论与启示

通过对相关典型国家能源政策演变的梳理可以看出：

第一、就传统能源政策而言，世界各国早期的政策均侧重于煤炭、石油在内的传统能源的开发利用，旨在维护能源安全、规范能源开采工作、增加能源供应量；20 世纪以来，随着能源储量的日益降低，政策导向侧重于规范能源市场秩序，提高能源利用效率。

第二、就新能源政策而言，各国早期的政策多为系统性、综合性的法律法规，并且为新能源及可再生能源的发展奠定了宏观管理的政策框架。随着低碳经济、解决能源供应危机的意识逐渐加强，各国的政策多侧重于逐步扶持新能源的发展，如中国制定的一系列《可再生能源发展规划》以及《可再生能源财政补贴资金管理办法》等，这些均是国家新能源和可再生能源发展的重要指南。可再生能源财政补助资金管理办法的颁布为其发展提供了资金援助。法国的《格纳勒格法案》是第一部用一整章专门规定可再生能源规范的立法性文件，标志着可再生能源在法国发展的新动向。此外，澳大利亚十分重视能源供给和使用安全，且已建立起了非常完善的能源法律制度体系和管理体制；并在法律框架内积极推动能源市场化改革。这也为相关国家能源法律体系的完善提供了可供借鉴的有益经验。

第三、从政策导向和趋势看，各国的政策一是更加注重于节能和低碳发展，这其实在 20 世纪 90 年代后各国能源政策就有凸显；二是更加注重于能源技术创新以及促进技术创新的手段、工具及配套政策；三是更加重视能源合作与能源安全。这些都将在极大程度上影响到未来世界的能源格局。

参 考 文 献

[1] 段雯娟. 世界能源博弈或再一次重新洗牌——访中国社科院研究生院院长、国际能源安全研究中心主任黄晓勇[J].地球, 2014, (08): 18-23.

[2] 王炳文.中国煤炭产业集中度及政策研究[D]. 北京: 北京交通大学, 2013.

[3] 李富永. 中国煤炭政策转型[N].中华工商时报, 2010-12-24(06).

[4] 冯继伟, 屠世浩. 中国煤炭政策变迁及影响因素分析[J]. 中国煤炭, 2008, (11): 16-20.

[5] 武晓明, 王思薇, 李永清. 中国煤炭政策变迁与煤炭需求: 1979—2005[J]. 西安科技大学学报, 2008, (01): 150-154.

[6] 李丽英. 促进我国煤炭行业经济转型的财税政策研究[A]. 中国煤炭学会经济管理专业委员会. 第九届中国煤炭经济管理论坛暨 2008 年中国煤炭学会经济管理专业委员会年会论文集[C]. 中国煤炭学会经济管理专业委员会, 2008: 6.

[7] 马向平, 卓成刚. 我国煤炭资源开采总量控制政策回顾与述评[J]. 中国地质大学学报(社会科学版), 2015, (04): 18-25.

[8] 刘冰, 马宇. 产业政策演变、政策效力与产业发展—基于我国煤炭产业的实证分析[J]. 产业经济研究, 2008, (05): 9-16.

[9] 佚名. 美国煤炭工业技术进步与技术经济政策[J]. 计划经济研究, 1987, (03): 69-72.

[10] 陈立宏. 美国应对煤炭业发展困境的政策路径[N]. 中国财经报, 2017-01-21 (006).

[11] 闫侣桦. 战后日本的能源安全战略和对中国的启示[D]. 北京: 对外经济贸易大学, 2006.

[12] 冯丽梅, 曲季. 国际原油价格与中国石油政策改革[J]. 经济视角(上), 2008, (11): 50-53.

[13] 何春蕾, 肖学兰. 中国天然气行业政策研究进展及框架构建[J]. 天然气工业, 2012, (06): 85-88.

[14] 李华启, 刘爱国. 中国天然气利用发展趋势和政策趋向[J]. 国际石油经济, 2002, (06): 27-29, 63, 64.

[15] 廖英敏. 美国联邦政府的石油政策[J]. 中国金融, 2004, (23): 10-11.

[16] 邵志刚. 美国石油政策的演变与战略石油储备政策的形成初探[D]. 苏州: 苏州大学, 2008.

[17] 林娜. 美国石油天然气市场政策的演变—《美国能源规制简史》节选[J]. 国际石油经济, 2009, (11): 68-71.

[18] 毕亮亮. 20世纪石油危机时期美国石油政策及影响[D]. 河南: 河南大学, 2010.

[19] 朱文娟. 杜鲁门政府时期美国的中东石油外交政策[D]. 浙江: 浙江师范大学, 2014.

[20] 佚名. 美国数次调整天然气政策[J]. 城市燃气, 2010, (01): 30.

[21] 刘增洁. 美国天然气供需状况及政策回顾[J]. 国土资源情报, 2006, (08): 1-4.

[22] 杨凤玲, 王海旭, 杨庆泉. 对美国天然气法律与政策的思索[J]. 国际石油经济, 2003, (11): 39-42.

[23] 朴光姬. 从管制到放松: 日本石油政策演变及其成因[J]. 日本学刊, 2013, (02): 102-118, 159, 160.

[24] 孙君, 白雪华. 日本政府的石油政策[J]. 国土资源, 2002, (09): 50-51.

[25] 刘明. 美国、日本和欧盟的石油政策和能源战略[J]. 中国能源, 2001, (08): 15-17.

[26] 王振霞. 日本天然气发电经验与政策[J]. 中国能源, 2016, (06): 34-38, 9.

[27] 姚梦媛. 中国新能源和可再生能源发展政策研究[D]. 上海: 上海师范大学, 2011.

[28] Zhang P, Yang Y, Shi J, et al. Opportunities and challenges for renewable energy policy in China[J]. Renewable & Sustainable Energy Reviews, 2009, 13(2): 439-449.

[29] Cherni J A, Kentish J. Renewable energy policy and electricity market reforms in China[J]. Energy Policy, 2007, 35(7): 3616-3629.

[30] 卢向前. 美国国家综合能源战略(1998)[J]. 能源政策研究, 1999, (01): 41-48.

[31] 王灏文. 美国新能源政策对国际经济影响研究[D]. 郑州: 郑州大学, 2015.

[32] 元简. 美国的新能源政策:渐进模式及其影响[J]. 国际问题研究, 2014, (06): 87-103, 131.

[33] 孟浩. 美国新能源政策、影响及对策[J]. 价值工程, 2012, (20): 323-325.

[34] 钱龙, 廉同辉. 美国奥巴马政府新能源政策及对我国的启示[J]. 价格理论与实践, 2011, (09): 71-72.

[35] 高静. 美国新能源政策分析及我国的应对策略[J]. 世界经济与政治论坛, 2009, (06): 58-61.

[36] 王廷康, 唐晶. 美国能源政策的启示及我国新能源发展对策[J]. 西南石油大学学报(社会科学版), 2009, (04): 7-11, 126.

[37] 甘峰. 美国新能源政策评析[J]. 世界经济研究, 2002, (02): 73-78.

[38] Malmedal K, Kroposki B, Sen P K. Energy Policy Act of 2005 and Its Impact on Renewable Energy Applications in USA [J]. Industry Applications Magazine IEEE, 2007, 13(1): 14-20.

[39] 王玉. 中日新能源合作发展与效应分析[D]. 辽宁: 辽宁大学, 2013.

[40] 俞培果. 日本能源政策抉择及其对我国的启示[J]. 现代日本经济, 2012, (06): 34-41.

[41] 曹玲. 日本新能源产业政策分析[D]. 吉林: 吉林大学, 2010.

[42] 陈海嵩. 日本新能源开发政策及立法探析[J]. 淮海工学院学报(社会科学版), 2009, (04): 36-39.

[43] 张立锋, 冯红霞. 德国《可再生能源法》的演进及对中国的启示[J/OL]. 河北法学, 2017, (10): 119-127.

[44] 谢晶仁. 德国新能源和可再生能源发展的若干思考[J]. 农业工程技术(新能源产业), 2011, (05): 6-9.

[45] 黄玲, 张映红. 德国新能源发展对中国的战略启示[J]. 资源与产业, 2010, 12(03): 48-53.

[46] 罗涛. 德国新能源和可再生能源立法模式及其对我国的启示[J]. 中外能源, 2010, 15(01): 34-45.

[47] 刘社欣, 亢升, 李艳平. 印度新能源开发策略及对中国的启示[J]. 宏观经济研究, 2015, (02): 148-159.

[48] 裴永刚. 印度新能源政策及其评析[J]. 国土资源情报, 2009, (09): 43-48.

第 3 章　能源投资政策的国际比较及启示

3.1　引　　言

2016 年 11 月 16 日，国际能源署(IEA)发布了《2016 世界能源展望》。报告资料称：预计到 2040 年全球能源需求量将增长 30%，这意味着所有现代燃料消费需求上涨[1]。能源作为社会、经济、文化发展必要的基本生产资料，是保障一个国家政治、经济安全的基础。投资，对国家的发展、利益、甚至是稳定都发挥着重要作用。能源投资作为投资领域的新兴产业表现出了蓬勃的生命力。IEA 发布的《2016 全球能源投资趋势报告》中表示：2015 年，全球能源投资总额达 1.8 万亿美元，从投资明细上来看，石油、天然气投资 5830 亿美元；核能投资 210 亿美元；能效投资 2210 亿美元；可再生能源投资 3130 亿美元(图 3-1) [2]。2015 年，中国取代美国成为全球最大的能源投资国(图 3-2)。国际能源投资政策不仅与一个国家的能源储备、发展战略、国际地位相关，更能体现出一个国家经济的综合实力。因此，对能源投资政策问题的重视，就是对国家安全、与可持续发展问题的关注。

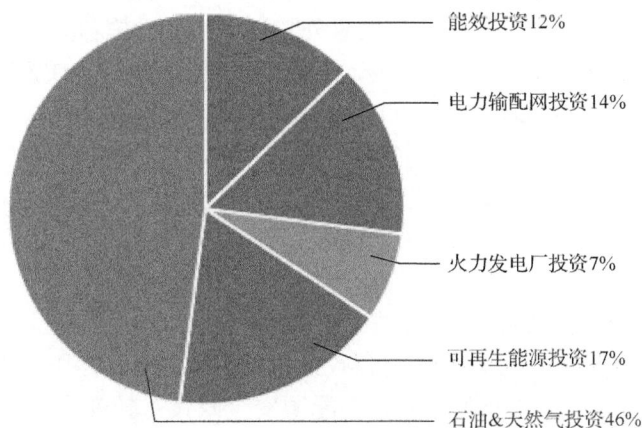

图 3-1　2015 全球能源投资明细比例

资料来源：IEA 2016 World Energy Investment report

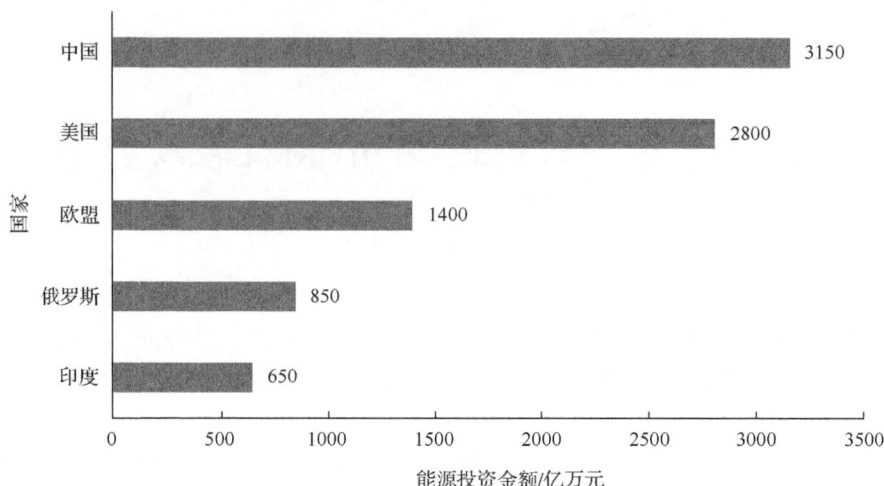

图 3-2　主要的能源投资国投资金额

资料来源：IEA 2016 World Energy Investment report

3.2　能源投资的政策目标

3.2.1　美国能源投资政策目标

美国综合国力超强，具有得天独厚的经济实力。首先，在能源安全方面，能源投资的安全问题一直是美国政府最为关心的问题。随着跨国公司在美国能源领域并购不断发展，美国能源领域面临着大量外资涌入核心设施和尖端技术等方面的危险。因此，美国政府通过严格的能源投资政策来对国外的资金或投资者进行限制。

在能源投资审查方面，美国 2007 年《外国投资与国家安全法》中明确地将外资在能源领域的投资认定为"与国家安全有关的活动"，并将外资在美国能源领域的投资列为国家安全的重点审查对象。美国能源投资国家安全审查程序分为申报、审查、调查、总统决定和报告国会五个阶段。前三个阶段由外国投资委员会(CFIUS)进行[3]。

在能源供给方面，2005 年美国布什总统签署了以确保国家能源供给、维护国家能源安全为宗旨的《2005 美国能源政策法案》。该项法案中明确表示，未来美国的能源供给从依靠国外能源保证本国能源安全政策，转变为通过增加国内能源供给，降低对能源出口国的依赖度政策。这项政策加强了对国内的能源领域投资力度，重点是提倡减少对进口石油的依赖，加强国内能源的生产[4]。奥巴马在小布什总统能源法案的基础上，又加强对国内能源的投资，于 2010 年 3 月宣布对进一步开放东部和东南沿海、墨西哥湾及阿拉斯加北部等地区的油气开采进行投资[5]。从图 3-3 中可以看出，自从 2005 年美国能源政策转变开始，美国石油进口占日常石油需求比例不断减少，美国在不断的加强自身能源独立。

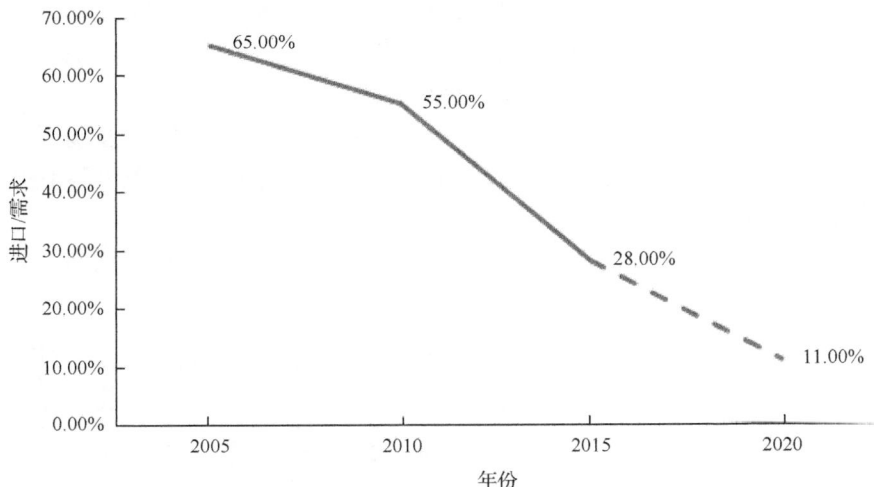

图 3-3　美国石油进口趋势

资料来源：EIA

美国能源独立目标，自加强对国内能源领域投资力度后，取得了重大成就，以石油为例，从石油产量来看，由 2005 年的 3.133 亿吨，增长至 4.462 亿吨，同比增长了 44.42%，而同时期石油消费量却由 9.398 亿吨下降至 8.31 亿吨，同比下降了 11.58%。美国统计的石油对外依存度也由 2005 年的 67.1%下降至 2013 年的 46.3%。美国在 2015 年成为了最大的能源生产国。伴随着美国石油依存程度明显的下降而出现原油贸易赤字明显下降。

唐纳德·特朗普认为能源独立是美国的一项重大战略目标。2017 年 5 月，特朗普承诺从外国石油"完全"独立。根据美国能源情报署的统计，截至 2005 年，美国依靠进口量达到日均石油需求的 65%。由于国内石油产量攀升至 43 年来的高位，2010 年的这一数字下滑至 55%，去年低至 28%。到 2020 年，美国进口石油将仅占需求的 11%。

由此可见，美国政府为了保护国家能源安全，通过减少对外国能源的依赖，增强美国的能源独立来实现。通过加强对国内能源领域的投资保障国内能源供给的前提下，不断的减少对进口能源的依赖，并对外国的投资者或外国资本的投资进行规制。

其次，在能源的可持续发展方面，美国国会于 2007 年通过了《美国能源独立及安全法》，法案中规定到 2025 年时新能源技术和能效技术方面的投资规模将达到 1900 亿美元，其中 900 亿美元投入到可再生能源和能源效率领域，600 亿美元会用作碳捕捉和封存技术，200 亿美元用于先进的能源技术机动车，200 亿美元用于基础性能源科学研发[6]。

　　奥巴马政府促成了《2009 年恢复与再投资法》法案的通过，并规定将划拨约 500 亿美元用来开发绿色能源和提高能效，2013 年美国先进能源研究计划署 (ARPA-E)宣布投入 3000 万美元用来鼓励顶尖科学家、工程师研发新的技术。2015 年 ARPA-E 向 41 个新能源项目和技术投入 1.25 亿美元[7]。

　　美国政府制定的新能源领域投资政策，是希望美国率先掌握新能源领域的核心技术，促进美国的产业升级和转型，同时实现美国能源的可持续发展(图 3-4)。

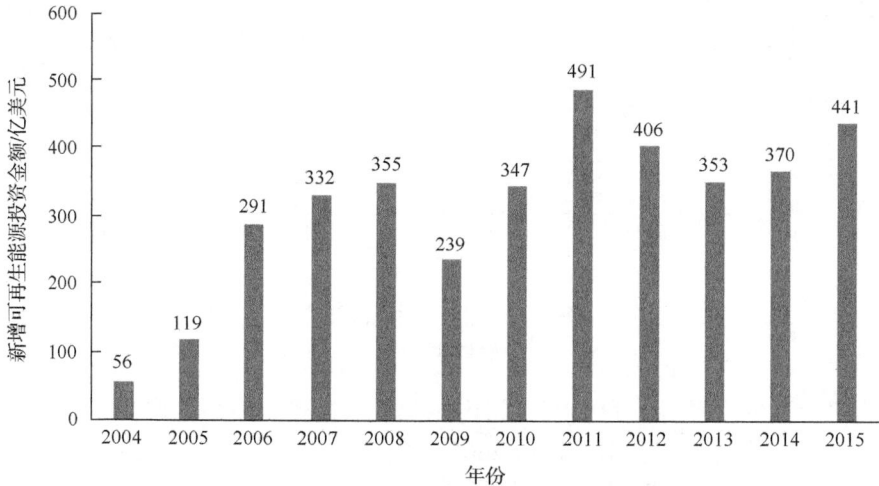

图 3-4　美国新增可再生能源投资趋势
资料来源：UNEP Global Trends in Renewable Energy Investment 2016

3.2.2　俄罗斯能源投资政策目标

　　俄罗斯是最大的石油和天然气输出国。据统计，俄罗斯的矿产资源储量占世界已探明的 4%～5%，其中已探明天然气储存量为 48 万亿立方米，占探明储存量的 1/3。

　　首先，在保障国家能源安全方面，《俄罗斯联邦矿产资源法》规定外国公司不能对俄联邦级矿产资源进行开采。俄罗斯将储存量在 7000 万吨以上的陆上油田、储存量在 500 亿立方米以上的天然气田以及位于大陆架上的所有能源矿区认定为联邦矿产资源。在《外资进入对保障国防和国家安全具有战略意义的商业组织程序法》法案中，明确地规定能源领域的外国投资除了需符合《外资进入对保障国防和国家安全具有战略意义的商业组织程序法》中相关规定外，还要接受行业相关法律法规的规制[8]。如《俄罗斯联邦矿产资源法》、《俄罗斯联邦天然气供应法》。由图 3-5 可以看出，由于俄罗斯对来自国外投资的严格审查制度，导致外国资本对俄罗斯的直接投资显著减少。

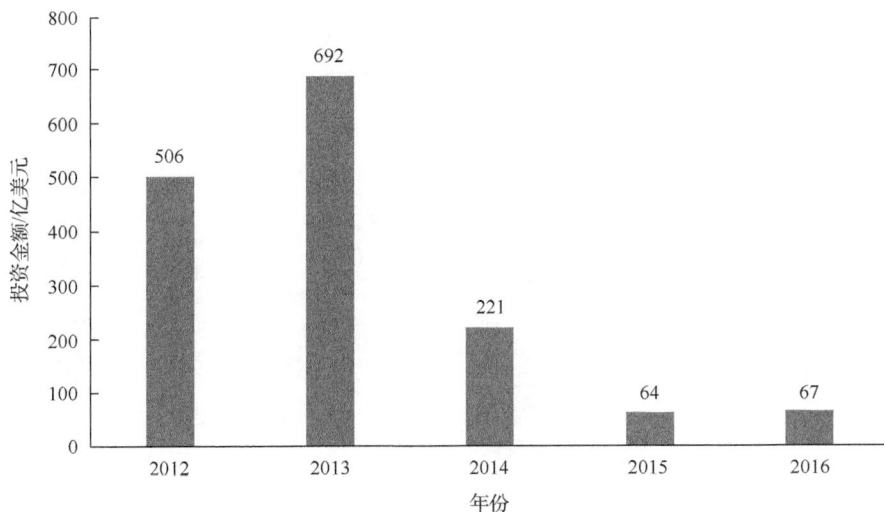

图 3-5　外国资本对俄罗斯直接投资

资料来源：BIIA Foreign Investment in Russia Is Once Again on the Rise

其次，在可持续发展方面，自 2008 年起，俄罗斯政府鼓励环境友好型、资源节约型能源技术的应用，同时呼吁对可再生能源投入资金和补贴支持。这表明能源存量丰富的俄罗斯也开始关注石油、天然气外的新能源领域。

2009 年俄罗斯政府通过《俄联邦 2030 年前能源战略》，将开发新能源，用来代替化石能源作为未来能源发展目标。同时制定出了可再生能源目标政策：到 2030 年，天然气需求占能源结构比重下降到 50%以下，可再生能源需求提升至 14% 左右。为实现此目标，俄罗斯政府计划于 2020 年前拨发 3 万亿卢布，用于支持可再生能源发电[9]。2013 年，俄罗斯联邦政府颁布了《关于在电力和功率批发市场上鼓励利用可再生能源的机制》，对于符合俄罗斯国产化率要求的风电、光伏和小水电项目，给予连续 15 年，每年 14%的固定投资回报，以及运营费用补偿、税收补偿等[10]。在《俄联邦 2035 年前能源战略》中，俄罗斯能源部长表示：到 2035 年俄罗斯可再生能源投资将累计达到 530 亿美元[11]。

3.2.3　日本能源投资政策目标

日本作为一个能源匮乏的国家，大部分的石油、天然气和煤炭等能源都需要依赖进口，据统计，日本石油自给率只有 0.2%，天然气 97%的消费量都要依赖海外进口（图 3-6）。作为能源消费大国，日本成为世界上最大的液化天然气进口国。日本由于地理位置限制，要实现能源经济的发展，就必须加大海外投资能源的力度。日本政府一直在实施大力投资海外能源政策，既要保证日本能源的稳定供应，又要确保国家安全。

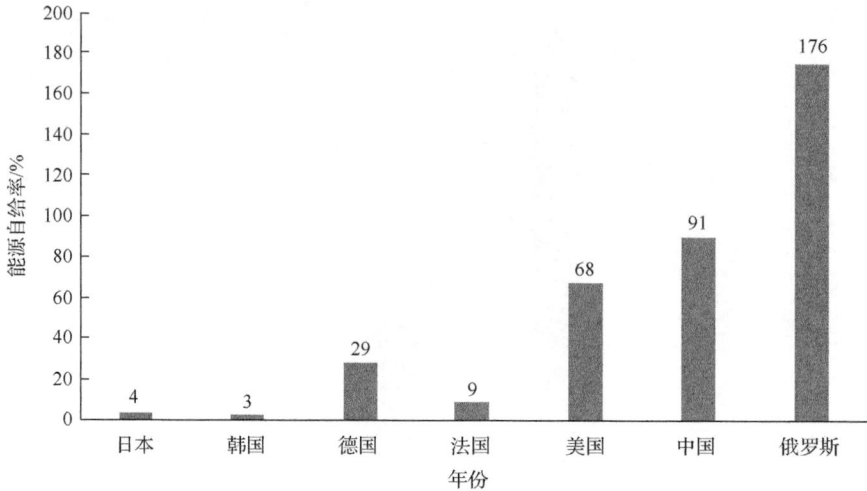

图 3-6　各国能源自给率

资料来源：CHUBU energy power

　　首先在能源安全方面，日本大力开展海外能源投资，减少对进口能源的重度依赖，制定出自主开发能源的政策，加大海外能源投资力度，提高海外能源开发自主性。据 2006 年日本公布的《新国家能源战略》，提出要进一步提高石油海外自主开发能力，争取到 2030 年将石油海外自主开发率增至 40%左右的目标。日本在 2010 年公布的《能源基本计划》中提出，未来 20 年力争将日本化石燃料的海外自主开发率提高一倍[12]。可见，伴随着全球能源竞争的加剧，日本政府已经把提高海外能源自主开发率作为一项国家能源战略的重要目标。同时，日本的对外直接投资亏损准备金制度中，为能源投资类设立了专项投资亏损准备金，当企业因进行能源类境外投资而亏损，以获得项目累计投资额的 12%的补贴金额，来促进能源投资者进行海外能源投资[13]。

　　其次在能源可持续发展方面，日本在原有的"阳光计划"，"月光计划"和"地球环境技术开发计划"的基础上提出了"新阳光计划"。其主要的项目有：太阳能电池、地热利用技术、太阳热利用技术和大型风电技术等新能源技术[14]。日本每年对"新阳光计划"投资 362 亿日元，用于新能源技术、输送与储备技术，预计该计划会延续至 2020 年。

　　自日本政府在环境会议上签署了《京都协议书》后，许多的日本企业为了响应降低温室气体排放量的目标，相继"可持续发展报告书"，为推动了日本政府和民间企业发展新能源产业的发展做出贡献。

　　2006 年的《新国家能源战略》提出大力发展新能源技术以及新能源产业，加强对太阳能、风力、燃料电池以及其他形式的新能源开发利用，实现能源多样化战略目标。日本政府还积极吸引民间资本在新能源产业上的投入，通过各式各样的经济激励政策的实施，使新能源领域的公司和消费者对新能源产业信心十足，极大地促进了新能源产业的迅速发展[15]。

目前，日本约 10% 的电力来自可再生能源。日本将可再生能源发电量的目标设定为：到 2030 年来自可再生能源的发电量占总发电量的 24%（图 3-7）。未来 15 年里，日本将投资 7000 亿美元用于可再生能源[16]。

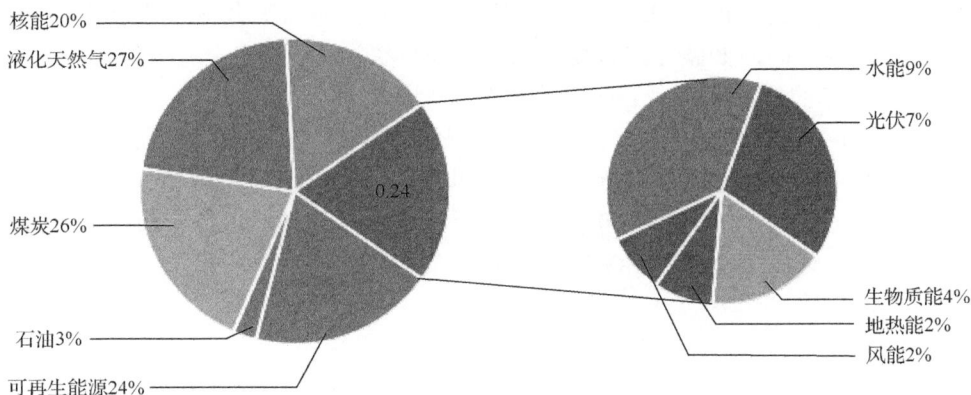

图 3-7　日本预计 2030 年各类能源发电比例

资料来源：Japan's Long-term Energy Plan Shoots for Ultimate Balance in Economics, Environment and Safety

3.2.4 欧盟能源投资政策目标

欧盟仅仅占全球已探明原油储量的 0.6%，全球已探明天然气储量的 2.0%，以及已探明煤炭储量的 7.3%。首先在能源安全方面，面对能源自给率严重不足的情况，欧盟对能源安全问题十分重视。

2015 年 7 月，欧盟各成员国批准通过欧委会提议的能源投资计划，将重点向能源基础设施投资 1.5 亿欧元。这些基础设施主要分布于东欧、南欧以及波罗的海地区，总共涉及近 20 个项目。欧委会认为，这些项目的实施将会结束部分成员国孤立于欧洲能源结构网络的状态，会进一步提高欧洲能源安全。2016 年 7 月，欧盟宣布将会投资 2.63 亿欧元，实施 9 个能源基础设施项目，以扩大欧洲电网覆盖率，提高欧盟成员国能源安全。这些投资将通过欧盟资金支持项目"连接欧洲基金"执行。"连接欧洲基金" 2014 年向能源领域的投资总额为 6.47 亿欧元，2015 年为 3.66 亿欧元。将于 2016—2020 年累计向能源基础设施项目投资 43.37 亿欧元[17]。

其次，在能源可持续发展方面，为响应《巴黎气候协定》的要求，2014 年 1 月 22 日，欧盟委员会宣布了 2030 年能源政策目标：欧盟各成员国在 2030 年前将温室气体排放量削减到比 1990 年的水平减少 40%，同时需要保证可再生能源在欧盟能源结构中所占的比例不低于 27%。为达成目标，欧盟各国制定积极新能源投资政策，促进新能源发展。欧盟大力投资研究开发新能源技术，2011 年 9 月，欧盟宣布了一项合作研究藻类生物的能源计划，惠及欧洲多家机构，项目投资达1400万欧元。2011年7月欧盟委员会发布科研资助计划，新能源将获的大规模投资。

2015年5月，专业化智能能源合作平台正式启动。欧盟各个成员国可以通过该平台分享新能源投资策略，集中资金开展能源效率、可持续能源项目的研究。欧盟委员会从2014年到2020年，会陆续投入380亿欧元，用来实现已定的能源战略，推动各部门向低碳经济转变。平台有利于各个地区的资金有效整合并利用。建立一个真正的能源联盟需要坚实的科学基础[18]。

2016年，国际能源署(IEA)发布的全球能源投资报告中表示，欧盟对可再生发电的投资超过了其发电总投资的85%，其中风能发电已成为欧洲电力供应的重要组成部分(图3-8)，2016年欧盟风电项目投资275亿欧元，其中海上风电投资182亿欧元，陆上风电投资93亿欧元[19]。

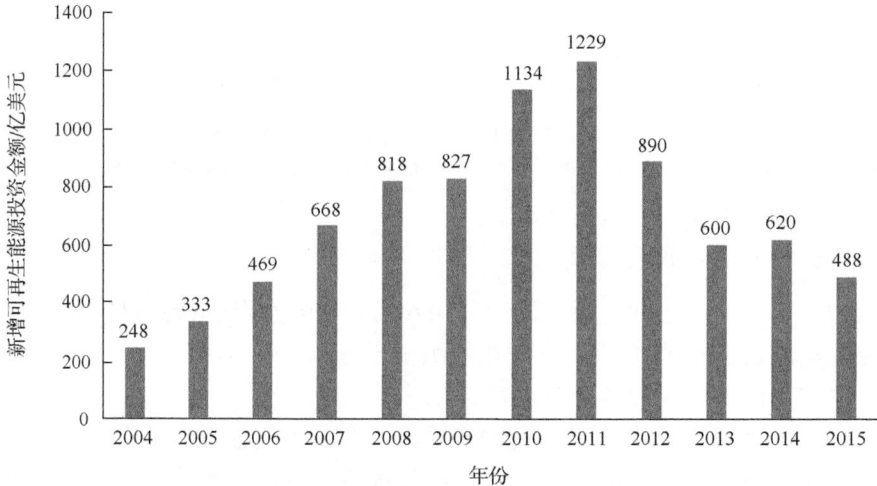

图 3-8　欧盟新增可再生能源投资趋势

资料来源：UNEP Global Trends in Renewable Energy Investment 2016

3.2.5　中国能源投资政策目标

我国能源资源丰富，但由于海洋能源资源开发周期长，对能源开采的技术和设备都要求较高，目前我国没有单独进行海洋能源勘探与开发的条件，因此与海外合作勘探开发海洋能源是唯一的可行的方式。我国决定采取风险合作形式与外商合作开发沿海油气资源。由外国公司承担资源勘探费用，外国公司与中国海洋石油总公司签订石油年开发合同。

在能源安全方面，20世纪90年代，我国政府就表示：在能源领域实行"两种资源两个市场"的政策,鼓励企业通过对海外投资获取石油、煤炭等重要能源资源[20]。进入了 21 世纪后,我国能源企业对外投资更加频繁。我国在"十二五规划"中首次提出了能源企业"走出去"的同时,也要"引进来"[21]。在"十三五规划"中提出了积极拓展海外油气合作,巩固重点国家和资源地区尤其产能合作,积极参与国际油气基础设施建设,促进与"一带一路"沿线国家油气管网互联互通。推进中俄东线天然气管道建设,确保按计划建成。务实推动中俄西线天然气合作项目。稳妥推进天然气进口。加强与能源资源国合作,多元化保障能源资源进口[22]。

国内能源产业的发展需大量的技术与资金支持,所以我国在发展国家能源产业时,需要引入外国的资本和技术。然而,能源产业在国家安全方面占有着重要地位,我国政府有着对来自外国的资本严格的审查。在能源投资国家安全审批政策方面,目前我国虽没有设立专门的外资能源投资审批机关,但《中华人民共和国反垄断法》中明确规定,外资并购境内企业或者以其他方式参与经营者集中、涉及国家安全的,除依照本法规进行经营者集中审查外,还应当按照国家有关规定进行国家安全审查。

在能源可持续发展方面,曾经有人认为:可再生能源是一种,只有富裕的国家才能负担的奢侈品。但是在 2015 年的可再生能源投资中,主要的投资国家是我国等一些发展中国家(图 3-9)。我国在《可再生能源法》中对进行可再生能源投资的投资者设立专项基金制度,主要目的是为了解决能源投资者资金不足方面的制约,有利于我国可再生能源发展,对可再生能源投资迅速增加,一些大型国有企业和民营企业也迅速进入可再生能源市场。

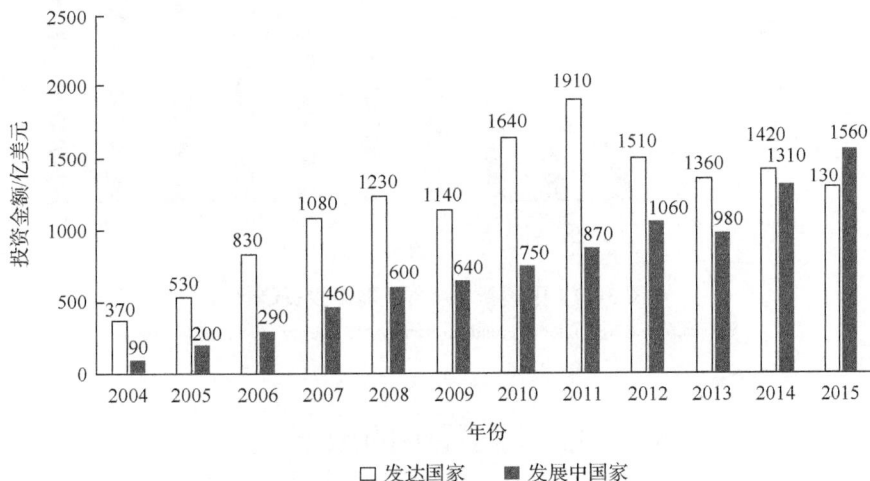

图 3-9　发达国家与发展中国家可再生能源投资比较

资料来源:UNEP Global Trends in Renewable Energy Investment 2016

　　《"十二五"国家战略性新兴产业发展规划》中明确了我国新能源利用的项目包括太阳能光伏和热利用、核能、页岩气风能、生物质发电、地热、沼气、生物质气化、生物燃料等。2015 年是"十二五"收官的一年,我国新能源领域也在这一年取得重大成就,光伏装机容量站在了全球第一的新高点,太阳能热发电、新能源微电网、光伏和热利用等多种形式的新能源发展迅速。

　　"十三五"时期仍是我国新能源领域发展的重要时期,我国进一步推动新能源生产、加强生态文明建设战略的部署,以及 2020 年新能源占能源消费比重达到 15%的目标,此项目标明确了新能源在我国能源结构中重要的地位。新能源产业作为国家战略性新兴产业,对于推动我国经济转型、产业升级具有重要意义。尽管上网电价将逐年递减,但国家对新能源发电的补贴政策、新能源优先消纳的激励政策不会改变。"十三五"时期作为我国新能源产业发展重要的时期,新能源迅速发展的趋势不会改变。

　　2016 年 3 月 24 日,联合国环境规划署发布的"2016 年全球可再生能源投资趋势"中表示 2015 年全球对可再生能源的投资达 2860 亿美元,中国投资比 2014 年增长 17%,达到 1029 亿美元,占全球总投资的 36%,位居世界首位(图 3-10)。2017 年 1 月 11 日据美国能源经济与金融分析学院报告称:2016 年中国对海外新能源领域投资总额创历史新高,达到 320 亿美元,同比增长 60%,位居世界首位[23]。

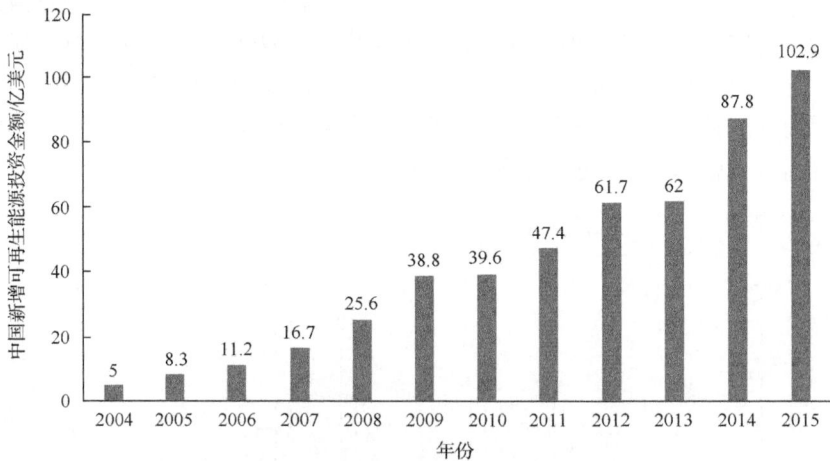

图 3-10　中国新增可再生能源投资趋势

资料来源:UNEP Global Trends in Renewable Energy Investment 2016

3.3　能源投资中的政府角色

3.3.1　美国的政府角色

　　在能源投资领域,美国政府虽不参与天然气、石油、煤炭等能源的勘探与开发，能源领域均是由个人或私人公司来运营。但对于来自外国资金或投资者的投资，美国政府通过控制其占有比例以限制外资在美国能源市场进行投资。《联邦矿物土地租赁法》规定：美国政府可将矿物土地通过租赁的方式，让给外资在美国设立公司，但外国公司的所有权不能超过 10%，如若超过 10%，就根据互惠原则，看看资本输出国是否给予美国公司同样的待遇[24]。

3.3.2　俄罗斯的政府角色

俄罗斯一直是欧盟天然气主要提供者，双方能源高度相互依存，欧盟一定时期之内，还不能摆脱对俄罗斯天然气供应的高度需求(图 3-11)。在国际交往中，俄罗斯把能源贸易当做是对西方外交的重要筹码。所以在俄罗斯的能源投资政策中，往往注重对外国投资者的待遇，通过吸引了外国投资者进入俄罗斯的能源领域，促进了俄罗斯与外国的友好往来。

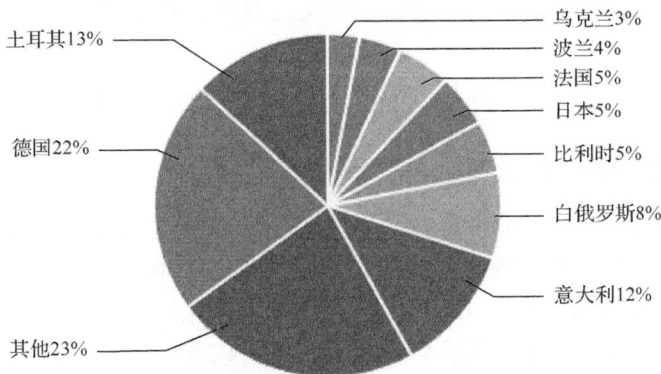

图 3-11　俄罗斯天然气出口国

资料来源：BP Statistical Review of World Energy 2016

俄罗斯主要以加强油气管线建设，吸引油气投资的方法吸引外资。俄罗斯为外国油气领域投资者提供了许多便利，如使外国企业与本国企业权利平等，外资企业拥有国民待遇等。该项政策中不仅担保了外国投资者的投资风险，还简化了外资企业办理注册等流程[25]。

3.3.3　日本的政府角色

在能源投资领域，日本政府通过与相关企业形成相互配合的机制，通过各种手段积极开展日本的能源外交，与能源资源国构建良好的外交关系，为企业到海外投资进行铺路。日本政府依据《能源基本计划》制定了《资源保障指南》，法案规定，国际协力银行(JBIC)、日本国际协力机构(JICA)以及贸易保险(NEXI)等机构需要按照该法案的要求，对海外能源资源开发项目进行相应支援[26]。

3.3.4　欧盟的角色

2006 年欧盟各成员国成立了"能源共同体","能源共同体"成立之后欧盟各国立即执行欧盟有关能源安全方面相关的投资政策[27]。2007 年,欧盟各成员国开始投入资金执行电力和天然气能源基础设施的建设。2013 年,能源共同体向 248 项能源基础建设项目投资,2014 年正式启动了其中 33 项,致力于欧盟能源供应安全和内部市场互动互通[28]。

3.3.5　中国的政府角色

在能源投资领域,我国能源投资政策虽允许、鼓励国外资本进入能源的大部分行业,但是我国法律又明确规定外国资本进入能源产业的形式仅仅限于合资或合作[29]。来自外国投资者可通过与国有能源公司合作共同对能源进行勘探与开发。总体来看,我国在能源投资领域的政策还是比较严格的。

3.4　各国对能源投资激励政策

3.4.1　美国能源投资激励政策

美国作为较早发展新能源产业的国家,较早地采用税收政策来鼓励新能源产业投资的国家。美国的能源激励政策,包括生产和消费两个环节。在生产环节,《2005 美国能源政策法案》中规定:从 2005 年开始,美国实施光伏投资税减免政策,在住宅和商用建筑屋顶安装光伏发电,可以获取享受投资税减免,其额度为安装成本的 30%,此法到期后,国会又规定对商用光伏项目的投资税减免延长 8 年,住宅光伏项目的投资税减免政策延长 2 年,取消每户居民光伏项目 2000 美元的减税上限。《2009 年美国复苏与在投资法》中提出投资抵免税,根据设备投入运营成本 30%或 10%的投资税收抵免。2016 年,美国政府对延长安装光伏发电所获收益享受 30%系统安装成本的投资税减免政策延长至 2019 年,之后逐年降低,直至到 2022 年对商用太阳能发电的补贴将会降到 10%,民用太阳能发电项目的补贴将终止于 2022 年。在消费环节,为了促进对可再生能源的使用,消费使用可再生能源的企业和个人给予抵免一定比例所得税优惠。对于个人在安装太阳能和光能等节能设施是也提供税额扣除等优惠政策[30]。

3.4.2　俄罗斯能源投资激励政策

俄罗斯在 2012 年出台了对大陆架地区的能源勘探与开发项目的投资者税收优惠政策,包括取消财产和增值税、出口税以及降低开采税等。俄罗斯政府承诺对相关的投资税收优惠政策十五年内保持不变[31]。

这些能源投资激励政策使 2016 年俄罗斯的石油产量较 2015 年增长 2.5%，为 5.475 亿吨。石油出口增长 4.8%，达 2.535 亿吨。石油深加工增长 5%，从 74.2% 增长到 79.2%。汽油产量增长 1.8%，为 3990 万吨。各大石油公司投资较 2015 年增长 10%，油气行业的资本投入达 1.19 万亿卢布。大陆架石油产量增长 11.5%，达 2130 万吨，另有 4100 万吨石油，采自难以开采的资源，较去年增产 24%。俄能源部长认为，对此类项目对投资者的税收优惠政策促进了产量增长。

3.4.3　日本能源投资激励政策

在促进能源投资的税收政策上，日本政府为了加速可再生能源的生产，减少厂商投资风险，对符合条件的节能设备允许企业采取特别折旧法，在设备正常折旧之外还可以再享受特别折旧。

日本政府通过减免购买风力发电设备、光伏发电设备、生物质能发电设备的固定资产税，直接促进企业对新能源领域的投资。在《推广太阳能发电行动方案》中对家庭贷款税进行改革，通过鼓励家庭购买和使用太阳能设备，促进对新能源需求，间接地促进了新能源投资[32]。

3.4.4　欧盟能源投资激励政策

欧盟通过对能源投资者的税收直接减免来促进能源的投资，例如：比利时规定对新能源项目不征收任何能源税；葡萄牙对个人投资的可再生能源项目，免除个人所得税；丹麦规定，对风能发电、水力发电免征电能税。欧盟也通过对投资者的信贷优惠政策来促进新能源的发展，例如：德国开发银行的"太阳能发电"计划，对私人投资者，贷款额度为 5 万欧元，贷款利率为 4.15%～4.45%；"ERP 系统环境和节能项目"对中小型的能源企业贷款额度最高可达到投资总额的 50%，其他能源企业贷款额度为总投资的 35%。"环境规划"计划，对商业投资者，贷款额度为总投资额的 75%，最高值为 1000 万欧，贷款利率在 4%～7.72%之间[33]。

3.4.5　中国能源投资激励政策

我国在对能源投资者的税收领域已经陆续出台了多项政策措施，目的是鼓励能源企业进行能源类境外投资。2016 年，国土资源部部长姜大明表示，中国会进一步地鼓励外商投资中国矿业，放宽投资领域，简化投资程序，为外商投资矿业创造良好环境[34]。为用好"一带一路"的机遇，深入开展矿业对外投资和产能合作，在我国已经出台的有关鼓励境外投资的产业指导政策、信贷政策诸多具体政策中，均把能源类境外投资列为"重点支持"的产业项目，给予了优先优惠待遇。

新能源产业需大量资金作为支持，是资金密集型产业，2005 年《可再生能源法》以及 2007 年《可再生能源中长期发展规划》均要求设立新能源发展专项资金，以及要求政府运用税收政策对新能源的投资给予支持，对新能源技术的研发、设备制造等给予适当的企业所得税优惠，促进投资者对新能源领域的投资[35]。在2015 年发布的《资源综合利用产品和劳务增值税优惠目录》里的新能源产品，给予增值税即征即退政策，间接为新能源企业提供了资金来源。2016 年修订了《外商投资产业指导目录》中添加了许多新能源项目，对符合目录的鼓励类项目免征进口环节关税、增值税。

2016 年国家能源局发布通知：鼓励社会资本投资进入能源领域。在能源领域实行社会资本和政府合作，提高供给效率。相关部门将加大政策扶持，积极协调完善土地使用、税收优惠、价格调整、信贷扶持等机制。同时优化服务，在项目审批、政策资金申请、国家现有财政政策落实等方面主动作为，保障符合条件的PPP 能源项目顺利开展。

2015 年底，财政部与国家发改委合作实施 PPP 项目总数已经过万，总投资额达到 13.77 万亿元，主要涉及水利、市政设施、生态环境、交通、农业等各个领域。PPP 模式可以促进政府职能转变以及降低财政负担等风险，实现投资主体多元化和优势互补。PPP 模式，也在能源领域得到主要成就，以新能源汽车充电设施为例，为更好地匹配和推进新能源电动汽车的发展，2015 年 10 月，国务院办公厅下发《关于加快电动汽车充电基础设施建设的指导意见》，强调推进充电基础设施建设。建设充电体系网，预计仅建设资金就需投入 600 亿元。充电设施建设项目数量多、分布广、投资额大，且具有准公共品性质，近年来，国家关于充电基础设施供给的政策不断出台。

随着 PPP 相关的制度体系逐步完善。财政部将天津市电动汽车公共充电设施网络建设，定为"PPP 国家示范项目"。青岛与芜湖、新乡等 12 个城市，以合资形式共同建设运营充电站。试点工作表明，PPP 模式能够有效提高新能源汽车充电设施建设运营效率，提高社会主体创新活力，实现多方共赢。管理学家 Drucker认为，政府的确不擅长做社会工作。采用 PPP 模式，政府负责制定和规划政策，社会主体负责政策与规划的执行与落实，二者之间实行"利益共享、风险共担、全程合作"。这样，既可以高效的促进了资源配置，又可以强化公民意识与社会认同感。为全社会提供便捷的新能源汽车充电服务，提高资源利用效率与效益，推进现代化社会的发展。由此可见，通过 PPP 模式引入社会资本基础设施服务，可能成为新能源汽车配套服务的主流模式。

3.5　国别能源投资政策比较

能源投资政策是世界各国能源经济发展的政策工具之一。各个国家的能源投资政策都有保护国家安全、实现可持续发展的相同目的，并都为了促进能源的发展实施了一定的优惠激励政策，但各个国家都根据本国的国情，政策侧重不同，各有各自的特点(表 3-1)。

表 3-1　国别能源投资政策特点比较

	美国	俄罗斯	日本	欧盟	中国
能源安全	加强国内能源投资，降低对能源出口国的依赖度的政策	设立俄联邦级矿产资源，并规定联邦级矿产资源禁止外国公司开采	1.积极开展海外能源上游投资，减少对进口能源的依赖 2.设立对外直接投资亏损准备金制度	"连接欧洲基金"项目，建立欧洲能源网络，投资建立并扩大连接欧盟成员国的能源管道	1."两种资源两个市场"政策，支持并鼓励企业通过对外投资获取能源资源 2."十二五"规划中能源企业在"走出去"的同时也要"引进来" 3."十三五"规划中，能源企业"一带一路"政策
可持续发展	成立能源部先进能源署(ARPA-E)，投入资金，鼓励尖端人才研发新的技术	1.俄罗斯政府通过《俄联邦 2030 年前能源战略》制定新能源发展目标 2.俄联邦 2035 年前能源战略》设立新能源投资金额，并实现俄罗斯的能源结构优化配置与升级	1."新阳光计划"日本每年投资固定金额，用于新能源技术、新能源输送与储存技术。《新国家能源战略》则提出要实现日本能源多样化战略 2.吸引民间资本在新能源产业上的投入	建立智能化能源合作平台，使成员国分享新能源投资策略，集中资金开展能源效率、可持续能源项目的研究	1.《可再生能源法》中对可再生能源投资者设立专项基金制度 2."十三五"时期以及 2020 非化石能源占一次能源消费比重达到15%的目标，明确新能源在我国能源结构中的战略地位
激励政策	美国重视生产和消费两个环节投资政策扶持。设立对能源投资者的生产抵免税政策，和对消费者的消费抵免税政策，促进能源投资的同时促进能源的使用	俄罗斯公司进行能源类投资所得的红利将免缴利润税政策、降低外国投资者的所得税政策和对大陆架地区能源勘探开发项目的投资者的税收优惠政策	1.减少能源企业的固定资产税直接促进能源类投资 2.对能源企业提出特别折旧加速政策，减少厂商投资的风险	1.通过对能源投资者的税收直接减免来促进能源的投资 2.通过对投资者的信贷优惠政策来促进能源投资者对能源领域的投资	1.对一些符合条件的新能源产品给予增值税即征即退政策 2.在《外商投资产业指导目录》中添加了许多新能源项目，对符合目录的鼓励类项目免征进口环节关税、增值税。并鼓励社会资本进入能源领域
政府角色	美国政府不参与能源的勘探与开发，都是由个人或私人公司运营，对来自外国的资金投入设置比例制度	吸引外国投资者进入俄罗斯的能源领域，促进了俄罗斯与外国的友好往来。给予外国投资者以国民待遇，来加强油气管线建设、吸引油气投资	日本政府与相关企业之间形成相互配合的机制，日本政府通过各种手段积极开展"能源外交"	成立"能源共同体"，共同建立电力、天然气等能源的基础设施建设	在能源领域的勘探和开发都是由国家企业趋近垄断经营的，仅允许与外资进行合作

3.6　国际能源投资政策对中国的经验启示

第一，能源安全问题作为国家能源发展首先要考虑的问题，我国应立足我国国情，实施适合我国能源发展的能源投资政策，坚持"走出去"政策的基础上，加大对海上能源勘探与开发项目的投资，减少对海外能源投资的依赖。坚持"引进来"政策的基础上给予外国投资者以优惠，来加强能源管线建设、吸引能源投资。坚持"一带一路"建设的基础上，加强国家间能源管道的建设，并促进国家间能源投资政策的交流。

第二，当前我国面临着环境问题和经济下行压力，需大力发展新能源，新能源在发展的初期政府应给予足够的资金支持。在对可再生能源投资者设立专项基金制度的基础上，应加大直接将资金投入可再生能源生产。还要鼓励尖端人才研发新的新能源技术，向新能源研发部门投资资金。与其他国家建立新能源投资平台分享新能源投资策略，集中资金开展能源效率、可持续能源项目的研究。

第三，在激励政策方面，应扩大对能源投资者优惠政策的覆盖范围，加大优惠力度，从生产和消费两个方面，直接或间接触的为能源投资者予以税收优惠。协调运用多种税收政策。调整完善现行的增值税、关税、所得税等各项税种中关于能源投资者税收政策，综合运用税收减免、加速折旧、投资抵免等优惠手段，引导能源的发展。

参 考 文 献

[1] Birol F. World Energy Outlook [R]. Paris: International Energy Agency, 2016.

[2] 封红丽. 2016 年全球油气投资——冬天已至,春天不远[J]. 中国石油和化工, 2016, (11): 34-39.

[3] 苏亚丽. 中美能源投资国家安全审查制度比较研究[D]. 太原:山西大学, 2013.

[4] Congress U S. Energy Policy Act of 2005[J]. Public Law, 2005, 109 (58): 42.

[5] Littlefield S R. Security, independence, and sustainability: Imprecise language and the manipulation of energy policy in the United States [J]. Energy Policy, 2013, 52 (3): 779-788.

[6] 金名. 奥巴马启动美国新能源战略[J]. 生态经济(中文版), 2009, (9): 12-15.

[7] Williams E D. APRA-E: The First Seven Years: A Sampling of Project Outcomes[R]. USDOE Advanced Research Projects Agency-Energy (ARPA-E), 2016.

[8] 赵超. 中外能源投资市场准入制度比较研究[D]. 太原:山西大学, 2012.

[9] 陈小沁. 解析《2030 年前俄罗斯能源战略》[J]. 国际石油经济, 2010, (10): 41-46.

[10] 潘桂英. 俄可再生能源投资机制见效[J]. 2015.

[11] Kozlova M. Analyzing the Effects of the New Renewable Energy Policy in Russia on Investments into Wind, Solar and Small Hydro Power[D].Lappeenranta: Lappeenranta University of Technology, 2015.

[12] 刘小丽. 日本新国家能源战略及对我国的启示[J]. 中国能源, 2006, 28 (11): 18-22.

[13] 何磊, 陈淑萍. 我国发展对外直接投资的税收政策[J]. 改革, 2005, (4): 34-39.

[14] Hughes L. Renegotiating Japan's Energy Compact [M]//Germany's Energy Transition. Palgrave Macmillan US, 2016.

[15] 井志忠. 日本新能源产业的发展模式[J]. 外国问题研究, 2007,（1）: 74-79.

[16] 张季风. 日本能源形势的基本特征与能源战略新调整[J]. 东北亚学刊, 2015,（5）: 25-32.

[17] 欧盟委员会. 欧盟宣布向能源基础设施项目投资 2.63 亿欧元[J]. 中国石油石化, 2016,（15）: 15.

[18] Abrell J, Rausch S. Cross-country electricity trade, renewable energy and european transmission infrastructure policy [J]. Journal of Environmental Economics and Management, 2016, 79: 87-113.

[19] 北极星. 全球能源投资正转向清洁能源[J]. 能源研究与利用, 2016,（6）: 4.

[20] 王海燕. 中国能否跨过能源鸿沟[J]. 能源评论, 2013,（10）: 54-55.

[21] 李琴倩. 中国对东盟国家能源投资法律问题研究[D]. 桂林:广西师范大学, 2015.

[22] 李寒湜, 王大树, 易昌良. "一带一路"背景下中国能源产业竞争力的提升[J]. 新视野, 2016,（4）: 112-117.

[23] 高虎. 中国可再生能源投资连续两年位居世界第一[J]. 世界环境, 2016,（1）: 34-35.

[24] 张正怡. 国际能源投资争端法律问题研究[D]. 上海:华东政法大学, 2013.

[25] 蔡天成. 俄罗斯油气综合体的投资需求及吸引外国投资者的主要方向[J]. 中外科技情报, 2005,（1）: 245-246.

[26] 徐梅. 日本的海外能源开发与投资及其启示[J]. 日本学刊, 2015,（3）: 110-119.

[27] Walker G, Devine-Wright P, Hunter S, et al. Trust and community: Exploring the meanings, contexts and dynamics of community renewable energy [J]. Energy Policy, 2010, 38（6）: 2655-2663.

[28] 张志勤. 欧盟能源政策未来走向[J]. 全球科技经济瞭望, 2015, 30（9）: 60-67.

[29] 谢思苑. 我国海外能源投资法律保障设计之探索[D]. 苏州:苏州大学, 2014.

[30] 李欣培. 激励新能源产业发展的税收政策研究[D]. 大连:东北财经大学, 2016.

[31] 韩学强. 俄罗斯大陆架海域油气资源勘探开发现状[J]. 石油科技论坛, 2012, 31（5）: 45-49.

[32] 景蕊. 美日可再生能源税收优惠政策的比较与借鉴[J]. 福建质量管理, 2016（3）: 129.

[33] 白玫, 朱彤. 新能源产业现状与发展前景[M]. 广州:广东经济出版社, 2015.

[34] 张小红, 毛建华, 周艳. 2016 中国国际矿业大会开幕[J]. 中国有色金属, 2016,（19）: 21-22.

[35] 张宪昌. 中国新能源产业发展政策研究[D]. 北京:中共中央党校, 2014.

第4章 能源融资政策及国际比较

4.1 引　言

2014 年国际能源署(International Energy Agency,IEA)发布的报告中认为,大规模融资和公共政策在未来很长一段时间里将是能源领域面临的两大挑战,新形式的投资者正在能源领域显现。大多依赖外部融资的市场参与者,例如规模较小的企业和新的市场进入者,构成了能源市场发展的主要参与者。国际能源署进一步认为,除北美之外,世界上大部分地区能源领域的融资都需要引进新的金融资源,应通过证券化、债券和股票市场,以及获得机构投资者的大规模基金等形式进行融资,以减少过度依赖银行贷款的情况。

近年来中国的全球能源投资项目正逐步向通常无法获得国际银行服务,且风险评级较高的国家提供贷款,例如苏丹、波黑等国。2007—2014 年间,中国的政策性银行进出口银行和国家开发银行年均向外国政府提供 135 亿美元的能源融资。其中,中国对外能源贷款的 90%以上主要集中用于煤炭项目和大型水电项目的发展。中国通常以"附带条件援助",即受援国须将相关资金用于购买中国企业的服务和商品的方式提供该类能源融资。此外,包括日本和其他国际金融组织与机构,例如国际货币基金组织(IMF)和世界银行提供的能源开发融资也几乎都有附带条件。

近年来全球新能源领域的融资规模不断扩大,发展迅速。IEA 发布的《世界能源展望 2016》中指出,可再生能源在发电领域新增装机总量于 2015 年已超过天然气、石油、核能和其他能源装机的总和。这一巨大改变将开启能源消费的新时代。从表 4-1 和图 4-1 可以看出,2015 年全球用于新能源发电项目融资为 3288.8 亿美元,比 2011 年的历史峰值高出 3.3%,包括化石能源发电项目在内的新建发电项目的融资总额为 4618.8 亿美元。

表 4-1　2009 — 2015 年全球化石能源和新能源发电项目融资情况（单位：亿美元）

能源类型	2009	2010	2011	2012	2013	2014	2015
新能源发电项目	2073	2737	3183	2970	2719.3	3159	3288.8
化石能源发电项目	2797.1	2950.7	2648	3100.6	1189.7	1200	1330
合计	4870.1	5687.7	5831	6070.6	3909	4359	4618.8

资料来源：中国产业信息网、国际能源署等。

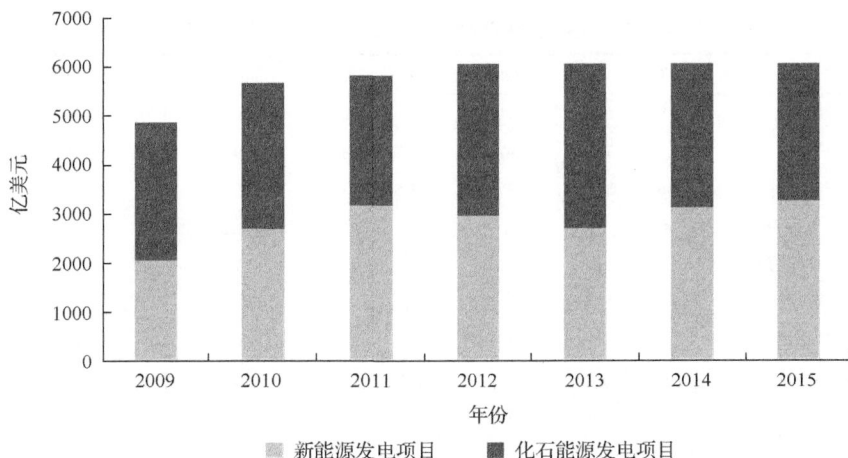

图 4-1　2009-2015 年全球化石能源和新能源发电项目融资情况

表 4-2 的数据显示，2015 年全球新能源产业融资资金类型构成中占比最高的为项目融资，达到 2805.9 亿美元，比 2014 年增加 6.6%。其中，私募股权和风险投资领域该年为新能源产业融资额约为 56 亿美元，比 2014 年提升 16.4%。

表 4-2　2007—2015 年全球新能源产业融资的资金类型构成（单位：亿美元）

资金类型	2007	2008	2009	2010	2011	2012	2013	2014	2015
研发投入	214.1	235.5	269.3	264.9	300.7	299.1	288	281.7	283.3
股票市场	245.5	116.3	150.1	134.8	113.4	48.4	119.3	197.6	143.6
风险投资和私募股权	78.9	121.8	66.9	111.5	80.3	62.7	40.9	48.1	56
项目融资	1210.8	1582	1586.3	2226.1	2689.1	2559.7	2271.1	2631.1	2805.9
合计	1749.3	2055.6	2072.6	2737.3	3183.5	2969.9	2719.3	3158.5	3288.8

资料来源：中国产业信息网、国际能源署等。

从表 4-3 可以看出，2015 年全球新能源产业融资的能源类型中，风力发电融资额为 1096.4 亿美元，太阳能发电融资额为 1610.4 亿美元，这两类能源项目的融资仍占最大比例。

全球新能源产业融资的区域分布状况显示，美国新能源领域 2015 年继 2011 年"绿色激励"（green stimulus）项目实施后融资金额最高达到 560 亿美元，相较于 2014 年上升了 7.6%。该年巴西新能源融资额约为 74.7 亿美元。欧洲的融资额总计约 585.1 亿美元。中国该年新能源融资额达到 1105.2 亿美元，同比增长 17.1%，再次成为该领域融资额最大的国家。印度新能源融资额同比增长了约 22.5%，达 108.5 亿美元左右。此外，非洲和中东地区 2015 年这一领域的融资总额同比增长 53.3%，达 134.3 亿美元。

表 4-3　2007—2015 年全球新能源产业融资的能源类型构成（单位：亿美元）

能源类型	2007	2008	2009	2010	2011	2012	2013	2014	2015
太阳能发电	388.7	616.1	644	1036.9	1548.2	1461.8	1190.6	1437.8	1610.4
风力发电	611.7	754.2	797.7	986.8	842.2	819.1	905.8	1056.6	1096.4
能源智能技术	175.6	204	277.6	333.5	358.6	372.4	358.7	410	414.3
小型水电项目	67.4	76.5	61.9	79.3	72.1	63.6	55.1	54.7	39.1
生物质及垃圾发电	162.4	170.9	147.3	156.8	179.6	135	105.4	104.1	60.2
生物质液体燃料	282.9	185.4	103.7	101	103.3	72.3	56.8	47.2	30.8
低碳服务和支持	33.5	29.6	8.3	12	39.9	24.6	20.4	18.3	15.4
地热能发电	19.5	17.1	28.9	28.4	37	18.4	24.1	26.1	20.1
海洋能发电	7.6	1.8	3.2	2.6	2.6	2.7	2.4	3.7	2.1
合计	1749.3	2055.6	2072.6	2737.3	3183.5	2969.9	2719.3	3158.5	3288.8

资料来源：中国产业信息网、国际能源署等。

　　IEA 预测，全球能源需求到 2040 年时将增加 30%。届时，全球能源供应将累计需要 44 万亿美元的投资，其中 60% 投向煤炭、天然气和石油的开采与供应，以及包括使用这些燃料的电厂。可再生能源领域的资金投入约占 20%，提高能效将使用约 23 万亿美元。能源领域的投融资对于能源领域的发展至关重要，各国均积极拓展及完善能源领域的融资方式，并制定及实施相关的能源融资政策。

4.2　国别能源融资政策

4.2.1　美国能源融资政策

4.2.1.1　概述

　　为保障能源需求，美国政府采取能源支持政策，对化石能源和非化石能源都给予了较多的支持。美国能源支持包括对能源开发、勘探、利用的资助以及对能源技术发展的支持，包括间接补贴和直接补贴，直接补贴一般包括美国联邦政府及地方政府对能源项目的直接投入。间接补贴主要是政府给予能源项目税收优惠以及信贷担保等支持。

　　2001 年，美国经历了两次石油危机以来最严重的能源短缺，因此为保证能源供应安全，急需建立一个全面均衡的能源政策，2001 年 5 月，布什政府公布了《国家能源政策》，提出加大石油勘探投入，促进阿拉斯加地区及西部地区的石油勘探并进行战略储备；发展可替代能源使能源供应多样化等[1]。

　　为促进能源供应多样化，促进发展新能源，奥巴马政府对能源政策进行了较大调整。《2009 年美国恢复与再投资法案》于 2009 年 2 月通过，其中新能源成为发展重点，侧重发展绿色清洁能源（风能、太阳能、天然气、核能等）、新能源汽车、智能电网等，并投入 230 亿美元支持可再生能源生产和先进能源制造[2]。

众议院公布于 2009 年 6 月 26 日公布《美国清洁能源与安全法案》，提出各州能源办公室应建立能源和环境发展基金，用于提高能源效率项目和发展可再生能源项目方面的联邦财政拨款的储存以及管理。此外，该法案还通过了《国家能源与环境发展基金》，通过提供贷款支持、补助金等财政政策促进美国各州及印第安部落能源效率的提高以及可再生能源的发展[3]。

2005 年歌本哈根气候大会之后，美国大幅提高针对发展中国家的气候资金。2010—2015 年，美国在国际气候援助方面总共拨款 156 亿美元，主要用于清洁能源和可持续景观等方面。

奥巴马政府改变传统能源政策，其能源政策积极关注气候变化，促进新能源发展，一定程度上限制传统化石能源的发展。而特朗普上台后，于 2017 年 1 月 20 日特朗普政府公布其能源政策《美国第一能源计划》，指出美国的能源政策目标为提供更廉价的能源，实现能源独立。其核心要点包括能源尽量自给自足，大力开采国土范围内的天然气、页岩气和石油；取消"气候行动计划"，大幅削减国际气候援助；支持并振兴清洁煤炭工业等内容。

除政府资金直接投入支持新能源发展外，政府积极为新能源企业提供贷款担保、发行可再生能源融资债券。《2005 年能源政策法》首次引入可再生能源能源债券机制为可再生能源项目融资，并为可再生能源技术提供贷款担保[4]。2010 年《美国能源法》积极支持核能发展，通过提供资金支持、担保贷款、税收优惠等措施促进核能技术的研发，鼓励核能发电[5]。

图 4-2 为 2007—2015 年美国新能源产业融资情况，2011 年美国新能源产业融资额最多，为 643.3 亿美元，2011—2013 年其融资额逐渐下降，2013 年之后，融资额逐渐增加，其 2015 年增长到 560 亿美元，与 2014 年相比增加了 7.6%。

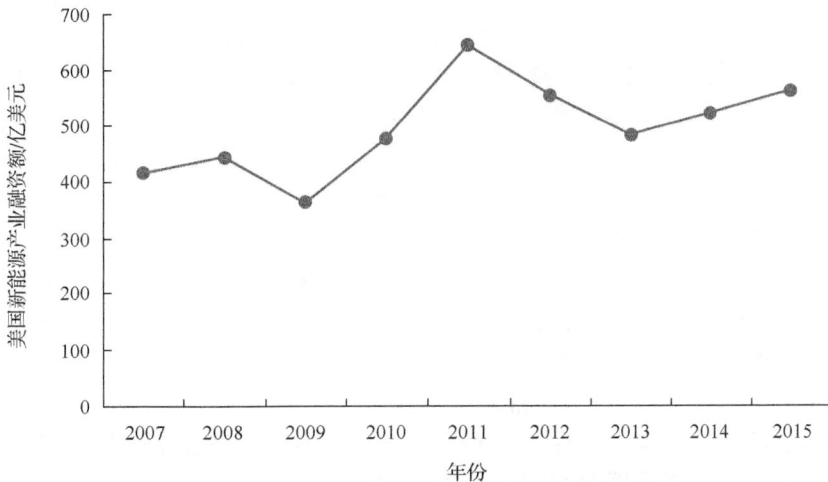

图 4-2　2007—2015 年美国新能源产业融资情况

4.2.1.2　能源融资案例

近年来低碳环保的理念逐渐普及，普通民众对可再生能源的接受度与市场需求逐渐提高，为将零散的需求转化为可再生能源产业发展的扶持、催化力量，能源互联网金融创新服务发挥了重要作用。美国于 2012 年 4 月通过了《工商初创企业推动法》。该法案主要包括两方面内容：一是 IPO "减负"，主要为发展阶段的成长型公司 IPO 过程 "减负"，并减轻其公开披露负担；二是非公开融资改革，降低私人公司融资的规则限制。其对以众筹模式等开展的融资活动做出了具体规定，如准入规则、投资者身份等，避免了互联网金融融资时可能触及的非法集资等法律风险。2015 年 10 月 30 日，美国通过了众筹股权法案，积极鼓励创新融资，普通投资者可通过股权投资创业公司。

1）众筹模式

众筹模式是当前热门的互联网金融模式之一，太阳能众筹模式是通过众筹平台筹集个人闲散资金，把这些资金提供给光伏项目，以未来光伏发电所获得的收益偿付投资者本息。美国 MOSAIC 的公司于 2011 年 5 月开创美国第一家提供众筹光伏项目的平台，其经营模式为通过严格筛选、将附有财产险的已签署电力销售合同或租赁合同，配合提供项目装机、预测年发电量、贷款人、贷款年限和利率等信息，通过网络众筹平台向投资者开展众筹。投资者可以用最低 25 美元向屋顶太阳能项目提供融资支持，并获取可观稳定的回报，回报率在 4%～6%。其募集资金于 2014 年初已达 600 万美元，为超过 18MW 的光伏项目提供了融资支持。

2）太阳能租赁计划

2010 年以家用光伏发电为主营业务的 SolarCity 公司，推出了名为 "太阳能租赁计划" 的金融服务产品。其光伏系统租赁主要面向居民，为居民建设并维护屋顶的光伏系统，居民只需根据实际耗电量扣除光伏系统发电量后剩余电量支付电费，因此居民电费开支大大减少，并可将每月节省的电费中的一部分支付给 SolarCity 公司作为光伏系统租赁费。SolarCity 公司 2012 年的用户数为 5 万户，截止 2014 年 6 月，公司用户数累计超过 14 万。太阳能租赁计划的成功曾让 SolarCity 公司上市之后股价从 8 美元持续涨到 80 美元。

3）资产支持证券融资模式

美国发电商 NRGEnergy 公司创立的专门从事收购、持有高质量发电项目的 NRGYield 公司于 2013 年 7 月在纽交所上市，开拓资产证券化融资模式，其通过收购和持有处于运营状态新能源发电项目，为投资者提供稳定的现金收益。首先，NRGYield 公司并不参与发电项目的开发建设，因此其自身风险较小，使其在资本市场能够以较低的成本取得融资。其次，公司拥有高质量发电项目，能够以股票分红方式为投资者提供现金回报，且收益较稳定。此外，其通过上市公司形式公开募集资金，具有较强流动性，有效降低了融资成本。

4.2.2　俄罗斯能源融资政策

4.2.2.1　概述

无论是经济增长还是政治建设，能源都发挥着极其显著的作用。普京曾经多次强调矿产等自然资源对于俄罗斯未来前景的重要程度，特别是石油与天然气资源。俄罗斯能源工业的海外发展对于其大国战略影响深远，进一步树立了国家形象，俄国地缘政治地位有所提升。此外，伴随着获取并经营相关海外资产，能源工业企业强化了其资本化水平，在世界金融市场中的融资能力得以增强。

《2035 年前俄罗斯的能源战略》提出，俄国需要把对于亚太区域的能源出口比例增加到 28%，其中，石油和石化产品出口比例提升至 23%，原油出口比例提升至 32%，天然气出口比例提升至 31%。从 2009 年到 2015 年，俄罗斯出口至东北亚区域的石油在其石油总出口中的比例从 10.45%增加到 26.79%，其中，对中日韩三国的石油出口比例分别从 5.37%、2.37%和 2.72%提升至 15.78%、5.96%和 5.05%（表 4-4）。

表 4-4　俄罗斯石油和天然气生产比重及对东北亚国家的出口比重　　（单位：%）

年份	石油					天然气				
	俄罗斯	中日韩	中国	日本	韩国	俄罗斯	中日韩	中国	日本	韩国
2009	12.87	10.45	5.37	2.37	2.72	17.69	2.89	0.14	2.02	0.74
2010	12.86	13.67	5.48	3.89	4.30	18.35	6.32	0.26	4.12	1.95
2011	12.93	17.46	9.73	3.23	4.50	18.39	6.31	0.15	4.41	1.75
2012	12.77	16.24	9.34	3.17	3.73	17.61	7.37	0.26	5.63	1.49
2013	12.86	18.57	9.73	4.83	4.00	17.73	6.28	0.00	5.17	1.11
2014	12.63	23.56	13.42	5.30	4.83	16.80	7.08	0.09	5.69	1.31
2015	12.40	26.79	15.78	5.96	5.05	16.20	6.85	0.12	5.04	1.69

资料来源及计算说明：俄罗斯一栏表示俄罗斯石油和天然气生产量占世界石油和天然气生产总量的比重，数据来自 BP Statistical Review of World Energy June 2016。其余各栏表示俄罗斯对该地区/国家的石油/天然气出口量占俄罗斯石油/天然气总出口量的比重。其中，石油数据来自 CEIC 数据库，天然气数据来自 BP Statistical Review of World Energy 2010-2016。

2010 年，俄罗斯铝业集团于香港主板挂牌，为首家登陆香港资本市场的俄企。2012 年普京来华之际，俄罗斯外贸银行与中国国开行签订了内容为中方投资 15 亿美元的贷款合同，俄罗斯联合铝业泰舍特铝厂一期启动。2016 年，俄天然气工业（Gazprom）、石油巨头 Rosneft、卢克公司均有意向赴港上市，争取融资机会。在寻找新融资路径的同时，俄罗斯也正努力与亚洲市场开始全新的合作。2016 年，中俄两国签下天然气供销大单，即自 2018 年始，俄气每年会向中方供应 380 亿立方米的天然气，中方则以人民币方式结算款项。

2008 年 6 月 4 日，俄联邦第 889 号总统令通过了《关于提高俄罗斯经济的能源与生态效率的若干办法》，设立了到 2020 年之前俄 GDP 的能耗量要较 2007 年下降 40%的目标。为保证节能提效方面的资金融通，除联邦和地方政府拨款之外，俄同时欢迎外资进入该领域。世界银行国际金融公司联合全球环境基金于 2010 年提供 1.65 亿美元开发"俄罗斯可再生能源项目"，与俄政府合作，助力拓展俄可持续发展项目的融资渠道。早在五年前国际金融公司便有涉足俄节能减排项目，截至 2011 年累计投资 4 亿美元，其中 1000 万用以构建配套的法律法规机制，拓展能源公司的融资路径，1.5 亿美元则用于投资可持续发展领域。

4.2.2.2　能源融资案例

俄罗斯能源融资典型案例如俄政府于 2013 年 5 月 28 日出台的第 449 号法令，该法令为可再生能源项目推进打下了基础，明确了可再生能源融资与利用的鼓励政策，促进了俄罗斯部分区域 5 兆瓦太阳能发电站的建设。近年来，俄罗斯政府第 449 号法令所发挥的作用十分凸显，其激励机制推动了俄罗斯太阳能发电站的不断建设发展，俄罗斯太阳能产业具有美好前景。

1）太阳能行业

2013 年，在可再生能源发电设施建设专项协议框架下运营的发电项目首次竞拍大致形成了俄罗斯初步的太阳能行业体系，并于之后的 4 年内基本维持稳定状态（表 4-5）。唯独是中国的 Solar Systems 公司，其于 2014 年涉足俄罗斯能源市场，如今在俄太阳能电站建设领域中的市场份额达到 20.3%。俄罗斯国内最大的参与企业为 Solar Energy Holding，自 2013 至 2016 年竞拍的发电项目中 35.5%在其名下，紧随其后的是 Avelar Solar Technology 公司（项目占比 29.5%）和中国公司 Solar Systems（表 4-6）。

表 4-5　近年来俄罗斯发电项目竞拍情况概览

公司	项目/个				装机/兆瓦			
	2013	2014	2015	总计	2013	2014	2015	总计
Solar Energy Holding	18	11	0	29	270	165	0	435
Avelar Solar Technology	12	14	8	34	99	155	95	349
Solar System	0	6	3	9	0	175	50	225
T Plus	0	0	3	3	0	0	135	135
Orenburg TGK	1	0	0	1	25	0	0	25
MEK Enginerring	0	2	0	2	0	10	0	10
EuroSibEnergo	1	0	0	1	5	0	0	5
合计	32	33	14	9	399	505	280	1184

资料来源：ATS Energo。

2) 奥伦堡州太阳能电站

2015 年 5 月，在施耐德电气参加的情形下，又一位于俄罗斯西南部奥伦堡州的 5 兆瓦太阳能发电站开始运营，该项目仍然依据政府第 449 号法令实施，并顺利融资逾 5 亿卢布，计划在 15 年内可回本。发电站生产效率较高，每小时可输送电量 1250～1300 千瓦，运用太阳能发电每年可降低二氧化碳排放四千余吨。在已于俄罗斯建立太阳能产业链第一步的基础上，施耐德电气决定将进一步深化同俄太阳能公司 Hevel 及其子公司的合作。伴随技术水准的不断提升、项目过程的不断实践及发电项目个数的稳步提高，俄发电站的建设能力会逐渐增强，开发成本会逐步减少。故俄太阳能公司 Hevel 打算在未来几年建设 254 兆瓦的太阳能发电项目，到 2020 年，俄整体太阳能发电站电力设备价值预估为 150 亿～200 亿卢布。在俄罗斯实现 1.5 吉瓦太阳能发电的基础上，该资金将大多用于俄罗斯本土化生产的投资。

表 4-6　近年来俄罗斯投资运营的太阳能发电站

太阳能电站	公司	装机	投运年份
科什阿加赤电站	Avelar Solar Technology	10 兆瓦	I 期（2014） II 期（2015）
佩列沃洛茨基电站	Avelar Solar Technology	5 兆瓦	2015
布里巴耶夫斯克电站	Avelar Solar Technology	20 兆瓦	I 期（2015） II 期（2016）
奥尔斯克(萨克马拉)电站	T Plus	25 兆瓦	2015
阿巴坎电站	EuroSibEnergo	5 兆瓦	2015
布吉利昌斯克电站	Avelar Solar Technology	15 兆瓦	I 期（2015） II 期（2016）

资料来源：俄罗斯能源部及各公司数据。

4.2.3　日本能源融资政策

4.2.3.1　概述

在可持续发展方面，日本于 20 世纪 90 年代建立了新能源、产业技术综合开发机构，其初衷便是进行市场化融资，并且获得了可以为发展新能源而进行股权债权融资以及债务担保的特殊权利。同时，普通金融机构也经过法律的许可，可以在从事新能源方面的金融活动时不受某些金融监管的限制。九十年代，日本颁布的《关于促进新能源利用特别措施法》中也提到，要求金融机构向新能源产业提供低息贷款与信贷担保[6]。

20 世纪 90 年代，日本泡沫经济结束，信息技术产业迅猛进步，日本也明确了新的能源政策方向——"3E"目标，即能源安全、经济效益和环境保护。2000

年至今，日本频繁颁布了许多能源相关法案，包括 2002 年出台的《能源政策基本法》、2007 年出台的《能源基本计划修正案》以及 2010 年出台的《能源基本计划修正案》。这些法案的出台主要以发展核能和可再生能源为目标，促进能源结构的转型[7]。然而，2011 年日本的"3·11"地震和福岛核事故使得日本开始思考自身对于核能的过度依赖带来的后果，日本逐渐减少对核能的过度依赖，推进可再生能源项目建设，日本的能源战略和能源格局发生了根本的改变。图 4-3、图 4-4 显示全球及日本储能市场融资情况。其实早在 2004 年 6 月，日本经济产业省（Ministry of Economy，Trade and Industry，METI）便公布了"新能源产业化远景构想"，指出至 2030 年把新能源发展成重要产业之一，实现商业产值达 3 万亿日元、创造就业 31 万人的目标。立法方面，颁布了《能源利用合理化法》等一系列法律法规，保证了日本能源领域方针的有力实施。结果显示，日本政府针对能源领域所实施的政策以及法律法规对于其能源战略的落实具有重大意义。

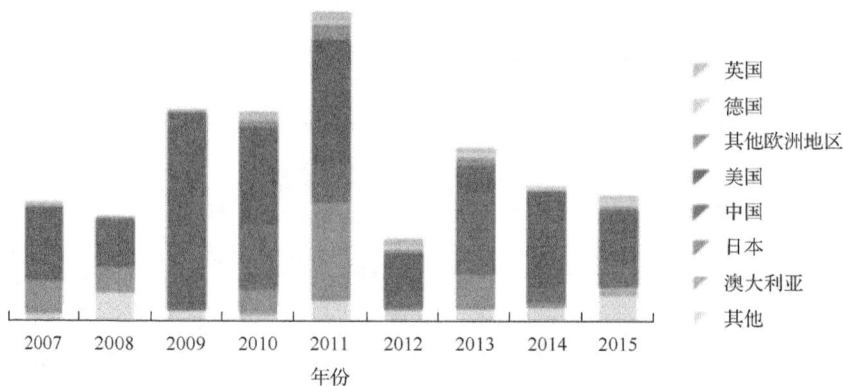

图 4-3　2007—2015 年全球储能（即电能的存储）市场融资区域分布

资料来源：IEA 报告

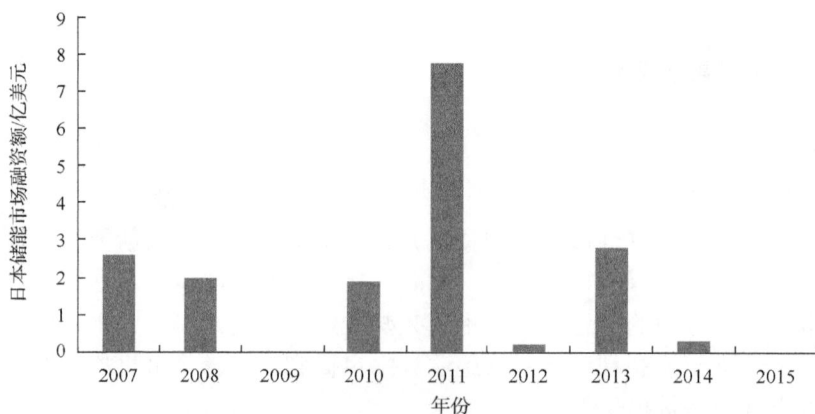

图 4-4　2007—2015 日本储能（即电能的存储）市场融资额

资料来源：IEA 报告

4.2.3.2　能源融资案例

一直以来，可再生能源行业都是日本的重点关注和支持行业，根据日本 2010 年推行的《能源基本计划》，二十年后，日本无污染发电在电源中的比例须从目前的 35%提高到 70%，实现成倍增长。

继日本政府宣布支持新能源的发展，并颁布对光伏发电项目的补贴政策后，该类项目大量吸引境外投资者的投资，如能源私募股权公司 Hudson Clean Energy Partners 已同意对 Adenium Energy Capital 开发的太阳能发电项目投资 3 亿美元，并计划提供长期的股权融资用以促进光伏发电的发展。Adenium 开发的太阳能项目目前的储备量为 75 兆瓦，估计接下来还会持续增长。Adenium 的另一个太阳能项目，一个 20 兆瓦的太阳能光伏发电站也在 2015 年得到当地项目的融资并投产。

2017 年 2 月，First Solar 宣布，该公司位于日本石川县的公用事业性质的太阳能光伏项目已获得由瑞穗银行组织的 270 亿日元(约 2.4 亿美元)银团贷款融资。Ishikawa Sogo 太阳能光伏发电厂的发电容量可以达到 59.5 兆瓦，处于北陆区域大规模太阳能项目的领先地位。First Solar 计划在 2018 年末运行石川光伏电站。该光伏电站的建成和运行预计能够提供满足日本 17500 户左右家庭的用电需求。First Solar 一直在日本参与各类型的太阳能工程建设，同时设计相关能源解决方案。瑞穗银行给予 First Solar 建筑领域的融资接近 40 亿日元。

4.2.4　欧盟能源融资政策

4.2.4.1　概述

欧盟统计局网站数据显示，2015 年，欧盟能源对外依赖程度为 54.1%，该比值表示欧盟的能源消费超过一半以上依赖进口。自 1990 以来欧盟能源对外依赖程度未持续走高，但其 2004 年以来一直高于 50%，能源对外依赖程度过高。长期以来，能源安全对于欧盟经济发展至关重要。

1995 年以来，可持续性、竞争性和供应安全成为欧盟可再生能源政策的新目标。欧盟委员会于 2006 年 3 月通过了《欧洲可持续、竞争和安全的能源战略》，提出制定可再生能源发展路线图，为可再生能源创造良好的融资环境。2008 年 2 月《欧盟战略能源技术计划》提出增加人才与资金支持提高能源技术研发及创新能力，促进能源工业领域的发展。

2008 年 12 月，为促进经济复苏，欧盟各成员国发起"欧洲经济复苏计划"，重点发展绿色技术。其所筹集的 50 亿欧元经费中，对波罗的海与北海的海上风能项目投入 5.65 亿欧元，并对低碳项目投入一半资金。2009 年 3 月欧盟委员会实施了欧洲复兴计划，提出对战略性能源项目增加资金投入，促进能源供应的多元化以及欧盟内部能源市场的安全性，最终实现能源可持续性目标[8]。

　　欧盟委员会于 2010 年 11 月 10 日公布了《能源 2020：具有竞争力的、可持续的和安全的能源战略》，为实现能源供应安全以及应对气候变化，其大力支持科研创新以及能源基础设施等，提出在未来 10 内计划为其投入一万亿欧元，并促进欧盟内部新能源和供电网络以及天然气管道的建设。2014 年 1 月 22 日通过的《2030 年气候与能源政策框架》积极关注气候变化，对二氧化碳减排量提出明确要求。计划在 2014—2020 年的六年间投入 60 亿欧元支持新能源领域发展及低碳技术与设备[9]。

　　为降低欧盟能源对外依赖程度，促进多元化能源供应，欧盟委员会于 2015 年 2 月通过了"一个有远见的气候变化政策弹性能源联盟框架战略"，该战略提出降低欧盟进口石油和天然气所占比重，降低对其依赖程度。欧盟应将投入到国际热核聚变实验堆的项目资金用于其他核技术领域，以促进实现脱碳贡献与能源安全。其认为作为具有发展潜力的波浪和潮汐能，将对欧洲能源发电起到重要作用，但其仅处于示范发展阶段，提出对可再生能源的研究提供更多的预算支持[10]。

　　图 4-5 为 2007—2015 年欧洲新能源产业融资情况，可看到，2007—2011 年新能源产业融资呈增长趋势，由 731.8 亿美元增长到 1317.4 亿美元。而 2011 年以来欧盟新能源产业融资逐渐下降，2013 年以前欧洲新能源产业融资仍保持世界领先地位，2015 年其融资额为 585.1 亿美元，比 2014 年下降 18.3%，这是自 2007 年以来的最低值。

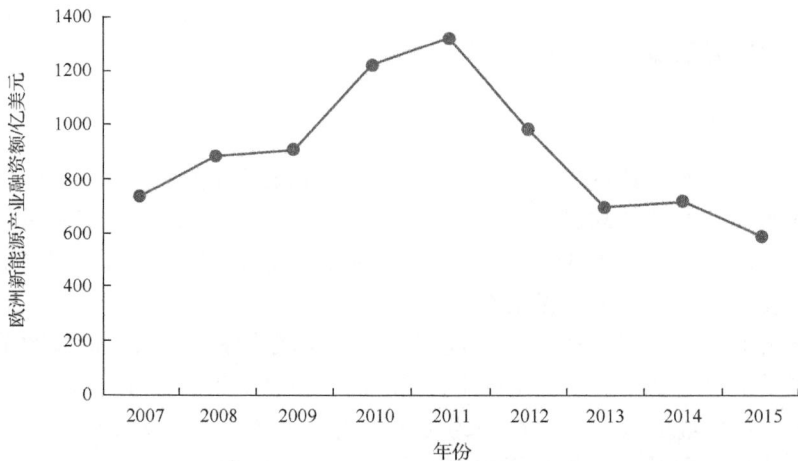

图 4-5　2007—2015 年欧洲新能源产业融资情况
资料来源：数据来源于《全球新能源发展报告 2016》

4.2.4.2　能源融资案例

1) 项目融资

污染导致的气候变化问题是欧洲投资银行近年来的重点关注事项，2007 年，针对意大利环境及能源领域的中小型企业,欧洲投资银行为其提供享有优惠利率融资的信贷额度。2007 年,欧洲投资银行对意大利提供的融资总额约为 56 亿欧元,其中针对环境项目的融资超过 26 亿欧元。2011 年 3 月,欧洲投资银行与 Fiat Spa 提供 2.5 亿欧元的贷款支持意大利汽车公司 Turin 的汽车能源效率的开发和研究计划。2011 年 4 月,欧洲投资银行表示,其将提供 2 亿欧元融资支持意大利可再生能源领域的中小型项目。

2011 年 10 月,意大利最大的可再生能源公司 Enel Green Power 通过其子公司 Enel Green Power International 与丹麦政府出口信贷机构(EKF)签署 1.12 亿欧元的融资协议。融资协议规定了资金将用于支持该可再生能源公司投资的罗马风电场新项目,预计该风电场项目的建设共需要 1.8 亿欧元,使其装机总量达到 118 兆瓦。该公司于 2015 年 7 月称将对墨西哥萨卡特卡斯州 Altiplano 风电站项目投入 2.2 亿美元,Enel 集团为其提供融资,使其装机总量 100 兆瓦,该风电站项目计划于 2016 年中期开工。

2016 年 9 月,意大利跨国公司 Building Energy 与荷兰开发银行签署电站协议,为太阳能电站项目提供融资支持,同年 12 月,其投资的乌干达 10 兆瓦 Tororo 太阳能电站项目(14 吉瓦时/年)完成融资,融资总额为 1960 万美元,12 月 14 日该太阳能电站项目开始施工,预计项目建设周期约为 7 个月。

2)绿色债券

2016 年 4 月初,为收购西班牙风机制造商 Acciona 公司,德国风机制造商 Nordex 公司向跨国投资者们出具了本票,将融资 5 亿 5 千万欧元,该本票的收益将用于风能事业的扩展。其中银行财团包括法国巴黎银行、巴伐利亚银行、汇丰银行、德国商业银行和意大利联合信贷银行。

2016 年 10 月,法国电力集团新能源公司发行 17.5 亿欧元的绿色债券,该绿色债券融资主要用于支持该公司发展可再生能源,主要包括开发法国新水电项目,针对提高能源效率将现有水电项目进行升级,对水电气候适应性项目进行改进以应对气候模式的改变。同期,法国兴业银行发行了第二只绿色债券,其报告显示第一只绿色债券对于风能和太阳能项目的融资占其融资总额的 64%,第二只绿色债券融资 5 亿欧元,其筹集资金主要用于可再生能源项目的设计、建设和安装。

2016 年瑞典房地产公司 Wallenstam 首次发行 4 亿瑞典克朗、偿还期为 2 年、浮动利率(季度)STIBOR+95 基点的绿色债券,瑞典银行作为该绿色债券的承销机构,其对发行人的影子评级为 BBB,债券贷款评级为 BBB⁻。该绿色债券募集资金主要用于其子公司 Svensk NaturEnergi 的风力发电项目,目前该风电公司具有 64 个风力发电机组,发电量为 139 兆瓦时。

4.2.5　中国能源融资政策

4.2.5.1　概述

我国绿色产业的发展预计每年需要超过两万亿元的资金支持，占国内生产总值的 3%。而对于新能源、节能和环保等绿色领域政府仅能提供 3000 亿元的融资支持，预计政府对绿色领域的融资仅占其所需融资总额的 10%～15%，而其余绝大部分比例需要民间融资支持。新能源产业研发周期较长，对资金需求量较大，在短时间内其难以获利，且项目研发风险较大，金融机构通常选择收益稳定行业，因而可再生能源产业的发展缺乏优惠且稳定的贷款资金支持。现阶段政府政策支持将对可再生能源领域发挥重要作用，除政府支持外，还应积极引导社会融资，引导金融机构开展绿色金融创新，鼓励企业提高直接融资比重。

国务院办公厅于 2013 年 1 月发布了《国务院关于印发<能源发展"十二五规划">的通知》，该规划确定了 2015 年我国能源发展方向与发展目标，提出创新能源金融产品与服务，为能源企业开拓多样化融资渠道，鼓励能源企业发行绿色公司债券融资以及通过股票市场融资，提高直接融资比重。在政策的支持下，截至 2014 年 10 月，共有 117 家能源企业通过内地 A 股市场成功上市，其中包括 59 家煤炭与石油开采企业，58 家电力生产企业。

2015 年 8 月 26 日，国务院常务会议提出促进金融租赁与融资租赁在新能源领域的应用。2015 年初 SPI 绿能宝企业推出一种金融创新产品"绿能宝"，创新了委托融资租赁模式在可再生能源领域的应用，该模式将光伏电站的融资需求形成金融产品，并出售给用户，使普通投资者能够通过委托融资租赁方式参与可再生能源市场。

国家发改委 2015 年 12 月公布《绿色债券发行指引》，明确指出建立绿色金融体系，鼓励企业发行绿色公司债券，在节能减排、低碳环保、解决环境问题等绿色发展领域发挥绿色债券融资的支持作用，并对太阳能发电及风能发电等可再生能源领域优先给予融资支持。

2016 年 3 月 16 日，上交所正式发布《关于开展绿色公司债券试点的通知》，深交所也于 2016 年 4 月 22 日发布《关于开展绿色公司债券业务试点的通知》。2017 年 3 月 2 日，中国证监会发布《关于支持绿色债券发展的指导意见》，鼓励各机构积极投资绿色公司债券，开发绿色金融产品，且对于绿色公司债券证监会将采取债即报即审程序。

2016 年 12 月，国家能源局发布《太阳能发展"十三五"规划》，为促进可再生能源发展，鼓励金融机构以及金融监管机构开展绿色信贷政策；为促进地区光伏发电项目的建设与发展，积极推动金融机构与地方政府合作，为其建立完善的融资服务平台。截至 2017 年 4 月，全国已有超过 41 家银行推出了"光伏贷"业务。

2017 年 3 月 27 日国家能源局发布《关于深化能源行业投融资体制改革的实

施意见》，提出要促进能源项目融资渠道创新与多元化。注重提高能源项目直接融资比重，鼓励能源企业积极通过股票上市及发行债券进行融资。鼓励金融机构创新能源金融服务，选择相关能源信贷资产、基础设施受益权、企业应收款等为基础资产，开展形式多样的资产证券化业务。

图 4-6 为我国 2007—2015 年新能源产业融资情况，从图中可看出，我国新能源产业融资不断增加，2015 年融资额为 1105.2 亿美元，高于其他国家新能源产业融资额。2007 年其融资额为 172.5 亿美元，2015 年增加到 1105.2 亿美元，增长幅度较大，反映我国新能源政策取得明显效果。图 4-7 为我国 2006—2015 年可再生能源占能源生产总量的比重，从图中可看出，2006—2015 年我国可再生能源比重总体呈增长趋势。

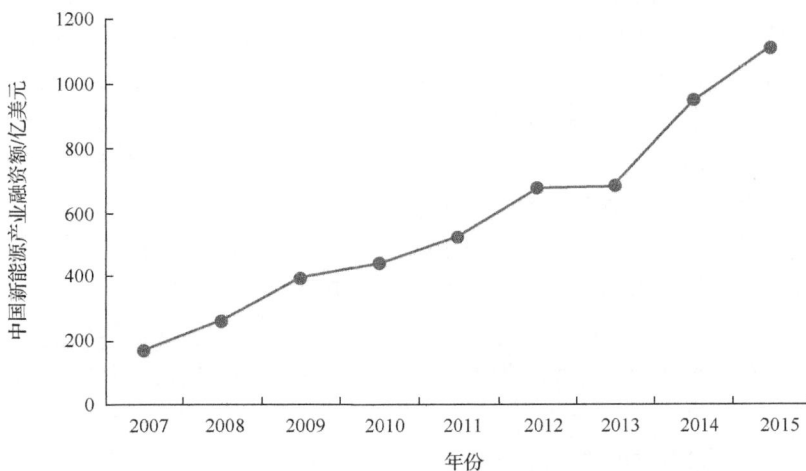

图 4-6　2007—2015 年我国新能源产业融资情况[22]

资料来源：《全球新能源发展报告 2016》

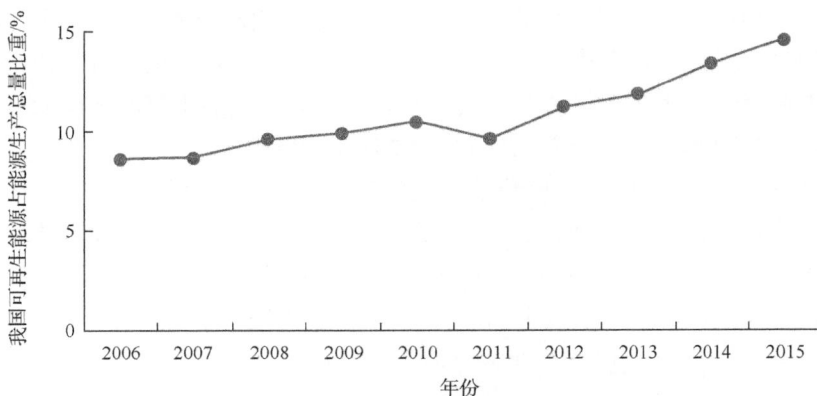

图 4-7　我国可再生能源占能源生产总量的比重

资料来源：《中国统计年鉴 2016》

4.2.5.2 能源融资案例

随着国家发改委、上交所、深交所以及证监会接连公布绿色债券的相关文件，银行及企业积极发行绿色债券融资。以近期发行的绿色债券为例：

(1)中国农业银行于 2015 年 10 月 13 日成功在伦敦证券交易所发行 3 期双币种绿色金融债，融资总额为 10 亿美元，其中 3 年期绿色金融债融资额为 4 亿美元，发行利率为 2.125%；5 年期融资额为 5 亿美元，发行利率为 2.773%；2 年期融资额为 6 亿人民币，发行利率为 4.15%。全球参与认购的投资机构约 140 家，其中银行类投资者占到 75%，其他投资机构如基金、私人银行等占 25%。该绿色债券募集资金将投入绿色项目，包括清洁能源、生物发电、污水处理等多个领域。

(2)浦发银行于 2016 年 1 月 27 日在银行间债券市场成功发行绿色金融债券，发行规模为 200 亿元，期限 3 年，发行利率为 2.95%，并实现 2 倍以上超额认购。2016 年 1 月 28 日，兴业银行在银行间市场发行绿色金融债，融资额 100 亿元，期限 3 年，发行利率为 2.95%，同样获得 2 倍以上超额认购，投资主体包括国有商业银行、股份制商业银行、证券、保险、基金公司等机构。

(3)中国三峡集团于 2016 年 8 月 30 日在上海证券交易所发行当时我国规模最大的绿色公司债券，其发行规模达 60 亿人民币，其中 3 年期债券融资额为 35 亿元，发行利率为 2.92%，债券简称为"G16 三峡 1"，10 年期债券融资额为 25 亿元，发行利率为 3.39%，债券简称为"G16 三峡 2"。该绿色公司债券发行募集的资金全部用于金沙江梯级水电开发。本次发行吸引了投资者的广泛参与，其中申购的机构投资者超过 50 家，进一步树立了良好的市场形象。

(4)2017 年 4 月，国网节能服务有限公司发行国内首只生物质发电绿色债券，债券融资额为 10 亿元人民币，期限为 3 年期，发行利率为 4.99%，票据简称"17 国网节能 GN001"，债券募集资金将全部用于偿还国网节能下属 16 个生物质发电项目贷款，提高项目直接融资比重。其 16 个生物质发电项目每年约消耗 444 万吨生物质燃料，相比于传统火电项目，能够有效实现能源节约与碳减排，其每年节约燃料 99.92 万吨标准煤，并减少约 245.69 万吨 CO_2 排放。

(5)2017 年 6 月 14 日，三峡集团成功发行 7 年期且发行利率为 1.3%的绿色欧元债券，其融资额为 6.5 亿欧元。与其 2015 年发行的 7 年期欧元债券相比，有效降低了资金成本，7 年间约降低 2100 万欧元融资成本。该绿色债券的发行得到了国际市场上各方投资者的积极申购，如英国、法国、德国、意大利、荷兰、新加坡等。表 4-7 为 2015 年以来企业绿色债券发行情况。

表 4-7　2015 年以来企业绿色债券发行情况

企业	发行时间	票面利率	期限	信用评级	融资额	募集资金用途
新疆金风科技股份有限公司	2015.07.16	2.5%	3 年	A1（国际债项评级）	3 亿美元	—
中国农业银行	2015.10.13	2.125%	3 年	A1	4 亿美元	清洁能源、生物发电、污水处理等多个领域
		2.773%	5 年	A1	5 亿美元	
		4.15%	2 年	A1	6 亿人民币	
浦发银行	2016.01.27	2.95%	3 年	AAA	200 亿人民币	—
兴业银行	2016.01.28	2.95%	3 年	AAA	100 亿人民币	—
协合风电投资有限公司	2016.04.06	6.2%	3 年	AA	2 亿人民币	全部投向绿色项目建设，主要涉及光伏电站及风电项目
浙江嘉化能源化工股份有限公司	2016.05.23	4.78%	5 年	AA	3 亿人民币	公司热电联产机组扩建项目
中国节能环保集团公司	2016.09.23	3.11%	7 年	AAA	5 亿人民币	新建绿色产业项目建设及置换已投入绿色产业项目的银行贷款，主要涉及中国节能旗下风力发电项目和垃圾发电项目
		3.55%	10 年	AAA	15 亿人民币	
北京清新环境技术股份有限公司	2016.10.31	3.70%	5 年	AA	10.90 亿人民币	—
中国三峡集团	2016.08.29	2.92%	3 年	AAA	35 亿人民币	全部用于金沙江梯级水电开发
		3.39%	10 年	AAA	25 亿人民币	
国网节能服务有限公司	2017.04.21	4.99%	3 年	AA+	10 亿人民币	用于偿还国网节能下属 16 个生物质发电项目贷款
北京首创股份有限公司	2017.05.26	5.5%	"3+N" 年	AAA	10 亿人民币	—
中国三峡集团	2017.06.14	1.3%	7 年	A1/ A+	6.5 亿欧元	主要用于德国稳达海上风电以及葡萄牙 ENEOP 陆上风电项目

4.3　能源融资中的政府角色

4.3.1　美国的政府角色

市场竞争能够自动调整传统能源和新能源的市场竞争及发展，政府管制能够预先处理好能源使用中的环境保护问题，能源安全问题以及实现不同群体和不同区域间能源合理调配，美国政府在能源融资中起引导作用，将能源问题上升为国家战略问题[11-12]。

两次石油危机以来美国经历了最严重的能源短缺，在此背景下，为保证能源供应安全，建立一个全面均衡的能源政策，布什政府的能源政策注重加大石油勘探支持、增加石油储备，并发展可替代能源使能源供应多样化。此时政府融资支持的重点在于石油行业，政府积极引导社会对于石油勘探及可替代能源方面的融资支持。奥巴马政府将立足点放在后石油经济时代的长远发展上，关注环境与气候问题，在政府行政力量的引导下，促进私人部门为新能源领域提供融资，使美国实现了生产方式和生活方式两方面的转型。而特朗普政府的能源政策旨在提供更廉价的能源，实现能源独立，将能源发展重点放在发展化石能源上，将环境保护与气候变化放在了次要位置，引导社会对石油、天然气及清洁煤技术进行融资支持。[13-14]

4.3.2　俄罗斯的政府角色

由于战略环境的持续恶化，俄罗斯将加速能源战略变革，具体体现为鼓励创新、提高国际竞争水平、能源东移等特点。2009 年推行的《2030 年前俄罗斯能源战略》第一次将发展新能源提升到战略高度，指出将对俄罗斯能源企业致力于新能源发展的海外合作给予外交支持。俄《2035 能源战略》致力于把能源创新当做其能源战略方向，希望通过能源基建与多元出口拓展能源市场。 为此，俄罗斯政府积极推动俄方企业与国外企业，尤其是与亚太地区企业的战略合作，并灵活利用亚洲基础设施投资银行与中国丝绸之路基金等融资平台。2015 年 12 月，中国丝绸之路基金已为"亚马尔液化气"项目划拨 7 亿欧元的贷款，筹建年产量为 1650 万吨的液化气厂，预计一期工程将在 2017 年完工。除俄诺瓦泰克公司（Novatek）之外，该项目的另外两个大股东分别是中国石油天然气集团和法国道达尔公司。

4.3.3　日本的政府角色

本世纪以来，日本一方面不断加大与各资源国的合作，另一方面更意识到了与周边各个国家和区域展开能源合作的显著意义。日本将加大实施与其他亚洲国家在能源创新与利用等领域的合作，力争实现能源进口渠道、进口品种等方面的多元化，致力于建立一种亚洲能源安全机制[15]。由于自身资源禀赋的局限性，日本政府在能源融资方面积极开展"能源外交"，如加强对海外煤炭开发事业的援助，借助包括无偿援助、政府间贷款等形式的资金来源，以有助于煤炭资源国开发煤炭，并进一步与具备能源投资能力的国家建立良好的外交关系，帮助国内能源公司在国外融资铺路，为日本未来的能源战略打下基础[16]。

4.3.4　欧盟的政府角色

为应对石油危机,实现能源供应安全的目标,欧盟委员会在《关于 1985 年共同体能源政策目标的决议》中明确指出要降低石油消费比例,并鼓励和扩大可再生能源的使用,加大对地热能和太阳能项目的资金支持。20 世纪 80 年代中期以来,能源工业形势好转,环境保护被纳入其可再生能源政策的目标中[17]。1993 年9 月,欧委会提出了促进可再生能源(Altener)指令等立法提案,积极鼓励公共资金和私人部门为可再生能源提供融资支持,创造社会、经济和行政条件促进其发展。1995 年以来,可持续性、竞争性和供应安全成为欧盟可再生能源政策的新目标。欧盟委员会 2006 年 3 月发布了《欧洲可持续、竞争和安全的能源战略》,进一步确立能源政策目标,提出制定可再生能源发展路线图,为其创造良好的融资环境[18-19]。

4.3.5　中国的政府角色

中国政府在能源企业发展不同阶段发挥了不同的作用。首先,1949—1978 年,我国处于计划经济体制时期,此时中央及地方政府主导能源企业的融资。1979—1996 年我国处于能源企业融资机制改革的探索阶段,能源企业实现政企分开,进行股份制改革,市场经济主导地位的逐步确立一方面使能源企业逐步转为自负盈亏的经济主体,另一方面拓宽了能源企业的融资渠道,银行信贷业务逐渐市场化,资本市场得以建立,政府在能源企业融资中更多地充当监管的角色。1996 年以来能源市场化融资逐渐走向成熟,2004 年,《国务院关于投资体制改革的决定》加快了能源企业市场化融资的进程[20-21]。

4.4　国别能源融资政策比较

4.4.1　政策相同点

第一,都重视发展可再生能源。随着经济理念的转换,各国更加注重可持续发展。其中各国均注重可再生能源领域,为其发展提供政策与优惠措施以及财政支持。通过世界各国及主要经济体的能源融资政策可看到,中国、美国、欧盟对可再生能源项目及产业的资金投入力度都很大,促进可再生能源技术及设备的应用,并逐步扩大可再生能源在发电来源中所占比重。

第二,可再生能源融资以政府资金支持为主,但鼓励融资渠道多样化。从世界各国及主要经济体的能源融资政策可看到,欧盟、美国、俄罗斯、中国、日本对可再生能源的支持仍以政府资金支持为主,包括财政拨款以及投资、税收补贴等方式。为促进可再生能源产业的发展,各国及经济体都积极引导、鼓励社会资本对可再生能源领域的融资支持，促进融资渠道的多元化。如美国发行可再生能源融资债券、引导风险投资机构进入可再生能源产业、开拓资产支持证券融资模式等，我国积极鼓励发展能源企业发行绿色债券，开展股票上市融资，鼓励金融机构开展绿色信贷以及资产证券化业务等。

第三，社会融资仍以贷款为主，但鼓励企业直接融资。除政府资金支持外，欧盟、美国、俄罗斯、中国、日本对可再生能源产业的融资主要以绿色信贷为主。为促进融资渠道多元化，拓宽资金来源渠道，各国及经济体都积极鼓励企业开展股票上市融资以及发行绿色债券融资，逐步提高直接融资所占比重。如我国《绿色债券发行指引》，明确指出建立绿色金融体系，鼓励企业发行绿色公司债券，对可再生能源领域优先给予融资支持。

第四，将经济、政治、外交手段结合起来，寻求国际合作。世界各国以及经济体能源丰富程度不同，其能源消费结构也不同，为维持本国能源需求及能源发展需要，各国纷纷开展国际合作。如日本能源资源较为短缺，其积极加强同产油国的合作，通过多样化渠道保障日本石油供应安全，提高石油行业竞争力。美国就开展墨西哥湾石油开采项目与俄罗斯进行合作，并积极与中东、中亚、非洲、加拿大等地区开展合作，促进石油进口来源多样化。欧盟则在可再生能源领域积极加强与非洲各国的联系。

4.4.2　政策不同点

第一，各地区能源状况不同，对能源开发与利用的侧重就不同。美国自然资源丰富，拥有丰富的矿产资源以及农林资源，且可再生能源具有较好的发展条件，从其能源消费结构来看，化石能源在能源消费中仍占主体地位，为提高可再生能源消费比重，其侧重发展太阳能、风能、水电以及核电。欧盟能源消费量远超过其能源供给量，对外依赖程度较高，且能源消费严重依赖化石能源，为提高能源供给，促进能源消费多样化，其积极发展可再生能源，其中对风能发电给予较大的扶持。俄罗斯拥有丰富的自然资源，其侧重对地下资源的控制，且近年来注重发展清洁能源。日本自然资源较为匮乏，对外依赖程度高，但日本注重发展太阳能资源，并为其发展提供融资政策支持。

第二，对同一能源的扶持力度不同。各地区除对不同能源的开发与利用有所侧重之外，对同一能源的扶持力度也有所差别。以对新能源的扶持力度为例，自然资源的匮乏使得日本对新能源的资金投入力度较大，扶持力度较强，如其出台的《关于促进新能源利用特别措施法》中规定每年投入几百亿日元用来支持新能源发展，促进新能源技术的研发。欧盟对新能源的扶持力度也较强，每年投入高达上亿欧元资金支持其发展。相对而言，俄罗斯相对新能源扶持力度较弱。

　　第三，由于国家所处地理位置以及政治环境等不同，使得国际合作对象不同。不同的国家利益、国家政治经济环境的差别、地理位置的差别使得各国合作对象不同，其能源进口来源就不同。如美国与墨西哥合作开采石油，优越的地理位置使其拥有较低的运输成本，同时为促进能源来源多元化，稳定能源供给，美国积极与能源资源丰富的中东、中亚、非洲、加拿大、拉美开展合作。由于地理位置的临近与资源优势，欧盟积极与俄罗斯开展运输管道合作，与石油资源丰富的中东国家开展石油合作，并积极与新能源发展条件较好的非洲开展合作。日本就智能电网示范项目积极与美国合作，且为促进核能发展，通过合作致力于研究核能材料问题，就电力项目积极与俄罗斯开展合作。

　　第四，各地区实施能源政策产生的效果不同。从各国及经济体能源政策来看，均注重发展可再生能源，且都给予政策及优惠支持，但各国对能源支持的侧重点不同，且扶持的力度也有所差别，因此在各地区能源政策实施后，其产生的效果也有所差别。美国和日本可再生能源政策实施产生的效果相对较好，当前美国清洁能源发电占其发电量的 40%，其 2009 年的水力发电在发电总量中所占比重已达到 7%；2030 年日本年新能源发电有望达到其发电量的 50%；到 2020 年欧盟太阳能发电占其发电量的比重有望达到 15%，风力发电达到 20%。

参 考 文 献

[1] 苏彤. 美国能源独立战略的实施及其影响[D]. 长春:吉林大学, 2014.

[2] Snow N. Obama：Energy an essential part of economic recovery plan[J]. Oil and Gas Journal, 2009, 107(7): 7-8.

[3] Anthony S. Bakale, CPA, M.Tax, Tax Clinic Practical Advice on Current Issues, The Tax Adviser, August 2009.

[4] 张永伟, 柴沁虎. 美国支持可再生能源发展的政策及启示[J]. 国家行政学院学报, 2009, (6): 108-121.

[5] 张佳睿. 美国风险投资与技术进步、新兴产业发展的关系研究[D]. 长春:吉林大学, 2014.

[6] 罗丽. 日本能源政策动向及能源法研究[J]. 法学论坛,2007, 22(1): 136-144.

[7] METI. 100 Actions to Launch Japan's New Growth Strategy[EB /OL]. http: / /www. Meti. Go.jp/english/aboutmeti/policy/2011policies.pdf, 2010 -08-15.

[8] 陈柳钦. 欧盟 2020 年能源新战略[J]. 全球科技经济瞭望, 2012, 27(5): 57-59.

[9] European Commission. An Investment Plan for Europe, Brussels[R]. European Commission, 2014.

[10] 彭峰. 欧盟能源绿色化政策的新发展及启示[J]. 环境保护, 2016, 44(9): 31-35.

[11] 国务院发展研究中心课题组. 美国支持可再生能源发展的政策体系及启示[J]. 发展研究, 2010, (4): 57-59.

[12] 廖奎, 贾政翔. 美国支持可再生能源发展的财税政策[J]. 中国财政, 2011, (2): 73-74.

[13] 门丹, 龙飞. 低碳经济视角下美国新能源发展趋势及其经济支撑探讨[J]. 商业经济研究, 2012, (9): 19-20.

[14] 贾智彬, 孙德强, 张映红,等. 美国能源战略发展史对中国能源战略发展的启示[J]. 中外能源, 2016, 21(2): 1-7.

[15] 陈体珠, 陶红军. 日本能源供需分析及政策演变梳理[J]. 石家庄经济学院学报, 2013, (1):46-53.

[16] 孙巍, 刘阳. 日本能源管理分析及对我国的启示[J]. 现代日本经济,2015, (2):72-82.

[17] 蔡隽奕. 现阶段欧盟可再生能源政策进展及发展趋势[J]. 内蒙古水利, 2013, (5): 177-179.

[18] 陈征澳, 李琦, 张贤. 欧洲能源复兴计划 CCS 示范项目实施进展与启示[J]. 中国人口·资源与环境, 2013, 23(10): 81-86.

[19] 白银娜. 欧盟可再生能源法律与政策及其对我国的启示[J]. 法制与社会, 2014, (21)：73-74.

[20] 白永亮, 张浅, 王越,等. 基于我国能源政策变迁视角的低碳政策取向研究[J]. 前沿, 2011, (19)：104-108.

[21] 苗向荣, 尚智丛. 1979-2008 年我国能源政策演化模式研究[J]. 自然辩证法通讯, 2013, 35(5)：77-81.

第5章 国际能源价格指数比较及启示

20 世纪 70 年代的世界性石油危机及其引发的发达国家的经济滞涨使得能源价格问题成为宏观经济研究的重要课题。中国新型城镇化、新型工业化和农业现代化的推进，对国际能源需求日益增加，国际能源价格对中国经济发展的影响也日渐趋大，因此，研究反映国内外能源价格状况的价格指数体系、梳理国际主要能源价格指数种类和编制方法具有非常重要的意义。

对于煤炭价格指数体系，国内初步形成以全国煤炭价格指数为主体，环渤海、太原等区域价格指数为补充，综合指数、煤种指数与区域指数相衔接的全国煤炭价格指数体系。国外的煤炭价格指数主要有六种，分别是 ACR 亚洲指数、澳大利亚 BJ 价格指数、麦克洛斯基煤炭信息服务公司价格指数、纽约商品交易所煤炭期货价格指数、PLATTS 煤炭价格和环球煤炭(global coal)价格指数。目前全球范围主要的石油现货市场有西北欧市场、地中海市场、加勒比海市场、新加坡市场、美国市场 5 个，中国的成品油零售中准价就是参照国际市场鹿特丹、纽约、新加坡 3 地价格制定的。天然气市场具有明确的区域特性，主要有四种代表性的价格，分别为美国亨利交易中心价格、德国平均进口到岸价、英国 NBP 天然气价格和日本液化天然气价格。

本研究从编制的主体、编制对象、特点、发布时间周期、指数类型、指数反映供应链环节、试用效果等方面，对国内外煤炭、石油和天然气价格指数进行比较分析，并从能源价格指数建设意义、关键点、特殊性等角度，从模型、采样、运行、效果评估等方面提出对中国能源价格指数建立和完善的启示。

5.1 煤炭价格指数种类

5.1.1 国内煤炭价格指数种类

1) 中国煤炭价格指数

中国煤炭价格指数创建于 2006 年，从 2006 年 1 月开始在"中国煤炭市场网"按周发布。中国煤炭工业协会和中国煤炭运销协会在中国煤炭的价格指数研究和编制过程中，认真借鉴了国际煤炭价格指数的通行做法，根据我国煤炭生产消费布局及市场结构的实际，设计了采价样本，按区域、分品种布局了采价点，构建了价格采集体系，确定了计算模型和方法。"中国煤炭价格指数"至今已运行了11 年，其间，经过了多次论证，广泛听取了行业内外、政府有关部门、相关研究机构的意见，并根据煤炭生产与消费布局和市场发展变化情况及时进行调整和改进。从"中国煤炭价格指数"的试运行情况看，指数数据校验符合市场走势。中国煤炭工业协会和中国煤炭运销协会组织国内外专家对中国煤炭价格指数进行了充分论证，在对前 11 年价格指数符合性检验的基础上，专家认为，"中国煤炭价格指数"数据采集体系完整、方法科学，系统运行正常，指数编制及时、准确，与市场实际价格变化趋势和幅度基本吻合，反映了我国煤炭市场变化的客观情况[1,2]。

2) 中国太原煤炭交易价格指数

自 2011 年初开始，中国(太原)煤炭交易中心与相关研究机构合作开展了"中国太原煤炭交易价格指数(CTPI, China-Taiyuan coal transaction price index)"的研发工作，于 2012 年 10 月完成。自 2012 年 10 月 29 日至 2013 年 5 月 13 日，经过内部试运行 28 个周期，运行情况良好，2013 年 5 月 23 日，中国首个主产地煤炭交易价格指数——中国太原煤炭交易价格指数，由中国(太原)煤炭交易中心与新华社联合发布。三年多来，该指数受到各界广泛关注和认可，影响力与日俱增。为深化指数的应用，增强指数价格指导功能，中国(太原)煤炭交易中心开展了交易价格指数的升级优化工作，从而形成了中国太原煤炭交易价格指数体系[3]。

3) 环渤海动力煤价格指数

环渤海动力煤价格指数(BSPI, Bohai-Rim steam-coal price index)，是反映环渤海港口动力煤的离岸平仓价格水平以及波动情况的指数体系的总称，素有"煤炭价格风向标"之称。环渤海港口是指纳入环渤海动力煤价格指数体系的港口，包括秦皇岛港、黄骅港、天津港、京唐港、国投京唐港和曹妃甸港六个港口，也称代表港口。代表规格品特指收到基低位发热量(NAR, net as received)为 4500K、5000K、5500K 和 5800K 的动力煤品种，上述四种质量规格的动力煤在环渤海港口中转量比重大，而且交易活跃，其价格具有较高代表性，称为代表规格品[4]。

环渤海动力煤价格指数由价格体系与指数体系两部分构成，后者建立在前者的基础上。价格体系包括环渤海地区 5500K 动力煤代表规格品综合平均价格与各港口代表规格品价格区间。指数体系包括环渤海动力煤价格综合指数、代表港口动力煤价格综合指数与港口代表规格品价格指数，前两种属于类指数范畴，后一种属于个体指数，三者均为每周发布的定基指数。环渤海动力煤价格综合指数是反映环渤海地区动力煤价格总体水平和波动情况的数量指标，由代表港口动力煤价格综合指数按港口吞吐量权重进行加权平均得到。代表港口动力煤价格综合指数，是反映该港口动力煤价格总体水平和波动情况的数量指标，由港口代表规格品价格指数按代表规格品的港口中转量比重进行加权平均得到。港口代表规格品价格指数，是反映该港口代表规格品的价格水平和波动情况的数量指标，由该港口代表规格品上一统计周期内的离岸平仓价格的平均值同基期相应代表规格品的均值相除得到，是一个相对数。

环渤海动力煤价格指数通过定期采集煤炭交易信息，实时跟踪动力煤价格变动情况来发现价格，通过运用适当的数学模型反映市场主流价格，描述动力煤价格变化的趋势与规律来分析价格。环渤海动力煤价格指数将形成一种具有客观性、时效性、稳定性及代表性的国内动力煤价格参照体系，以作为煤炭供需企业参与交易活动的决策依据，作为政府了解煤炭市场、进行宏观调控的参考指标，作为科研机构进行煤炭行业分析与研究的重要窗口。

4) 中国沿海煤炭运价指数

中国沿海煤炭运价指数 (CBCFI) 是上海航运交易所发布的反映中国沿海煤炭运输价格情况的指标。CBCFIA 是按货种分航线、船型的即期市场运价和综合指数。上海航运交易所在中国沿海 (散货) 运价指数 (CBFI) 体系基础上，研究开发了中国沿海煤炭运价指数 (CBCFI)，于 2011 年 9 月 1 日起试运行[5]。

5) 全国煤炭市场景气指数

全国煤炭市场景气指数 (China coal market climate index，简称 CCMCI) 自 2012 年 7 月起在国家煤炭工业网和中国煤炭市场网定期向全社会发布。全国煤炭市场景气指数是行业景气指数的重要组成部分，旨在反映煤炭市场环境变化。全国煤炭市场景气指数包括三个基础指标：一是供求平衡指数，反映市场供需是否平衡；二是价格偏异指数，反映价格走势是否正常；三是需求偏异指数，反映市场规模变化是否正常。前两个指标共同反映市场的内在特性—冷热性质及冷热程度，相互之间波动幅度相关，波动走势常会紧密联动；需求偏异指数反映规模特性，与前两个亦有相关性，但相对独立[6]。

6) 中国电煤价格指数

中国电煤价格指数编制工作由国家发展改革委价格监测中心牵头，秦皇岛海运煤炭交易市场、中国 (太原) 煤炭交易中心、陕西煤炭交易中心、内蒙古煤炭交易中心等单位共同参与完成的。国家发展改革委价格监测中心监测燃煤发电企业电煤到厂价，秦皇岛海运煤炭交易市场监测环渤海地区电煤离岸平仓价，其他机构监测电煤综合价[7]。

中国电煤价格指数监测指标为按不同热值分档的天然煤价格。天然煤指用于发电的、硫分灰分等符合当地环保要求的煤炭品种。监测周期为月报。监测数据一律通过网络报送，各单位通过登陆价格监测中心建立的电煤价格监测平台，于每月 7 日前报送上月各省监测数据，遇节假日顺延上报。首次正式上报时，各单位还应补报 2014 年 1 月份以来各月监测数据。各单位须将各档热值天然煤折算代表规格品 (5000 大卡/千克) 价格的办法报送国家发展改革委价格监测中心，该折算办法今后如有变化也须及时告知。

7) 汾渭煤炭价格指数[8]

山西汾渭能源信息服务有限公司 (以下简称 "汾渭") 价格指数旨在反映现货

市场中的实际成交价值。价格指数包括动力煤、炼焦煤、无烟煤、喷吹煤、焦炭的价格指数。动力煤价格指数的标的物包括 CCI5500 指数、CCI5000 指数、CCI进口 5500 指数、CCI 进口 4700 指数、CCI 进口 3800 指数、CCI 柳林低硫主焦煤指数、CCI 柳林高硫焦煤指数、CCI 灵石高硫焦煤指数、CCI 济宁气煤指数、CCI长治喷吹煤指数。

从上面的分析可以看出，我国煤炭价格机制经历政府指令性、指令性和指导性并存(双轨制)和目前的完全市场化，初步形成以全国煤炭价格指数为主体，环渤海、太原等区域价格指数为补充，综合指数、煤种指数与区域指数相衔接的全国煤炭价格指数体系(表 5-1)。

表 5-1　国内各类煤炭价格指数比较

指数名称	类型	创建时间	创建主体	发布平台	内容
中国煤炭价格指数	全国性	2006	中国煤炭工业协会和中国煤炭运销协会	中国煤炭市场网按周发布	包括 46 个市场单元、8 个区域、8 个品种及全国综合指数等 66 组指数数据
中国太原煤炭交易价格指数	区域性	2011	中国(太原)煤炭交易中心与相关研究机构	中国煤炭资源网，中国(太原)煤炭交易中心与新华社联合发布	包含一个综合价格指数、四个分煤种交易价格指数和六个代表规格品加权平均价
环渤海动力煤价格指数	区域性		中国煤炭运销协会、中能电工业燃料公司、秦皇岛海运煤炭交易市场有限公司、天津港交易市场有限责任公司	秦皇岛海运煤炭交易市场中国价格协会的海运煤炭网、秦皇岛煤炭网、中国价格协会的中国价格协会网	反映环渤海港口动力煤的离岸平仓价格水平以及波动情况，具体包括环渤海动力煤综合价格指数、代表港口综合价格指数以及港口代表规格品价格指数
中国沿海煤炭运价指数	区域性	2011	中国沿海(散货)运价指数编委会委员单位	上海航运交易所	按货种分航线、船型的即期市场运价和综合指数
全国煤炭市场景气指数	全国性	2012	中国煤炭运销协会，等	国家煤炭工业网和中国煤炭市场网	供求平衡指数，价格偏异指数，需求偏异指数
中国电煤价格指数	全国性		由国家发展改革委价格监测中心牵头，秦皇岛海运煤炭市场、中国(太原)煤炭交易中心、陕西煤炭交易中心、内蒙古煤炭交易中心等单位共同参与	国家发展改革委价格监测中心	监测周期为月报。监测数据一律通过网络报送，各单位通过登陆价格监测中心建立的电煤价格监测平台，于每月 7 日前报送上月各省监测数据
汾渭煤炭价格指数	全国性	2015	山西汾渭能源信息服务有限公司	中国煤炭资源网	价格指数包括动力煤、炼焦煤、无烟煤、喷吹煤、焦炭的价格指数，如 CCI5500 指数

资料来源：根据相关资料整理。

5.1.2　国外煤炭价格指数体系

国际煤炭价格指数于 20 世纪 80 年代产生,最初是煤炭贸易价格的原始反映。90 年代以后,国际煤炭价格指数进入快速发展期,许多公司开始设计和发布国际煤炭价格指数。煤炭价格指数发布机构大致可分为 4 类:一是专业的煤炭信息、咨询和服务公司;二是直接从事煤炭贸易的贸易商;三是煤炭生产商和用户合资成立的煤炭贸易公司;四是政府部门。

1)ACR 亚洲指数

ACR 亚洲指数是 1978 年由澳大利亚专门从事煤炭研究咨询的巴洛金克(Barlow Jonker PtyLtd)公司根据澳大利亚统计局记录的实际装船价格数据设计而来,主要反映的是澳大利亚动力煤 3 个月加权平均出口价格,发货地为新南威尔士州和昆士兰州,目的地为日本、韩国、中国香港和中国台湾地区,当月指数由现货和长协煤装船价格决定,不分煤种,数据滞后 3 个月[9]。

2)BJ 指数

该指数由巴洛金克公司 1986 年编制,于每周四发布,它反映了煤炭买卖双方对现货动力煤的合同价,发货港是澳大利亚纽卡斯特港,目的港不定,每周发布一次。它现在已成为指导日澳煤炭价格谈判和现货谈判的重要参考价格依据[10]。该指数选取的煤炭指标为 Q6700、A≤15%、S0.8、V≥30,指数根据澳大利亚发货港纽卡斯尔港每周的实际成交情况计算得到,计算基准为离岸价,若当周没有实际成交量,则会向贸易商和出口企业进行访谈磋商,最终决定一个平均价格。

3)麦克洛斯基煤炭信息服务公司价格指数

麦克洛斯基煤炭信息服务公司价格指数在 1991 年就已经推出,最初为月度指数,2000 年以后改为双周刊。该指数以西北欧洲港口最大容积货船到岸价、发热量 25.12 兆焦/千克的煤炭为基础,向许多主要产煤国家买方、卖方、中间商和经纪人收集价格资料,按交易级别对价格进行加权平均[9]。

4)PLATTS 煤炭价格

该指数由普氏公司(PLATTS)公司每周在《国际煤炭市场报告 ICR》和《煤炭展望》中发布。该指数包括 CIF ARA、FOB 南非、FOB 纽卡斯尔和 FOB 加里曼丹,每周五根据当周实际成交(CIM)或报价询价情况评估而得,计价单位为美元/吨,除欧洲市场价格为到岸价外,其他均为离岸平仓价[10]。

普氏价格指数数据来源包括电话问询等方式,向矿方、钢厂及交易商采集数据,其中会选择 30 家至 40 家“最为活跃的企业”进行询价,其估价的主要依据是当天最高的买方询价和最低的卖方报价,而不管实际交易是否发生。2010 年,普氏价格指数被世界三大矿山选为铁矿石定价依据。

5）Global coal 煤炭价格指数

环球煤炭（Global coal）价格指数是由环球煤炭公司于 2008 年开始正式发布，主要包括 NEWC、RB 和 DES ARA 价格指数，并于每周和月度进行指数发布，在中国每周五在秦皇岛煤炭网发布。NEWC 是环球煤炭公司为澳大利亚新南威尔士州纽卡斯特港设计的出口动力煤价格指数。RB 是环球煤炭公司设计的南非理查德港口远期合同煤炭价格指数。DES ARA 是环球煤炭公司为阿姆斯特丹、鹿特丹和安特卫鲁 3 个港口（简称 ARA）设计的驳船离岸价格指数（ARA1 和 ARA2）[10]。

6）纽约商品交易所煤炭期货价格指数

纽约商业交易所地处纽约曼哈顿金融中心，与纽约证券交易所相邻。它的交易主要涉及能源和稀有金属两大类产品，但能源产品交易大大超过其他产品的交易。交易所的交易方式主要是期货和期权交易，到目前为止，期货交易量远远超过期权交易量。在世界上率先推出煤炭期货交易，根据期货交易情况形成煤炭价格指数[9]。

分析可知，国外主要的煤炭价格指数有六种，分别是 ACR 亚洲指数、澳大利亚 BJ 价格指数、麦克洛斯基煤炭信息服务公司价格指数、纽约商品交易所煤炭期货价格指数、PLATTS 煤炭价格和环球煤炭（Global coal）价格指数（表 5-2）。

表 5-2　国际各类煤炭价格指数比较

指数名称	区域	创建时间	创建主体	发布平台	内容
ACR 亚洲指数	亚洲	1978	澳大利亚巴洛金克公司	巴洛金克公司，月发布	澳大利亚动力煤 3 个月加权平均出口价格
BJ 指数	亚太	1986	澳大利亚巴洛金克公司	巴洛金克公司，周发布，每周一	反映了煤炭买卖双方对现货动力煤的合同价
麦克洛斯基煤炭信息服务公司价格指数（MCIS）	西北欧洲	1991	麦克洛斯基煤炭信息服务公司	麦克洛斯基煤炭信息服务公司	以西北欧洲港口最大容积货船到岸价、发热量 25.12MJ/kg 的煤炭为基础计算加权平均价格
纽约商品交易所煤炭期货价格指数	全球	2001			根据期货交易情况形成煤炭价格指数
PLATTS 煤炭价格			普氏公司	普氏公司，国际煤炭市场报告 ICR 煤炭展望	包括 CIF ARA、FOB 南非、FOB 纽卡斯尔和 FOB 加里曼丹，除欧洲市场价格为到岸价外，其他均为离岸平仓价
环球煤炭价格指数	全球	2008	环球煤炭公司	（中国）中国煤炭市场网、秦皇岛煤炭网、中国煤炭资源网	包括 NEWC（澳大利亚新南威尔士州纽卡斯特港）、RB（南非理查德港）和 DES ARA 价格指数（阿姆斯特丹、鹿特丹和安特卫鲁 3 个港）

资料来源：根据相关资料整理。

5.2　石油价格指数种类

目前全球范围主要的石油现货市场有西北欧市场、地中海市场、加勒比海市场、新加坡市场、美国市场 5 个。依托这些石油市场，形成如下石油价格指数。

5.2.1　布伦特原油价格指数

布伦特原油(Brent oil)，出产于北大西洋北海布伦特地区。伦敦洲际交易所和纽约商品交易所有它的期货交易，是市场油价的标杆。1988 年 6 月 23 日，伦敦国际石油交易所推出布伦特原油期货合约，包括西北欧、北海、地中海、非洲以及也门等国家和地区，均以此为基准，由于这一期货合约满足了石油工业的需求，被认为是"高度灵活的规避风险及进行交易的工具"，跻身于国际原油价格的三大基准。布伦特原油期货及现货市场所构成的布伦特原油定价体系，最多时竟涵盖了世界原油交易量的 80%，即使在纽约原油价格日益重要的今天，全球仍有约 65% 的原油交易量，是以北海布伦特原油为基准油作价。从原苏联、非洲以及中东销往欧洲的原油则以布伦特原油作为基准来作价。

5.2.2　美国西得克萨斯中间基原油价格指数

所有在美国生产或销售往美国的原油都以 WTI 为基准油作价。其主要交易方式为美国纽约证券 NYMEX 交易所交易，价格每时每刻都在变化，成交非常活跃；此外，还有场外交易。NYMEX 的轻质低硫原油期货是目前世界上商品期货中成交量最大的一种。由于该合约良好的流动性以及很高的价格透明度，NYMEX 的轻质低硫原油期货价格被看做是世界石油市场上的基准价之一。该期货交割地位于俄克拉荷马州的库欣，这里也是美国石油现货市场的交割地。

在纽约期交所，其原油期货就是以美国西得克萨斯出产的"中间基原油(WTI)"为基准油，所有在美国生产或销往美国的原油，在计价时都以轻质低硫的 WTI 作为基准油。因为美国这个超级原油买家的实力，加上纽约期交所本身的影响力，以 WTI 为基准油的原油期货交易，就成为全球商品期货品种中成交量的龙头。通常来看，该原油期货合约具有良好的流动性及很高的价格透明度，是世界原油市场上的三大基准价格之一，公众和媒体平时谈到油价突破多少美元时，主要就是指这一价格。

在三大期货市场中，纽约商品交易所能源期货和期权交易量占到三大能源交易所总量的 50% 以上。其西德克萨斯中质原油(WTI)是全球交易量最大的商品期货，也是全球石油市场最重要的定价基准之一。所有在北美生产或销往北美的原油都以 WTI 原油作为基准来定价。伦敦国际石油交易所交易的北海布伦特原油也是全球最重要的定价基准之一，英国和其他欧洲国家所使用的原油价格就是这一价格。

5.2.3　出口国官方销售价格指数

中东地区原油主要出口北美、西欧和远东地区。其定价中参照的基准原油一般取决于其原油的出口市场。中东产油国出口油定价方式分为两类：一类其基准油挂钩的定价方式。另一类是出口国自己公布价格指数，石油界称为"官方销售价格指数"（"官方"OSP）。阿曼石油矿产部公布的原油价格指数为 MPM，卡塔尔国家石油公司公布的价格指数为 QGPC（包括卡塔尔陆上和海上原油价格），阿布扎比国家石油公司为 ADNOC 价格指数（包括上查昆油、下查昆油、穆尔班油、乌姆舍夫油），这些价格指数每月公布一次，均为追溯性价格。

5.2.4　亚太原油价格指数

在亚洲地区除普氏、阿格斯石油报价外，亚洲石油价格指数（APPI）、印尼原油价格指数（ICP）、OSP 指数以及近两年才发展起来的远东石油价格指数（FEOP）对各国原油定价也有着重要的影响。原油长期销售合同中定价方法主要分为两类：一种以印尼某种原油的印尼原油价格指数或亚洲石油价格指数为基础，加上或减去调整价；另一种以马来西亚塔皮斯原油的亚洲石油价格指数为基础，加上或减去调整价。如越南的白虎油，其计价公式为印尼米纳斯原油的亚洲原油价格指数加上或减去调整价。澳大利亚和巴布亚新几内亚出口原油，其计价公式则以马来西亚塔皮斯原油的亚洲石油价格指数为基础。我国大庆出口原油的计价则以印尼米纳斯原油和辛塔原油的印尼原油价格指数和亚洲石油价格指数的平均值为基础。中国海洋石油总公司的出口原油既参考亚洲石油价格指数，也参考 OSP 价格指数。

5.3　天然气价格指数种类

全球天然气市场发展受限于地理上的区域分割，天然气国际贸易大多数是通过管线或船运达成交易，地理上的限制与昂贵的运输费用（长途国际管道建设和液化天然气船运费用）都在不同程度上限制了区域之间的贸易往来，使得天然气市场具有明确的区域特性，主要有四种代表性的价格，分别为美国亨利交易中心价格、德国平均进口到岸价、英国 NBP 天然气价格和日本液化天然气价格[12]。表 5-3 显示主要天然气价格指数。

表 5-3　国际主要天然气价格指数比较

指数名称	区域	内容
不同气源之间的竞争定价	北美(美国、加拿大)和英国	主要采取气对气竞争的定价模式,即通过实行管道第三方准入,建立天然气生产者与消费者的直接联系,构建完全开放的市场
与油价挂钩的定价政策	欧洲大陆	该政策将天然气价格调整与 3 种石油燃料(柴油、高硫和低硫重质燃油)的市场价格按照百分比挂钩,然后根据"传递要素"进行调整来分担风险
与日本进口原油加权平均价格(JCC)挂钩的定价	日本	通过设定 JCC 封顶价格和封底价格的方式
双边垄断的定价模式	俄罗斯与中亚地区	采用政府间谈判来确定供应给非欧盟用户的天然气价格
中国天然气价格机制	中国	我国的天然气定价方法基本实现了"成本加成定价法"向"市场净回值定价法"转变,但仍具有政府管制特征,不属于竞争性定价机制

资料来源:根据相关资料整理。

5.4　能源价格指数比较及对中国的启示

5.4.1　能源价格指数比较

从上面能源价格指数的分析可以看出,能源价格指数的编制和发布具有以下特点。

1)编制主体多

煤炭、石油、天然气等能源产品的价格指数编制主体,主要有政府部门、行业组织或企业。行业组织主要有 OPEC 石油输出国组织等国家作为会员的组织,或者企业作为会员的组织如中国煤炭工业协会;企业则涉及能源产品全生命周期供应链上的参与主体,包括生产方、贸易方、消费方、物流方,以及提供第四方供应链服务的信息服务商。

如针对煤炭产品,国内有行业组织如中国煤炭工业协会和中国煤炭运销协会制定的中国煤炭价格指数,物流贸易方企业与行业组织联合制定的价格指数如秦皇岛海运煤炭交易市场有限公司与中国煤炭运销协会等共同制定的环渤海动力煤价格指数,还有山西汾渭公司等信息服务商制定的 CCI5500 指数等。目前国外主要的煤炭价格指数有六种,均为企业所编制发布,如 ACR 亚洲指数、澳大利亚BJ 价格指数、麦克洛斯基煤炭信息服务公司价格指数、纽约商品交易所煤炭期货价格指数、PLATTS 煤炭价格和环球煤炭(Global coal)价格指数。

针对石油产品,有国家或大型国有企业发布的石油价格指数,如阿曼石油矿产部公布的原油价格指数为 MPM、卡塔尔国家石油公司公布的价格指数为QGPC,也有咨询信息服务公司发布的价格指数,如新加坡的一家咨询公司发布的远东贸易价格指数。

2) 既有绝对值指数也有相对值指数

煤炭、石油、天然气等能源产品的价格指数编制对象，主要有绝对值和相对值两种类型。如煤炭产品，由澳大利亚专门从事煤炭研究咨询的巴洛金克公司制定的 ACR 亚洲指数主要反映的是澳大利亚动力煤 3 个月加权平均出口价格；BJ指数反映了煤炭买卖双方对现货动力煤的合同价；普氏公司指数包括 CIF ARA、FOB 南非、FOB 纽卡斯尔和 FOB 加里曼丹，每周五根据当周实际成交或报价询价情况评估而得，计价单位为美元/吨，除欧洲市场价格为到岸价外，其他均为离岸平仓价。中国煤炭工业协会和中国煤炭运销协会创建的中国煤炭价格指数以2006 年 1 月 1 日为基期(100 点)计算相对值，环渤海动力煤价格指数也采用相对值形式。

针对石油产品，布伦特原油、美国西得克萨斯中间基原油、官方销售价格指数(OSP)、亚太原油价格指数均为绝对值形式的实际价格。针对天然气产品，主要采用绝对值形式的价格表达价格指数。目前国际上有四种代表性的价格，分别为美国亨利交易中心价格、德国平均进口到岸价、英国 NBP 天然气价格和日本液化天然气价格。

3) 发布时间周期长短不一

煤炭、石油、天然气等能源产品的价格指数的发布时间，有月数据、周数据、日数据，甚至明确规定到每天的具体发布时间。如煤炭产品，电煤价格指数为月度数据，要求各单位通过登陆价格监测中心建立的电煤价格监测平台，于每月 7日前报送上月各省监测数据，遇节假日顺延上报；由中国煤炭工业协会和中国煤炭运销协会创建的中国煤炭价格指数将每周作为一个基本采价周期和发布周期，要求在每周五编制、每周一发布；澳大利亚 BJ 指数由巴洛金克公司于每周四发布；由汾渭公司编制和发布的 CCI5500 指数等指数为每日发布，要求公布每天北京时间 17：00 的主流可成交价，相当于收市价。

布伦特原油价格采用月度指数形式。出口国官方销售价格指数每月公布一次。亚洲石油价格指数每周公布一次，指数公布时间为每周四的中午 12：00 时。

中国的石油和天然气价格一般采用由政府部门按年度公布基准价格，然后根据国际市场价格变化进行调整。针对石油产品，中国现行的成品油定价调整机制是国家发展改革委根据新加坡、纽约和鹿特丹等三地以 10 个工作日为周期对国际油价进行评估，调整国内成品油的价格并向社会发布相关价格信息，当汽、柴油调价幅度低于每吨 50 元时，不作调整，纳入下次调价时累加或冲抵。天然气出厂基准价格每年调整一次，调整系数根据原油、LPG(液化石油气)和煤炭价格五年移动平均变化情况，分别按 40%、20% 和 40% 加权平均确定。

4) 指数计算均值的方式多样

煤炭、石油、天然气等能源产品的价格指数计算方法采用简单平均数、加权平均数、时间序列动态关联计算等方式。加权平均法中，权重一般为产量、交易量、发运量、吞吐量等。针对煤炭产品，中国煤炭价格指数采用加权平均方法计算各个市场单元的加权平均价格，以及各个品种、各个区域加权平均价格和整个煤炭市场的加权平均价格，然后采用时间序列动态关联方法，将近期的某一供求平衡时点确定为基期，将计算周期的平均价格与基期平均价格比较，即可计算价格指数。中国电煤价格指数也采用加权平均计算方法。汾渭价格指数采用简单算术平均计算方法。

针对石油产品，国际上石油价格指数采用加权平均数或算术平均数方式，并考虑动态调整性。如，布伦特原油价格指数采用动态调整方式，第一个月货物交易的加权平均数为第一个月的价格指数，第二个月货物交易的加权平均数加上第一个月和第二个月之间的差价交易的直线平均值计算得出第二个月的价格指数。亚洲石油价格指数编制采用上下限价格区间、简单平均、标准差等方式计算得出亚洲原油价格指数。印尼、马来西亚、中国等原油价格指数采用与国际联动机制，依托于典型代表性的几种国际石油价格，进行加权平均计算而得。

5) 抽样方式多样

煤炭、石油、天然气等能源产品的价格指数计算时样本获取抽样方法有指定具体产品、普查、重点抽样法、配额抽样法等。如煤炭产品，汾渭公司发布的煤炭价格指数采用普查的方式以合同价为基准计算价格指数；环渤海动力煤价格指数中运用重点调查法，采样选择港口代表规格品；中国煤炭价格指数根据我国煤炭生产消费布局及市场结构的实际，设计了采价样本，运用配额抽样法，按区域、分品种布局了采价点，构建了价格采集体系，确定了计算模型和方法。"中国煤炭价格指数"的采价范围，将全国煤炭市场划分为 8 个区域、8 个品种。

如石油产品，有些采用指定具体产品的方式，针对具体产品设定价格指数。布伦特原油现货价格指数采用的布伦特是出产于北海的布伦特和尼尼安油田的轻质低硫原油。美国西得克萨斯中间基原油价格指数采用的西德克萨斯中间基原油是产自美国内陆的一种轻质低硫原油。

6) 涉及供应链供需运等多个环节

煤炭、石油、天然气等能源产品的价格指数涉及供应链供需运等多个环节，具体有生产环节、交易环节、运输环节、需求消费环节。针对国内煤炭市场，中国煤炭价格指数采用市场交易环节的交易煤量计算煤炭价格指数，采价单位市场交易煤量的确定，遵循属地原则，即以交货地为准，不以产地为准；中国太原煤炭交易价格指数依据采价点发运量确定了各分煤种的采价样本权重；环渤海动力煤价格指数由代表港口动力煤价格综合指数按港口吞吐量权重进行加权平均得到。针对国际煤炭市场,主要有出口港和进口港两种类型指数,采用装船价格、离岸价格、到岸价格等类型,如 ACR 亚洲指数根据澳大利亚统计局记录的实际装船价格数据设计而来,BJ 指数计算基准为离岸价,麦克洛斯基煤炭信息服务公司价格指数以西北欧洲港口最大容积货船到岸为基准。

针对石油产品,布伦特原油价格为产地价格指数,美国西得克萨斯中间基原油价格为消费地价格指数,官方销售价格指数为产地价格指数。针对天然气产品,与日本进口原油加权平均价格(JCC)挂钩的定价采用消费地价格指数形式。

7)分品种指数和综合指数

煤炭、石油、天然气等能源产品的价格指数包括分具体品种指数和综合价格指数。如煤炭产品,国内的中国煤炭价格指数包括包括 46 个市场单元、8 个区域、8 个品种及全国综合指数等 66 组指数数据,呈现"$n+1$"模式;中国太原煤炭交易价格指数体系包含一个综合价格指数、四个分煤种交易价格指数和六个代表规格品加权平均价。国际上针对煤炭产品,ACR 亚洲指数、澳大利亚 BJ 价格指数、麦克洛斯基煤炭信息服务公司价格指数、PLATTS 煤炭价格和环球煤炭价格指数基本以动力煤煤种计算价格指数,有的指数计算中明确该煤种的发热量、灰分、硫分、水分等具体指标。

针对石油产品,国际石油价格指数针对的石油品种一般非常明确,如布伦特原油现货价格指数采用的是出产于北海的布伦特和尼尼安油田的轻质低硫原油。美国西得克萨斯中间基原油价格指数采用的西德克萨斯中间基原油。有的国家也颁布多种石油价格指数,如卡塔尔国家石油公司公布的价格指数为 QGPC(包括卡塔尔陆上和海上原油价格),阿布扎比国家石油公司为 ADNOC 价格指数(包括上查昆油、下查昆油、穆尔班油、乌姆舍夫油)。

8)价格指数之间存在关联传导关系

煤炭、石油、天然气等能源产品的价格指数存在一定的关联传导关系。现全球 65%以上的实货原油挂靠布伦特体系定价。澳大利亚和巴布亚新几内亚出口原油,其计价公式则以马来西亚塔皮斯原油的亚洲石油价格指数为基础。我国大庆出口原油的计价则以印尼米纳斯原油和辛塔原油的印尼原油价格指数和亚洲石油价格指数的平均值为基础。中国海洋石油总公司的出口原油既参考亚洲石油价格指数,也参考 OSP 价格指数。中国的成品油定价机制以国际代表油价为依据制定,而天然气价格调整系数根据原油、LPG(液化石油气)和煤炭价格五年移动平均变化情况而定,其中原油价格根据普氏报价 WTI、布伦特和米纳斯算术平均离岸价确定。

9)影响效应和范围差异较大

各类煤炭、石油、天然气等能源产品的价格指数在全球或区域范围内的影响力差异较大。依据全球影响效应差异,可将能源价格指数分成领导型、跟随型和依附型等类型;依据影响范围的大小,可分为全球型、区域型、国内型。如针对煤炭产品，国际上一般以环球煤炭公司发布的 NEWC（澳大利亚新南威尔士州纽卡斯特港）、RB（南非理查德港）和 DES ARA 价格指数为参照依据，此为全球型的领导型。针对石油产品，布伦特原油价格指数是市场油价的标杆，现全球 65%以上的实货原油挂靠布伦特体系定价，此为全球型的领导型；而所有在美国生产或销往美国的原油，在计价时都以轻质低硫的 WTI 作为基准油，WTI 的价格常常被作为反映当前世界石油市场的参考价格，此为区域型的领导型。有些价格指数则为区域型的跟随型类型，如澳大利亚和巴布亚新几内亚出口原油，其计价公式则以马来西亚塔皮斯原油的亚洲石油价格指数为基础。中国的成品油定价和天然气定价均为国内依附型，对国际市场影响力较小。

5.4.2　对中国的启示

1）能源价格指数已经成为市场行情的晴雨表和决策器

国际上各类煤炭、石油、天然气等能源产品的价格指数在全球或区域范围内具有一定的影响力，成为反应国际煤炭、石油、天然气市场行情的晴雨表，对煤炭、石油、天然气的国际贸易、出口价格、进口价格、一些国家的经济发展、甚至国家安全和稳定产生一定的影响。考虑中国煤炭市场由自给型向自给+进口型过度，也需要提升中国煤炭价格指数的国际影响力，中国石油和天然气的进口量占消费量的比重约占 50%，因此，作为输入型的石油进口国，中国也需要编制中国石油价格指数，提升对国际石油市场贸易和价格的影响力；天然气亦如此。

2）能源价格指数编制要把握指数模型和采样等关键点

纵观国际能源价格指数的计算公式和采样办法，指数计算的公式简单但有效，一般有静态和动态两种形式，绝对值和相对值两种形态，采用算数平均数或加权平均数计算，采样时一般选择代表性强的典型能源品种，并明确质量型号等要求。中国目前有全国性和区域性的煤炭价格指数，包括综合性指数和单品种指数，采用加权平均法计算平均价格，采用非随机抽样方法。建议针对煤炭价格指数，进一步筛选具有一定代表性的具有质量标准的煤种作为计算煤炭价格指数的标的物。采样时尽量应用随机抽样或非随机抽样中的配额抽样方法，实现抽样的科学性和代表性。针对石油和天然气价格指数，尽快编制出台价格指数，提升作为消费地类型的价格指数在区域甚至全球范围内的影响力。

3）能源价格指数采用政府推动和企业主导运营的模式

纵观国际能源价格指数的编制和发布的主体，煤炭产品基本为独立的市场运作公司，如管理咨询公司、信息服务公司、港口等物流公司；石油产品有独立的公司、政府、交易所等社会机构；天然气产品有政府、公司等。在中国，煤炭价格指数的编制和发布主体有发改委价格检测中心等政府部门、中国煤炭工业协会等行业组织、秦皇岛港务公司和汾渭公司等企业，发布的指数类型有分煤种和综合指数等形式，指数形式众多，目前运营效果良好，但至今没有形成业界公认的代表性和权威性的价格指数。需要进一步监测检验各项指数的运行效果，以期选择更具代表性的指数。针对石油和天然气产品，考虑目前中国特殊性，国家应引入社会力量，参照国际市场运行规则，尽快建立以企业为主导运营和政府推动的石油和天然气价格指数，尽快融入国际市场，形成国际影响力。

4）加强能源价格指数效果的评估研究

纵观代表性的国际能源价格指数，经过几十年甚至上百年的运行和完善，已成为具有区域甚至全球影响力的价格指数，能有效地反应市场的供需、贸易状况，并可作为供需和物流企业甚至政府决策的依据。中国要想建立有区域甚至全球影响力的能源价格指数，不仅要进行事前的计算模型和采样方法的科学性研究和设计，还要注重事中的采集数据的准确性和时效性管控，以及事后的指数效果评估。建议建立完善的指数效果评估指标体系和评估方法，通过持续评估，达到完善能源价格指数的目的。

参 考 文 献

[1] 中国煤炭工业协会，中国煤炭运销协会.中国煤炭价格指数发布说明[EB/OL]. http://www.360doc.com/content/13/0510/10/4344459_284330695.shtml.

[2] 中国煤炭市场网.中国煤炭价格指数调整说明[EB/OL]. 中国煤炭市场网. [2016-09-07].http://www.cctd.com.cn/show-416-148708-1.html.

[3] 中国太原煤炭交易中心. 指数简介[EB/OL]. 中国太原煤炭交易中心网站. [2013-12-05].http://www.ctctc.cn/jyzsWebsite/zsjj.jsp.

[4] 秦皇岛煤炭网指数中心-编制方案.环渤海动力煤价格指数[EB/OL]. 秦皇岛煤炭网. http://www.osc.org.cn/CoalIndex/chs/new/#2F.

[5] 中国船舶网.中国沿海煤炭运价指数 CBCFI[EB/OL]. 中国港口网. [2012-08-22].http://www.chinaports.com/portlspnews/86410EED0F4440369BA7B1A3755B3D8E/view.

[6] 国家能源局. 全国煤炭市场景气指数发布[EB/OL].国家能源局网站. [2012-07-20]. http://www.nea.gov.cn/2012-07/20/c_131727311.htm.

[7] 中国电煤价格指数编制方案[EB/OL]. 中国煤炭市场网. [2014-09-17]. http://www.cctd.com.cn/show-425-150223-1.html.

[8] 汾渭价格指数编制方法论[R/OL].中国煤炭资源网. http://www.sxcoal.com/price/index.

[9] 国外煤炭价格指数简介[EB/OL]. 中国金融信息网. [2013-05-22]. http://news.xinhua08.com/a/20130522/1178240.shtml.

[10] 三种国际煤炭价格计算方法及指标简要说明[EB/OL]. https://wenku.baidu.com/view/1e38a5333968011ca300910e.html.

[11] 世界石油价格体系简介[EB/OL]. [2015-09-10]. http://blog.sina.com.cn/s/blog_5415b9d60102vqw1.html.

[12] 全球天然气定价规则一览[EB/OL]. 中国石油.百科. [2017-03-23]. http://center.cnpc.com.cn/bk/system/2017/03/22/001640121.shtml.

[13] 世界三大煤炭指数[EB/OL]. [2011-10-28]. http://blog.sina.com.cn/s/blog_9de416a50100wx2r.html.

[14] Brent Crude[EB/OL]. Dictionary, Financial. http://encyclopedia.thefreedictionary.com/Brent+Crude.

[15] The Brent Index[EB/OL]. Intercontinental Exchange, Inc. [2008-01-21]. retrieved 2010-04-28.

[16] 国家发展改革委.国家发展改革委关于降低国内成品油价格简化调价操作方式等有关事项的通知(发改电 [2016]26 号)[R/OL]. 国家发展改革委网站. [2016-01-13]. http://www.ndrc.gov.cn/zcfb/zcfbtz/201601/ t20160113_ 771289.html.

[17] 国家发展改革委. 关于改革天然气出厂价格形成机制及近期适当提高天然气出厂价格的通知(发改价格 [2005]2756 号)[R/OL]. 国家能源局网站. [2005-12-23]. http://www.nea.gov.cn/2011-08/16/c_131052111.htm.

第6章 可再生能源发电的国际经验及启示

6.1 研 究 背 景

中国作为世界上最大的电力消费国和温室气体排放国，对改善全球气候变化有义不容辞的责任。回顾中国电力系统的发展历程，从建国初期在孤立无援的国际环境中自主建立第一批电厂开始，中国的电力系统经历了几十年以满足国内电力需求为宗旨，物尽其用国内资源的发展史，这也造就了国内以煤电、水电为支柱，因地制宜小规模发展其他电力形式的产业结构。2006 年国内总发电量为 2863 太瓦时，其中火电发电量为 2370 太瓦时，占总发电量的 83.15%，水电发电量为 436 太瓦时，占总发电量的 15.29%，核电发电量为 55 太瓦时，占总发电量的 1.92%，可再生电力占总发电量的 0.1%[1]。

近年来，随着国内经济增速的放缓，电力供给对中国电力系统的压力正在逐渐降低，这也为中国电力结构转型提供了契机。截止到 2010 年，中国已经超越美国成为世界上最大的风电装机国，国内装机容量达到了 30 吉瓦，2015 年成为世界上最大的光伏发电装机国，装机容量达到了 43.2 吉瓦[2]，同年火电发电量占全国总量比例为 73.73%，较 2006 年已经下降了约 10%[3]。种种迹象表明，中国电力系统正在进行一场结构化转型，主要内容包括煤电的清洁化升级和提升可再生发电在电力结构中的比例。从现状来看，煤电供给侧改革正在如火如荼的进行，大量落后的煤炭和煤电产能遭到淘汰，清洁化改造正在国内普及，国家在一定程度上减弱了对煤电的依赖。

尽管中国已经成为世界风电和光伏发电装机容量最高的国家，但是发电量所占的比例仍处于较低水平，2015 年仅为 3.87%，与此同时国内大规模弃风弃光现象时有发生，极大限制了可再生电力的发展。中国对弃风现象的关注始于 2010 年，此后弃风从零星现象快速扩散，成为行业顽疾。尤以 2012 年情况最为严重，弃风率曾达到 17%，当年全国弃风电量高达 208 亿千瓦时，几乎是 2011 年的两倍。此后经过一系列国家政策引导和行业主动调整，弃风现象有所缓解，2013 年和 2014 年全国平均弃风率均在 10% 左右。然而，在 2015 上半年弃风率却又大幅反弹至 15.2%，其中 2015 年一季度弃风率 18.6%，2015 年上半年因弃风造成经济损失接近 87 亿元[4]。与此同时，弃光也一直是削弱光伏实际发电量的原因，根据国家能源局数据，2015 年 1~9 月全国累计光伏发电量为 306 亿千瓦时，其中弃光电量占比达到 10%，总量达到 30 亿千瓦时。甘肃和新疆是中国光伏资源最丰富的地区，然而两地的弃光率在全国也是最高的。2015 年 1～9 月，甘肃省弃光率高达 28%，新疆弃光率为 20%，两地弃光电量总计达到 28 亿千瓦时[5]。

一般来讲，政府在可再生能源发展初期采取补贴的方式可以刺激市场发展，取得较好的效果，但是随着可再生电力规模的扩大，该政策在资金来源方面存在限制。历史经验表明，内部活力要比外部补贴更加有利于市场的发展，如何保障可再生电力消纳渠道畅通成为中国电力系统亟需解决的重要问题。为了促进可再生能源产业发展，逐步提升可再生能源在国家总体能源供给中的比例，国家于 2016 年初颁布了《可再生能源全额保障性收购管理办法》[6]，规定电网企业必须按照合同全额收购可再生能源并网发电企业所发电力，该办法的颁布代表着国家已开始着力解决可再生能源消纳问题。然而，作为一项复杂的系统工程，除收购政策外，可再生能源消纳还需要其他配套政策的支撑，包括市场配合、技术保障以及财政补贴等。

中国海岸线广阔，具有发展风能发电的天然优势，据预测中国在岸风能潜力在 800 吉瓦到 3.4 太瓦之间[7-9]，离岸风能潜力为 297 吉瓦到 1007 吉瓦之间[10-11]。已有学者基于中国离岸风能发电成本分析预测，经济性风能可于 2020 年和 2030 年为海岸城市提供电力总需求量的 46% 和 42%[12]。光伏发电方面，He、Kammem 选取 2001～2010 年 200 个具有代表性的光伏基地数据，预测中国集中式光伏的发电潜力在 4.7 太瓦到 39.3 太瓦之间，分布式光伏的发电潜力为 200 吉瓦，全国光伏发电潜力每年可达到 6.9 拍瓦时到 70.1 拍瓦时之间[9]。然而，可再生能源由于存在间隔性、波动性的天然缺陷，结合国内储能条件的限制，对于电网调峰形成了挑战，这也是目前可再生电力入网困难最为重要的原因。欧洲国家在可再生能源消纳方面的案例可供中国参考，德国自 2000 年以来可再生能源发展迅速，截止到 2015 年，可再生能源消费占国内能源消费量的 15%，可再生能源发电量占总发电量的比例已经达到 30% 以上。英国过去煤电占比较高，随着能源结构的升级，可再生电力正在逐步替代煤电在电力系统中的比重。中国可从这些国家可再生电力的发展中总结经验，吸取教训，制定适合本国国情的可再生能源消纳政策，顺利推进电力结构清洁化转型。

本章分析了德国和荷兰提升可再生能源发电比例的历程和经验，总结出影响可再生能源发展的主要因素，最后提出促进中国可再生能源发展的政策建议。

6.2　德国可再生电力发展经验

6.2.1　德国可再生电力发展概况

德国是世界范围内能源转型进程较快的工业化程度较高的国家，较早开始使用和发展可再生能源，对其他国家能源转型有很好的借鉴作用。2010 年 9 月，德国政府制定了一项从化石燃料向可再生能源转型的长期能源计划,有意将核能作为一项过渡性燃料利用,然而 2011 年日本福岛核事故的爆发引发了德国核能项目的逐步退出,联邦政府计划到 2022 年淘汰全部核能项目,彻底结束核能作为过渡能源的时代,实现去核脱碳的能源转型。

由图 6-1 可知,自 1997 年开始,德国可再生能源始终保持着较为稳定的增长势头,消费量和消费比例分别从1997年的1.19百万吨油当量和0.351%提升到2016年的37.87 百万吨油当量和 11.743%,20 年间可再生能源的消费量提升了 30 倍,2015 年可再生能源消费占比达到了 11.99%。

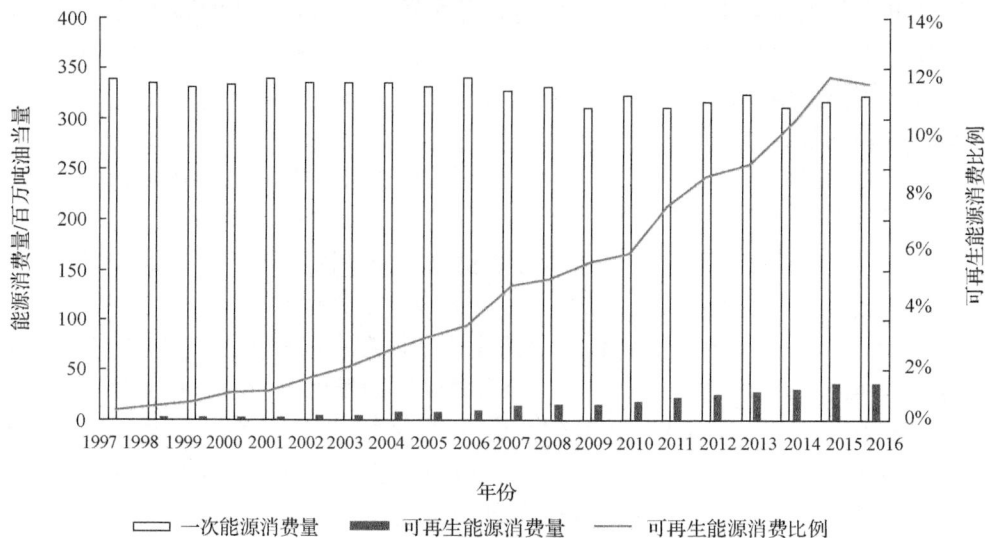

图 6-1　德国可再生能源消费量及占比

各类可再生能源发电量和占比见图 6-2 和图 6-3。由此可见,风能除 2010 年出现的短暂下滑以外,始终处于德国可再生能源结构中的核心地位,所占比例最高达到了 60%,近年来随着其他可再生能源的发展逐渐稳定在 40%左右。德国可再生电力消费在过去 20 年中最值得注意并引人称道的就是光伏发电的迅速崛起,自 2009 年起,光伏发电进入了快速发展时期,并在 2014 年达到了可再生能源消费总量的 20%,已经成为德国的第三大可再生电力。经过 20 年的发展和产业改革,德国可再生能源消费多元化的迹象日益显著。

6.2.2　促进可再生电力发展手段

德国可再生能源消纳走在世界的前列,其采取的一些措施和手段值得其他国家学习和借鉴,包括立法、财政激励、政策创新和技术支撑等。

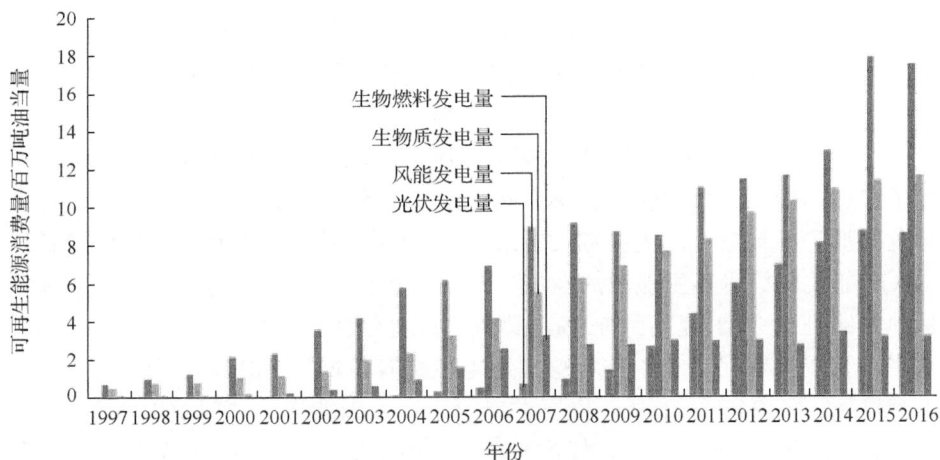

图 6-2　德国可再生能源分种类发电量

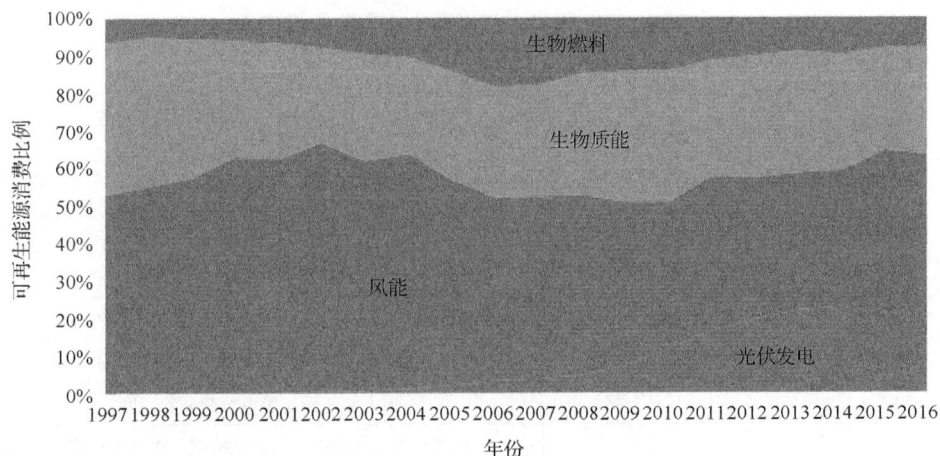

图 6-3　德国可再生能源发电结构

6.2.2.1　立法手段

德国可再生能源政策始于 20 世纪 70 年代，最初主要是针对太阳能和风能技术的研发；1986 年乌克兰切尔诺贝利核电站事故引发了德国对环境问题的担忧，促使政府创建可再生能源市场迈出了第一步。80 年代末，风能和太阳能项目开始兴起。1990 年，第一部新能源法律(the electricity feed-in act)颁布，建立了 FIT 电价补贴制度，并且赋予每个德国公民发电并出售给电网的权利，从立法角度确立了可再生能源发展的方向和地位，这部法律推动了风能和太阳能发电项目的迅速扩张，之后的十年里，德国可再生能源发电比例从 3.1%增加到 6.3%，翻了一倍。

2000 年，《可再生能源法》(the renewable energy Act，以下简称 EEG)颁布，

取代了之前的 the Electricity Feed-in Act，提出了新的能源目标：主要发展风能、生物质能、太阳能、地热能源和小型水力发电代替煤炭和核能发电，规定"电网运营商有义务将可再生能源发电站接入电网，优先购买其提供的全部电量"，提出了 20 年的长期电价补贴机制。2004、2009、2012 年先后对《可再生能源法》进行了修订，确立了新的转型目标，提出 FIT 电价补贴政策调整方案，制定适合能源发展形势的补贴率。从实施效果来看，《可再生能源法》有力地推动了德国风电、太阳能发电等可再生能源的发展，2000—2015 年可再生能源在终端能源消费总量中的比例从 3.8%提高到 12%，其中，可再生能源的发电比例从 6.3%增加到 32.5%，翻了五倍[13]。2015 年德国风电装机容量增加 601.3 万千瓦，累计风电装机容量达到 4494.7 万千瓦，位居世界第三；太阳能光伏并网发电增加 152.1 万千瓦，累计达到 4104 万千瓦，仅次于中国，位居第二。表 6-1 罗列了德国为促进可再生能源发展主要采取的立法和监管措施。

表 6-1　德国可再生能源立法和监管措施

年份	法律和监管框架	主要政策
1990	Electricity Feed-in Act	引入 FIT 电价补贴制度，吸引新能源投资；赋予公民发电并出售给电网的合法权利
1991—1995	资本资助-"1000 Roofs"分布式光伏计划	联邦政府承担 70%的安装和投资成本；将安装分布式光伏设施的家庭连接到电网；规定只能安装德国制造的光伏设施
1999	贷款优惠-"100000 Roofs"分布式光伏计划	以较低利率贷款给客户
2000	《可再生能源法》颁布	2020 年可再生能源发电量占总电力供应的 20%
2004	《可再生能源法》修订	2020 年可再生能源发电量占总电力供应的 30%
2009	《可再生能源法》修订	加大降低新能源电价补贴的力度
2012	《可再生能源法》修订	引入一个灵活的光伏发电补贴递减机制，按月度调整来降低光伏电价补贴。到 2020 年，可再生发电将占到发电量的 35%，到 2030 年占 50%，到 2040 年占 65%，到 2050 年达到 80%

6.2.2.2　财政激励

与化石能源和核能相比，可再生能源技术成本较高，不具备竞争优势。近年来，德国政府针对可再生能源提供了广泛的研发激励，其中，FIT 就是通过补偿更高的发电成本来鼓励对可再生能源的投资，规定可再生电力优先上网，保障可再生能源价格和市场，为开发商提供可靠的投资环境，是德国推广可再生能源的一项重要政策工具。例如，为了促进海上风能的开发，政府在 2012 年前后提出了两种激励方案，一种是开发商可以选择 12 年的资本回收期，相应地每度电补贴 0.15 欧元，另一种是 8 年的回收期，每度电补贴 0.19 欧元，通过电价补贴，刺激更多的企业和公民进入可再生能源开发领域。数据表明，这项激励政策确实收到了很好的效果，2012 年底德国仅有 68 台海上风力涡轮机接入电网，总容量为 280 兆瓦[14]，而 2016 年德国海上风电供电量达到了 818 兆瓦，增长率达 192.14%。德国 FIT 制度设计每四年更新一次，不断学习和调整以适应新的能源环境，并根据技术进步和成本变化确定电力价格的递减率。此外，政府还通过赠款、现金奖励、贷款优惠和公共担保等方式为可再生能源发展提供激励，例如，在 2013 年，德国政府支付了 3.8684 亿欧元用于可再生能源相关领域的研究，包括能量转换、能量传输和能源使用等方面，这些基础研究促进了德国可再生能源市场的建立和发展。

6.2.2.3　政策创新

分布式能源发电是德国能源转型成功的一个关键因素。在德国，法律规定每个人都有权利进入能源行业成为一个电力生产商，加之 2000 年以来政府对新能源发电采取了保障性的财政激励和补贴措施，家庭光伏电板和风轮机安装迅速铺开，2012 年大约有一半的可再生能源设施由私人和农民拥有[15]，可再生能源发电大幅增加。由于风能、太阳能具有间歇性出力的特点，对电网运行的稳定性造成一定影响，EEG2004 和 EEG2009 规定，如果发电设施在电网超载时不能减少其发电量，则电网运营商可以不履行可再生能源电力优先并网的义务。同时，可再生能源发电商为了将发电设施并入电网，可与电网运营商达成不优先收购的协议[16]，与 EEG2000 中要求电网运营商优先购买可再生能源所有发电量的规定相补充，形成双向责任机制。

EEG2012 对电网运营商吸收可再生能源的义务再次做了具体的阐述：电网运营商采取就近原则优先接入可再生能源发电设施，并且要求收购可再生能源生产的所有电量(非超载情况下)，承担可再生能源发电设施因控制出力而造成的损失。此外，可再生能源发电直接上网在 2014 年获得批准，直接结果就是 2014 年德国可再生能源发电占比首次超过传统褐煤。这一举措改变了之前可再生电力只能通过电网运营商上网交易的状况，改为委托直售电商进行交易，可再生能源电力也不仅能够在现货市场上交易，还能签订场外合约和长期合约，极大地增强其可交易特性，也为可再生能源消纳提供了政策基础[17]。

6.2.2.4　技术支撑

德国经济发展以技术进步为基础，产品集中在工程领域，尤其是汽车、机械、金属和化工等，因此德国有很大的技术优势来发展新能源。以太阳能发电为例，近几年德国太阳能装置技术的发展大大降低了设施成本，到 2015 年底，150 万千瓦以上的光电装机总容量达到 40 吉瓦，成为德国第二大发电力量，仅次于风电装机容量(45 吉瓦)[18]。在可再生能源并网过程中，德国主要采取两个技术手段来提高可再生能源消纳能力。第一，对分布式能源进行功率调节，增强其主动可调节性，减少输电网堵塞。德国通过可再生能源法对分布式电源远程调控提出了规定，几乎所有的风电都可以被远程调控，将近一半的太阳能能够被远程调控。第二，电力系统的再调度。消纳大量的可再生能源发电，容易造成传输阻塞问题，电网运营商开发了需求预测模型来缓解堵塞问题，其中，分析模块结合需求侧的灵活性和供给侧的可靠性，将高峰期电网传输值进行设定，在易堵塞点实行电网再调度，保证系统平稳运行。基于以上两个技术支持，2015 年德国风、光装机占比超过 40%，而弃风弃光率仅在 1%左右，可再生能源消纳能力大大提升。不仅如此，在可再生能源并网完成后，设立机构对并网技术进行评估，根据评估结果，不断纠正误差，克服技术难关，制定合理的发展规划。

有研究称，当可再生电力比例超过 10% 时，会对电网的安全与稳定产生显著影响，但德国的技术实践表明，现有的电力技术已经足够支撑电力系统的供需平衡。德国技术优势极大地促进了可再生能源的发展，不仅有助于政府按期实现能源转型目标，而且大幅降低了可再生能源建设的成本，一定程度上与财政激励政策形成互补。

6.2.2.5　机构体系

德国有一套复杂的机构体系负责处理可再生能源发展的问题，共有 72 个能源机构，其中 34 个属于区域层面，35 个属于地方层面，3 个属于国家层面(其中联邦经济-技术部负责国家能源政策和欧盟能源政策指令的实施)[15]，这些机构参与能源问题的讨论和决策。不同层面的能源机构根据政府能源目标和政策方向，结合所属区域面临的能源挑战，提供具有可行性的能源转型报告，制定中远期的转型目标。也有机构负责对当前能源政策和工具进行评估，提出改进意见，确保国家能源目标的实现。2013 年开始，联邦政府每三年启动一次监督程序，回顾和总结能源规划的执行和实施情况，对随后的可再生能源发展工作起到重要的促进作用，2016 年可再生能源发电占比达到 31.7%[18-19]。此外，德国有 500 家能源服务公司和 800 家能源零售公司(包括跨国公司及其子公司、区域合作能源公司)，不受政治干预的影响，比较纯粹的提供不同类型能源效率的可再生能源服务，包括新能源发电技术、电网扩建、电能储存等方面。

6.2.3　经验总结

德国可再生能源发展最重要的特征在于采取鼓励全民参与的分布式发电入网方式，并在短时间内取得了较好的效果。首先使用立法手段使可再生能源发展成为国家目标，并在实践中根据实施情况不断总结和改进，既明确了可再生能源发展目标，也为后续发展扫清道路。立法是促进可再生能源发电的根本保障，通过《可再生能源法》提出能源转型战略规划，并对新能源发电生产商和电网运营商的权利和义务做了具体规定，完备的法律体系帮助德国取得了本世纪以来可再生能源发电占比翻五番的卓越成效。其次就是充足的财政激励，以发电补贴、上网电价补贴、投资成本补贴相结合的方式刺激国内可再生能源的投资热情，为发电企业扫除后顾之忧。财政激励是推动可再生能源发展最有效的手段，政府出台的多项补贴政策大大刺激了绿色电力的生产，风能和太阳能发电在全球可再生能源市场中占据重要地位。还有与立法手段相配合的政策创新，德国可再生能源政策的先进性体现在政府实时关注可再生能源发展态势，结合发展过程中遇到的难题和挑战，不断修订相关政策，来适应新的发展环境。EEG2000、EEG2004、EEG2009以及 EEG2012 就分别根据不同时期的具体情况对可再生能源发电并网做出了不同的要求，由最初的无条件优先并网到现在的双向责任机制，德国可再生能源政策日渐成熟。除此之外，为筹划协调可再生电力发展过程中可能出现的一系列问题，德国建立了一整套全面缜密的管理体系。

6.3　荷兰可再生电力发展经验

6.3.1　荷兰可再生电力发展概况

荷兰在促进可再生能源市场方面具有丰富经验，自第一次石油危机之后政府就开始鼓励相关领域的发展和研究，国内的光伏和风能产业也于同一时期起步。20 世纪 80 年代期间，可再生能源扶持政策逐步向以直接投资形式的补贴和资助示范项目转移，旨在加速可再生能源市场成长，降低运行成本。90 年代早期，一系列限制二氧化碳排放量的国际文件的签署给荷兰国内可再生能源政策注入了新的活力。在接下来的 10 年中，荷兰政府实施了包括直接投资补贴、财政帮助、志愿契约、消费补贴、研究发展项目等刺激政策[20]，这些刺激政策使荷兰电力系统20 世纪 90 年代至 21 世纪初经历了一场绿色电力变革。

根据政策重心的不同可以将其大致分为三个阶段[21]。第一个阶段开始于 20世纪 90 年代初，荷兰政府协调能源分配部门推进了旨在绿色电力消纳的自愿协定，最终以失败告终；第二个阶段开始于 90 年代中后期，荷兰政府颁布了强制能源税，该税对所有非绿色电力使用者征收。该举措刺激了国内绿色电力需求的持续性增加，然而增加的需求却在很大程度上被输入的绿色电力满足，国内绿色电力生产能力没有实质性提升。新一轮政策变革始于 2003 年，将转型重点从需求端转变为供应端，制定了上网补贴定价政策。荷兰政府为实现本国的能源转型，共提出了七个转型平台，分别是新燃气、绿色资源、供应链效率、可持续电力供给、可持续交通、塑造环境以及能源生产。由此可见，荷兰政府所倡导的是多元化的转型方式，不仅从电力消费结构入手，而是包含供给、需求、环境、供应链等的系统概念。

　　在过去的 20 年中,荷兰的可再生能源消费量和占比一直保持着蜿蜒提升的状态。与 1997 年相比,2016 年荷兰可再生能源消费总量为 3.11Mtoe,20 年间增长了 6 倍。不同类型的可再生能源比例的变化情况可见图 6-4 和图 6-5,1997 年荷兰国内可再生能源仅有生物质能和风能两种形式,其消纳量占比大致为 3∶1,而到 2016 年,随着其他类型可再生能源的发展,生物质能已成为国内第三大可再生能源,风能和生物燃料占据主导地位,光伏发电也已呈现出良好的前景,国内可再生能源多元化发展势头显著。

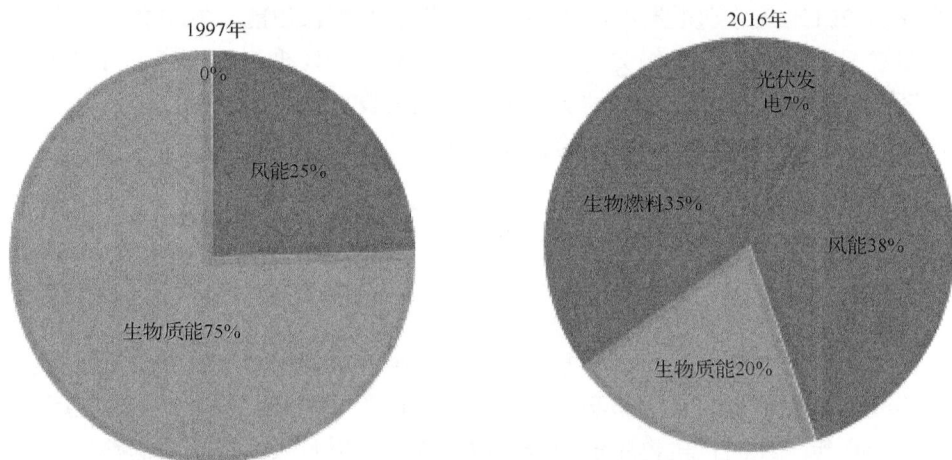

图 6-4　荷兰 20 年间可再生能源发电结构变化

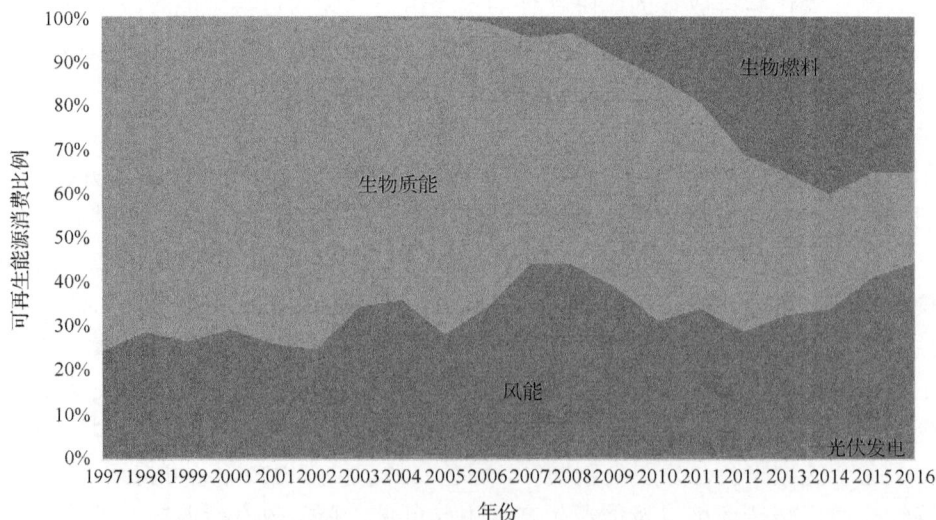

图 6-5　荷兰可再生能源发电结构

6.3.2　促进可再生能源发展手段

6.3.2.1　自愿目标

20 世纪 90 年代初期，政府与能源部门就可再生能源的自愿协议进行协商，并将 2000 年的发展目标设定为电力消费总量的 3.2%。自愿协议由政府和能源部门双方制定于 1990 年，该过程符合荷兰文化中的"君子协定"过程。若该政策得以顺利实施，预计将在同一时间段内降低 270 万吨的二氧化碳排放量。在政策设计阶段，可再生能源的投资来源于全国范围内的环境税，然而以税收收入支付绿色能源成本的方式必然对能源市场产生干预，财政系统迫于电力部门自由化的压力停止了这一政策，因此初期所制定的自愿协议目标并未实现。尽管该协定在 1995 年依然存在，但是在新政策出台不久就不复存在了。经济事务部于 1995 年 12 月颁布了第一个明确包含可再生能源目标的第三白皮书，该文件规划至 2020 年，10%的能源消费及 17%的总电力产出应来源于可再生能源。有关能源的第三白皮书连同能源市场的进一步市场化代表着荷兰可再生能源政策进入一个新阶段。

自愿协议政策对于荷兰可再生能源政策发展尤为重要，因为这是第一次政府正式通过制定目标的方式介入市场。与此同时，由于期间所制定的目标并非强制，自愿服从该文件的主体较少因此所定目标并未完成。此外，不论是国会还是非政府组织都没有就此次显著失败提出疑问或者新的政策目标。

6.3.2.2　市场机制

1) 刺激需求

刺激可再生电力需求的手段主要包括强制性能源税以及促进可再生电力市场自由化两个方面。1996 年，荷兰政府颁布了一项称之为生态税的强制性能源税，该税专门针对中小规模能源用户，对可再生电力用户免征收并且给予可再生电力生产者支持，旨在刺激绿色电力消费并间接提升可再生电力生产热情。2002 年，给予绿色电力的财政支持达到了每千瓦时 8 欧分，其中 6 欧分为消费者支持，2 欧分为生产支持。在减少二氧化碳排放方面，如果对于可再生电力的财政支持与避免中央电力生产中的温室气体排放相关，则对于可再生电力的最大财政支持为每减少一吨二氧化碳补贴 150 欧元。

另一个荷兰可再生电力需求端政策的重要事件是始于 2001 年 7 月的可再生电力消费的自由化。在此之前，荷兰政府已将 1998 年由能源部门实施的非正式自愿绿色系统转变为一个由政府管理的经过绿色认证的正式系统。从 1996 年至 2003 年，受益于国家财政支持和市场自由化的影响，荷兰可再生电力消费者数量从 1.6 万个增加到了 140 万个[21]。与之相对应的是，传统能源和可再生能源的区别定价在实际上并未起到关键作用。与此同时，在该时间段内非居民可再生电力消费情况并不明朗，但是可以肯定的是可再生电力需求端的成长主要由居民端构成。然而，国内激增的可再生能源需求并不能单纯通过荷兰本国所生产的电力满足，随着发电补贴可适用于国外所发电力，进口的可再生电力迅速增长。因此该政策不仅影响了荷兰国内可再生电力供需双方的发展，也在无形中导致了政策支持惠益于别国的情况，国内纳税人的资金流向了别国的可再生电力项目。总的来说，这一时期所尝试的政策没有取得较好效果，因此广受诟病[22]。1995—2002 年期间，荷兰政府致力以价格优惠的方式刺激可再生能源的需求侧，而欧盟其他国家在同一时期则采取了不同战略。随着批评声音的增加，针对可再生能源发展问题，荷兰政府于 2002 年末取消不同于以前的新政策。

2) 刺激供应

2003 年 7 月，电力生产环境质量(MEP)政策开始实施。该政策的主要目标在于在降低可再生能源投资成本的基础上提升成本效率，并由上网补贴电价政策以及局部免除生态税的方式保障该政策的推进，其中补贴成本由电力用户每年所需缴纳的 34 欧元使用税支持。生态税减免政策从 2004 年开始正式实施，其减免额度开始状态时为每千瓦时 15 欧分，并将于 2005 年逐步回调为 0，届时荷兰可再生电力市场将实现完全由供给方主导。

2003 年之后，最新的政策条文都由荷兰经济事务部自主编制，其他利益相关者在其中涉及面较窄。在过去，经济事务部并没有选择推进消费者义务。一个由财政支持刺激的资源市场将保留可再生能源政策框架的基础，刚开始该部门偏向于一个供需双方都受刺激的系统。如果欧盟选择做出类似将刺激重点由需求方转向供给方的决定，荷兰将会有更多更加灵活且有益的选择。

6.3.2.3　资金支持

在 2007—2008 年间，共有 130 个创新项目获得了共计 8 亿欧元的资助，而在 2008—2012 年间，4.38 亿欧元投入到能源创新方面的研究。其中，2009、2010和 2011 年在清洁能源和节能方面的投入分别为 174.7 万欧元, 189.8 万欧元和 189.8万欧元。此外，荷兰政府也对可再生电力上网提供了财政支持，提升了国内可再生电力的市场竞争力。

6.3.3　经验总结

荷兰在促进可再生能源消纳的过程中经历了较为显著的三个阶段：自愿协议、刺激可再生能源需求、刺激可再生能源供给。在第一阶段中，荷兰政府通过缔结自愿协议的方式促进可再生能源消纳，并提出了可再生能源消纳的中长期目标，然而该方案实施的并不顺利，自愿协议目标并未实现。在此背景下，荷兰政府又从用电终端入手，刺激可再生能源需求。受益于国内电力市场自由化，该政策从提升可再生能源使用比例方面取得了较好成果，可再生能源的使用用户在短时间内取得了显著提升。然而该政策是以生态税补贴的方式实现的，在此政策下，国内可再生能源供给量并没有得到提升，大量国内补贴流向了国外的可再生能源生产商。然而由于行政能力的缺陷和能源市场的不稳定，荷兰可再生能源供给侧难以获得稳定的投资，这也是导致其难以完成既定目标的主要原因。因此荷兰政府最终向刺激供给侧方向发展，试图以上网电价补贴的方式提升可再生电力供给量。由荷兰的案例可知，可再生能源发展是一个涉及供需双方和能源市场的复杂系统问题，单边刺激并不能解决可再生能源的发展问题。

6.4　对中国的启示

6.4.1　经济刺激是可再生电力发展的直接动力

从德国和荷兰的可再生能源发展经验可知，不论是针对需求方的生态税减免还是针对供给方的上网电价补贴均收到了较好的效果，因此可将经济手段视为可再生电力发展初级阶段的必要手段。中国目前已采取了与传统能源分离的可再生能源上网定价方式鼓励可再生电力上网，此外还利用财政补贴鼓励新建的可再生电站，两种方式从目前来看都收到了较好的效果。在未来的一段时间内，经济补贴也将是刺激国内可再生能源发展，尤其是鼓励可再生能源生产端的重要手段。然而经济手段在实践中也存在一些问题，首先是补贴的经济来源问题，在荷兰的案例中经济补贴主要来源于生态税收。中国由于能源市场发展较为落后，尚未存在针对电力消费端的税收，因此随着可再生电力规模的不断扩大，财政补贴的数额也将快速增长，高额的补贴支出对于国内的电力系统将造成较大的负担。另一个需要注意的方面在于可再生能源补贴的退出时机，随着可再生能源消费量的逐步提升，可通过逐步减少的方式退出补贴，避免财政补贴成为国家电力系统不必要的负担。

6.4.2　自由化电力市场是可再生能源发展的重要条件

可再生能源的消纳应当是一个水到渠成的过程，不应依靠国家摊派的方式得以实现，要灵活应用市场机制，引入竞争体系，不断完善可再生能源市场规则，促进可再生能源产业内部发展。在促进可再生能源发展初期，可采取政府干预的方式建立行业准则，并扶持发展第一批可再生能源发电企业。随着行业规模的发展壮大，政府应逐步降低对可再生能源行业的干预，给予可再生电力行业自我复制和发展的外部环境。开放的能源市场不仅有助于可再生电力的进入，也有利于经济手段发挥效用。

6.4.3　电网消纳能力是可再生能源发展的现实基础

电网消纳能力一直是限制中国电力结构转型的重要因素，也是国内可再生能源发展的主要障碍。由于可再生能源存在间断性、波动性等固有缺陷，给电网企业调峰增加了困难，因此电网企业往往选择性拒绝可再生电力入网，进而导致大规模弃风弃光情况的发生。中国一直保持着以煤电为主的电力结构，而中国煤电产地和需求地之间又存在着较为显著的地域差异，这也是造成中国电网输送能力紧张的一大原因。随着国内经济增速的放缓，电力需求增长变慢，同时电网输电压力也得以缓解，给可再生能源入网提供了保障。与此同时，国家也颁布了关于可再生能源全额保障性收购的相关文件，规定电网必须按照前一年与可再生电力企业所签订的合同全额收购所发电力，以政策文件的形式弥补可再生能源发电的输出问题。需要注意的是，随着未来可再生能源所占比例的提升，中国电力系统亟需找到可以部分替代煤电的调峰能源，化解可再生能源的固有缺陷，同时还可以采取发展储能技术的方式提升电网的张力以缓解调峰压力。由于中国将面临更大的分布式可再生电力入网规模，所以要建立和德国一样的分布式可再生能源的并网系统需要更高的前期建设成本和后期的维护成本，同时如何调节主干网与分布式微网的关系也是中国电网的一大挑战。

6.4.4　科学管理是可再生能源消纳的保障手段

在促进可再生能源消纳的过程中，除经济手段和实物设备支持之外，科学有效的管理系统也是必不可少的，其中包括对可再生电力供应侧的管理，对可再生电力入网的管理以及国家政策的监督与评价。科学的管理体系不仅可以提升可再生能源发电效率，还能及时应对可再生能源并网过程中可能出现的问题，保障国家可再生能源发电产业可以按国家产业规划顺利实施。

6.4.5　政策支持是保证可再生能源消纳的屏障

根据德国和荷兰的发展经验，有力的政策体系不仅可以塑造可再生能源市场，还能确立可再生能源在国家能源系统中的地位，为实施可再生能源战略和措施提供依据。造成荷兰和德国目前可再生电力发展差距的主要原因就在于政策的偏重程度。德国明确将可再生电力作为国家能源转型的首要途径，因此德国近年来可再生电力占国家电力总消费的比例出现了连续的快速增长，反观荷兰，更加重视的是能源系统的可持续转型问题，可再生电力只是众多手段之一，因此国内的能源系统转型虽然已取得了显著成果但是可再生能源发电量却呈现出缓慢发展的情况。政策支持是促进可再生能源发展的重要力量，是市场提升可再生电力消纳的屏障。

参 考 文 献

[1] 国家统计局. 中国统计年鉴[M]. 北京: 中国统计出版社, 2007.

[2] He G, Zhang H, Xu Y, et al. China's clean power transition: Current status and future prospect[J]. Resources, Conservation and Recycling, 2016.

[3] 国家统计局. 中国统计年鉴[M]. 北京: 中国统计出版社, 2016.

[4] 黄海燕. 全国弃风限电进一步恶化极端限电比例已达 79%[N]. 经济参考报, 2015-11-09(06).

[5] 国家能源局. 2015 年 1—9 月光伏发电建设信息简况[EB/OL]. (2015-10-21). http://www.gov.cn/xinwen/2015-10/21/content_2951348.htm.

[6] 祁和生. 实现可再生能源发电的全额保障性收购仍需努力[C]. 风能产业, 2016.

[7] Archer C L, Jacobson M Z. Evaluation of global wind power[J]. Journal of Geophysical Research Atmospheres, 2005, 110(D12): 1147-1148.

[8] CMA Wind and Solar Energy Resources Center. China Wind Resources Assessment Report China[M]. Beijing: Meteorological Press, 2009.

[9] He G, Kammen D M. Where, when and how much wind is available? A provincial-scale wind resource assessment for China[J]. Energy Policy, 2014, 74:116-122.

[10] Kille L W. Global potential for wind-generated electricity[J]. Proceedings of the National Academy of Sciences of the United States of America, 2009, 106(27): 10933.

[11] Lu X, Mcelroy M B, Nielsen C P, et al. Optimal integration of offshore wind power for a steadier, environmentally friendlier, supply of electricity in China[J]. Energy Policy, 2013, 62(7): 131-138.

[12] Hong L, Möller B. Offshore wind energy potential in China: Under technical, spatial and economic constraints[J]. Energy, 2011, 36(7): 4482-4491.

[13] 王乾坤, 周原冰, 宋卫东, 等. 德国可再生能源发电政策法规体系及其启示[J]. 能源技术经济, 2010, 22(3): 50-54.

[14] Stegen K S, Seel M. The winds of change: How wind firms assess Germany's energy transition[J]. Energy Policy, 2013, 61: 1481-1489.

[15] 林伯强. 德国能源转型带给我们的启示[J]. 人民周刊, 2016, (14): 55-55.

[16] Melo CAD, Jannuzzi G D M, Bajay S V. Nonconventional renewable energy governance in Brazil: lessons to learn from the German experience[J]. Renewable & Sustainable Energy Reviews, 2016, 61: 222-234.

[17] 范征, 廖宇. 借鉴德国新能源消纳的经验[J]. 能源研究与利用, 2016, (2): 30-31.

[18] Federal Ministry for Economic Affairs and Energy. For a future of green energy[OL]. http://www.bmwi.de/Redaktion/EN/Dossier/renewable-energy.html

[19] Revel D. Energy Policies of IEA Countries: Germany 2013[R]. 2013.

[20] Kern F, Howlett M. Implementing transition management as policy reforms: A case study of the Dutch energy sector[J]. Policy Sciences, 2009, 42(4): 391-408.

[21] Rooijen S N M V, Wees M T V. Green electricity policies in the Netherlands: An analysis of policy decisions[J]. Energy Policy, 2003, 34(1): 60-71.

[22] Sambeek E, Thuijl E. The Dutch renewable electricity market in 2003. An overview and evaluation of current changes in renewable electricity policy in the Netherlands[J]. Environment, 2003, 3: 1-26.

第7章 家庭能源消费政策的国际比较及启示

7.1 家庭能源消费现状的国内外比较

应对气候变化已被各国列为重要的发展目标之一。2014 年 11 月 12 日，美国在《中美气候变化联合声明》中承诺，到 2025 年温室气体排放将比 2005 年下降 25%[1]；俄罗斯在巴黎协定中提出，将计划在 1990 年至 2030 年间温室气体排放量削减 25%～30%；日本也在巴黎协定中承诺，到 2030 年，温室气体排放量比 2013 年减少 20%左右；加拿大早已在 2009 年哥本哈根协议承诺，到 2020 年比 2005 年削减温室气体 17%[2]；中国政府也在 2015 年 11 月公布国家自主贡献方案，承诺中国将在 2030 年单位 GDP 二氧化碳排放达到峰值并比 2005 年下降 60%～65%[3]。由此，我国在应对气候变化中承担更大的政治和社会责任，节能减排也将成为"十三五"乃至今后长远发展的重要战略。

家庭能源消费已成为终端能源消费的重要组成部分。国际能源署(IEA)2016年统计显示：2014 年居民家庭能源消费量占世界能源消费总量的 23%，同时居民家庭能源消费碳排放也占全球碳排放近的 17%[4]。由于不同国家经济发展水平、居民生活方式、气候条件、人口特点以及能源政策等不同，各国居民家庭能源消费特点也呈现出较大差异。因此，对家庭能源消费的结构、变化趋势、影响因素等进行国际比较，可以从需求侧管理的角度为促进我国节能减排目标的实现提供借鉴。

7.1.1 一次能源消费结构的国内外比较

一次能源消费结构是指各国消费原油、原煤、天然气、核能、水力发电和再生能源等商品消费量的比例。表 7-1 是各国在 2015 年消费的不同能源的比例和消费总量，从表中可以看出，中国一次能源消费已超过美国，成为最大的一次能源消费的国家。从不同能源消费比例来看，美国、英国、法国、德国、日本等发达国家的原油占比均在 30%以上，天然气达到 20%以上，中国原油消费约为发达国家的一半，天然气大约为发达国家的四分之一左右；其次，中国原煤占比为 63.7%，约为各发达国家的三倍以上；核能发电中，法国的核能发电占比较高，占到 41.1%左右，而日本核能发电最低，只占 0.2%。中国核能发电占比也相对偏低，占到 1.3%；中国水力发电占比较高，约为发达国家的 2 倍以上；而中国可再生能源占比偏低，只占 2.1%，发达国家的再生能源占比则较高，特别是法国的可再生能源高达 12.5%。

表 7-1　各国一次能源消费结构(2015 年)

国家	原油/%	天然气/%	原煤/%	核能/%	水力发电/%	再生能源/%	合计/百万吨油当量
美国	37.1	31.5	15.3	7.7	5.4	3.1	2280.6
英国	37.4	32.1	12.2	8.3	0.7	9.1	191.2
法国	31.9	14.8	3.6	41.1	5.1	3.3	239
德国	34.4	21.0	24.4	6.5	1.4	12.5	320.6
日本	42.3	22.8	26.6	0.2	4.9	3.2	448.5
中国	18.6	5.9	63.7	1.3	8.5	2.1	2972.1

数据来源：BP 能源统计年鉴，2016。

由此可以看出，发达国家的一次能源消费结构主要以原油和天然气为主，原煤等污染性较大的能源消费相对较低。而中国俨然成为世界上能源消费最多的国家，中国的能源消费结构仍以煤炭、原油等化石能源为主；而核能、再生能源消费比例相对较低。因此，从需求侧转变中国能源消费结构，降低煤炭等化石能源消费比例，实现绿色能源消费应该成为我国重要的发展战略之一。

7.1.2　终端能源消费结构的国内外比较

从终端能源消费结构方面来看，随着工业化和城镇化进程的不断加剧，发达国家的居民部门的能源消费量占终端能源消费比例不断提高。美国 1949 年的总能源消费中，居民生活能耗、交通用能和工业能耗分别占比为 17.5%、25% 和 46%，到 2013 年，居民生活用能、交通用能和工业用能比重变为 21.7%、27.7% 和 32.3%；1990 年欧盟 25 国的终端能源消费中，居民生活用能和交通用能比重为 52.7%，工业用能为 32.8%，到 2011 年，居民生活及交通用能比重增至 57.8%，工业用能则降为 25.9%；在 1990 年日本终端能源消费中，居民、交通、工业等部门用能比例分别为 26.5%、23.2%、50.3%，到 2010 年比例调整为 33.2%、22.9%、43.9%[5]。由此可以看出，发达国家的工业能源消费占比呈现持续下降趋势，而居民生活用能和交通出行相关的能源需求则稳步增加。

2014 年中国主要部门的能源消费比例如图 7-1 所示，可以看出，工业行业用能占比 69%，仍是我国最大的能源消费部门，其次居民生活用能占总能耗的 11%，成为我国第二大能源消耗部门。近年来，在国家全面实施节能减排的背景下，工业行业的能耗已经开始出现负增长，而仅次于工业部门的生活能源消耗却在逐年攀升。在 2005—2014 年的 10 年中工业能源消费从 71.92% 下降为 69%。而居民生活部门能源消费占比则从 10.55% 增加到 11.09%[6]。

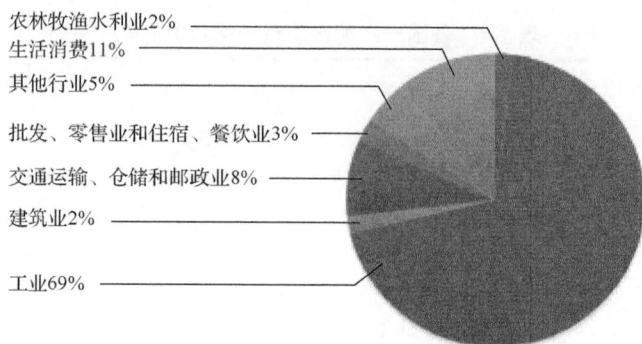

农林牧渔水利业2%
生活消费11%
其他行业5%
批发、零售业和住宿、餐饮业3%
交通运输、仓储和邮政业8%
建筑业2%
工业69%

图 7-1　中国 2014 年各部门能源消费占比
数据来源：中国统计年鉴，2016

可以预见，随着中国逐渐完成工业化和城镇化进程，其工业用能将呈现增速放缓甚至总量减少的趋势，而居民生活用能以及交通能源需求将随着人们收入水平的提高而稳步增长，最终呈现总量与比重逐渐增加的态势。因此，如何从需求侧管理的角度发掘居民节能减排潜力，引导家庭能源消费向低碳化转变，是实现我国节能减排目标的一个重要途径。

7.1.3　人均能源消费量及变化趋势的国际比较

就人均能源消费量而言，世界主要国家的人均生活能源消费量也呈现出了很大的不同。受发展阶段的影响，发达国家的人均生活用能水平显著较高（见图 7-2）。其中，美国的人均生活用能虽然在 1975—1985 年间呈现了一定的下降趋势，但其人均生活用能水平仍然很高。法国、德国两个发达国家的经济水平、气候特点差别不大，其人均生活能源消费量也比较接近。相对于以上三个发达国家来说，日本人均生活用能量较低，但在 2000 年后，日本的人均用能量几乎与法国、德国相

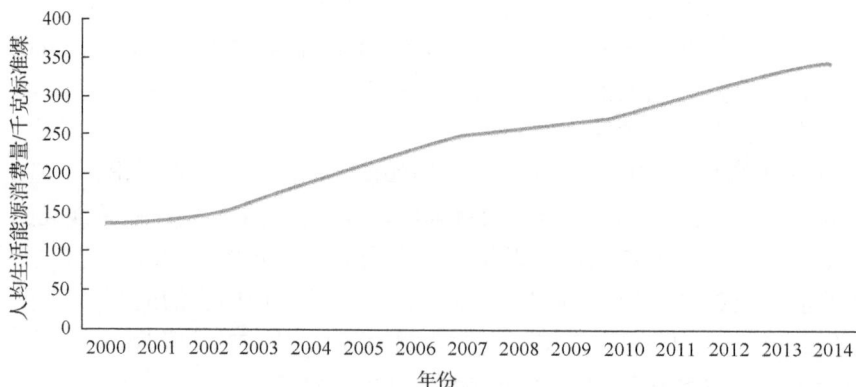

图 7-2　发达国家人均能源消费量
数据来源：BP 世界能源统计年鉴，2016

同。总体来讲，发达国家在 1990 年后，其人均用能量几乎保持零增长的趋势。其主要原因是在进入后工业化阶段，随着经济结构的调整，发达国家工业部门的能源消费持续下降，民用、交通、商用部门的能源消费增长趋缓[7]。

虽然中国居民生活能源消费总量很高，这主要是由于庞大的人口基数所致，中国人均能源消费水平却很低，2014 年中国人均生活能源消费量仅为美国的 35%。从发展趋势上来看，中国人均能源消费量处于持续上升阶段，进入 21 世纪以来，中国人均一次能源消费量年均增速为 7.35%，远高于世界同期 1.19%的平均水平[8]。根据发达国家的经验，只有当城镇化率达到 70%以上的发展后期，人均能源消费水平才能保持稳定[9]。然而，2015 年我国城镇化率才达到 56.1%，每年仍以1.23%的增长率持续上升[10]，因此，我国人均能源消费量在完成城镇化和工业化之前将会保持持续上涨的趋势。

7.1.4　家庭能源消费结构的国际对比

自 1980 年以来，各国的居民家庭部门能源消费结构不断优化。由于发达国家基本完成了工业化过程，居民收入水平较高，所以生活用能以清洁高效的商品能源为主。目前，发达国家的油品、天然气、电力等高效清洁能源都占了生活能源消费的 80%以上，而发展中国家生物质能约占居民生活能源消费的 40%～80%。然而，由于能源资源禀赋的差异，不同发达国家的生活能源消费结构也略有不同，英国的居民生活用能主要以天然气为主，占 65%左右；日本的居民生活能源消费结构中全部由油品、天然气和电力组成，电力份额超过了 50%；加拿大、德国居民生活中使用电力和天然气的比重从 1980 年到 2007 年分别增长 30 和 50 个百分点。高效、清洁的天然气、电力能源在居民生活终端消费中所占比重越来越高，煤炭占各国居民生活用能中的比重在逐渐减少。国际能源署(IEA)研究也表明，提高电气化水平是全球能源系统发展的驱动力。世界电力增长超过所有其他终端能源品种，过去 30 多年，电能占终端能源消费比重从 9%提高到 17%，2050 年前将提升至 25%以上，还有很大提升空间。

中国家庭部门能源消费结构也在不断优化(表 7-2)，杨亮和丁金宏[11]采用信息熵等理论，研究上海市 1997—2009 年城镇居民直接生活能源消费结构的演变趋势。结果显示：1997—2009 年上海市在家庭能源消费总量增长的同时，消费结构也发生深刻变化，城镇家庭能源消费系统经历了由无序向有序演进的过程，主要表现为以煤炭为主逐渐转换成油、气、电三足鼎立的能源消费结构，生活能源消费结构已呈现燃油化的发展趋势。从全国的角度来看，虽然家庭煤炭用能比例已经在逐渐下降，但仍是最大的能源消费部分。电力、天然气、热力的等清洁终端能源的消费量占比则不断上升。而且电能作为一种清洁、安全的终端能源消费方式，受到我国政府大力倡导。2016 年 5 月，中国政府发布的《关于推进电能替代的指导意见》表明，2016—2020 年将促进电能在终端能源消费的占比达到约 27%，比重提高约 1.5%[12]。

表 7-2　中国家庭能源消费结构

能源种类	2010 年	2012 年	2013 年	2014 年
煤炭/万吨	9159	9253	9290	9253
煤油/万吨	21	26	28	29
液化石油气/万吨	1537	1635	1846	2173
天然气/亿立方米	227	288	323	343
煤气/亿立方米	167	137	107	97
热力/亿百万千焦	67410	77608	81472	86482
电力/亿千瓦小时	5125	6219	6989	7176
合计/万吨标准煤	36470	42306	45531	47212

数据来源：中国统计年鉴，2016。

　　由此可以看出，发达国家与中国的家庭生活能源消费结构差异非常明显，发达国家以电力、油气为主，而中国仍以煤炭和煤电为主；随着生活水平的提高，无论是发达国家还是发展中国家，居民生活能源消费结构都在向电力、油气的方向发展。因此，改变家庭能源消费不仅应该减少其煤炭等化石燃料的使用，同时也应该引导家庭减少电力消费和油气消费模式，有利于我国能源供给侧的能源结构平稳转化。

7.1.5　国内外家庭能源消费的影响因素对比分析

　　由于社会发展阶段、经济发展水平以及城镇化速度的不同，发达国家与发展中国家的家庭能源消费影响因素也呈现了显著的差异。

　　欧盟 27 个国家的家庭能源消费受到了人口规模、技术改进、经济增长、人口数量增长、能源价格以及节能政策等因素的显著影响[13-16]。其中，人口规模、经济增长与家庭能源消费显示出了正相关的关系。而技术改进、能源价格的提升、节能政策(信息宣传政策、信息反馈、能源补贴、能效标识等政策)等因素从能源效率、价格限制等方面抑制或减少了家庭能源消费。

　　美国的家庭能源消费主要受到人口规模、家庭数量、建筑面积、节能政策、能源价格、加热燃料结构以及人口年龄结构特征的影响[17-21]。在这些影响因素中，人口规模、家庭数量、建筑面积的上升带来了家庭能源消费的增长，但增长幅度较小；其次，家庭主要加热燃料中的一次性燃料增加也会带来家庭的能源消费的增加。人口年龄结构中，人口老龄化对长期碳排放有抑制作用，这种作用在一定的条件下甚至会大于技术进步的因素。此外，能源价格的提升和节能政策的发布

(信息宣传、反馈、补贴、税收、能效标签)等因素能够有效抑制家庭能源消费量。

由于城乡经济社会发展水平的显著差异,中国城市家庭能源消费与农村能源消费行为的影响因素具有较大的差异。城市家庭能源消费主要受到居民的实际消费支出、能源价格、节能政策、少儿抚养比和总抚养比、经济增长、城镇化水平、购买力、能源消费结构以及人口规模的影响。其中,城市家庭的实际消费支出、经济增长、购买力增强以及人口规模增加等因素与家庭能源消费同方向变动[22-25]。少儿抚养比和总抚养比、能源价格则与家庭能源消费呈负向相关。其次,城市居民的能源消费结构已经在向能源密集型产品转变,因此,能源结构已经不再是导致城镇能源增加的主要因素。此外,节能政策(能效标识、节能补贴、税收减免、信息宣传等)在颁布 2 年后对生活能耗具有一定的抑制作用,但作用较小。对于农村家庭而言,经济水平、能源价格、城镇化水平对农村家庭的能源消费水平的影响方向与城镇家庭相似[26,27],不同的是,农村能源消费结构复杂,非商品化能源消费占比逐渐下降,电力、煤炭等商品化能源消费逐渐增加。除此之外,农村家庭能源消费还受到人均耕地面积、民族习惯、宗教信仰的影响[28,29]。其中,人均耕地面积越大,农村居民的人均能源消费越多,而宗教支出越多,人均能耗水平则越低。欠发达少数民族地区农村居民生活能源消费等也受到民族习惯的影响较大。

基于以上对国内外家庭能源消费影响因素的分析,我们可以看出,人口规模、经济水平、能源价格对国内外家庭能源消费的影响相似。不同的是,发达国家早已完成城镇化进程,其家庭能源消费结构相对稳定,对家庭总能源消费的影响较小,而我国的家庭能源结构波动较大,特别是农村家庭,其能源结构的变化会显著影响家庭能源消费量的变化。其次,发达国家的节能政策相对较为完善,对家庭能源消费行为的引导具有显著的效果,而我国对家庭节能行为的引导政策尚不完善,其节能效果还需进一步检验。此外,经济因素、家庭特征、人口特征因素以及主观心理因素等是影响城市家庭能源消费行为因素;而农村家庭能源消费与城镇家庭能源消费影响因素差异较大,农村家庭的能源消费行为除了受到经济因素、家庭特征、人口特征以及主观心理等因素的影响,还受到民族习惯、生活方式、人均耕地面积、能源消费燃料等问题的影响,其能源结构也更为复杂。

7.1.6　主要结论

对比发达国家与中国的能源消费现状可以发现,中国与发达国家的能源消费结构差异较大,中国主要以煤炭为主,而发达国家则主要以原油、天然气为主;在终端能源消费中,发达国家居民能源消费比例较高且稳定,而中国居民能源消费比例较低,但仍在不断攀升;从人均能源消费量中可以看出,发达国家的人均能源消费量较高且稳定,而中国人均能源消费量较低,仍在持续上升;从家庭能源消费结构上看,中国的家庭能源消费偏向于煤电,而发达国家的家庭主要以电力、油气为主；此外，由于不同国家的经济水平、城市化进程不同，中国与发达国家的家庭能源消费影响因素差异较大，且由于中国城乡差异较大，其影响因素也存在显著的差异。

7.2　引导家庭能源消费政策的国内外比较

7.2.1　政策工具的类型划分

政策工具是政策主体为实现政策目标所采取的一系列具有共同特性的政策措施的集合[30]。1996 年，经济合作与发展组织（简称 OECD）将环境政策工具分为命令控制型、经济激励型和劝说式三种。借鉴 OECD 对环境政策的分类，本研究结合行为人的行为动力、行为约束力、政府对行为的强制程度，将引导城市家庭能源消费的政策工具分为命令控制型政策工具、经济激励型政策工具、信息型政策工具和自愿参与型政策工具四类。如表 7-3 所示。

表 7-3　四类政策工具的特征分析与比较[31]

政策工具 特征	行为动力	行为约束	强制化程度	主要表现形式
命令控制型	政府的行政权力	法律法规、规章条例、标准、规范、制度等	高	法律，规章、强制性标准、规范等
经济激励型	与行为人紧密相关的经济利益	经济成本与消费者的预算约束	中	价格政策、补贴政策、税收政策等
信息型	通过知识和信息改变人的认知和态度	行为人的时间，接触范围、获取方式	低	宣传教育、信息反馈等
自愿参与型	行为人基于环境情感的自主意愿	行为人在金钱、时间上的资源和意愿强度	低	社会活动、社区活动等

7.2.2　欧美日等国的家庭能源消费相关政策工具分析

1. 欧盟与家庭能源消费相关的主要政策工具

20 世纪 70 年代的两次石油危机，使欧共体各国的政治经济都遭到了沉重打击，也暴露出其能源结构高度依赖进口石油的脆弱性。此后欧洲国家根据各自国情，大力实施了一系列的节约能源政策，效果显著。1973—2007 年欧盟的石油消费总量呈下降趋势，2007 年的消费量为 1973 年的 94.7%[32]，欧盟国家的节能虽然取得很好的成效，但为了达到《京都议定书》确定的减排义务，同时确保欧洲在低碳经济发展上占据领先优势，欧盟仍把能源战略作为内政和外交的重点。

在欧盟的能源消费结构中，工业能耗下降的同时，居民能源消费所占比重却呈上升趋势。Anker[33]指出：持续的经济发展，伴随着不断提高生活质量，为了节省时间、寻求便利、舒适和自动化，家庭能源使用在稳定地增加；Lindén[34]指出瑞典家庭能源占总体能耗的 38%；Martiskainen[35]的研究也指出居民能源消费占到英国二氧化碳排放量的 27%。因此，引导居民的能源消费行为，促进居民节能减排成为欧盟及其成员国能源与低碳发展政策的一个重要方面。本研究分别从命令控制型政策、经济激励型政策、信息型和自愿参与型政策四个方面对欧盟国家与居民能源消费相关的政策进行了梳理。

1) 命令控制型政策工具

在命令控制型政策方面，欧盟国家的政策主要包括两个层面：一是欧盟层面的，这一层面的政策对所有的成员国均具有效力；另一层面是各成员国内部的，只对本国有效。

欧盟层面与能源消费和低碳发展相关的命令控制型政策主要是法规和标准。都是针对生产领域的节能、燃料减排、能源效率和产品能耗标签等作的强制性规定。这些对居民的能源消费行为而言，都属于间接性影响。对居民的能源消费行为并没有制定强制性的法规和标准。

欧盟内部主要成员国在欧盟共同政策的基础上，对本国的节能减排大都制定了更加细化和具体的目标与政策，命令控制型政策主要是节约能源、提高能效、使用绿色可再生能源的法案(表 7-4)。这些法案的直接约束对象都是企业和公营部门，对居民行为的作用大都是间接的、非强制性的。

2) 经济激励型政策工具

对于居民家庭能源消费行为的管理，欧盟国家主要采用的是经济激励型政策工具，对居民在家用电器、住宅、交通、废物回收等方面节能行为进行经济激励，主要内容是税收政策和补贴政策。相比命令控制型政策对居民能源消费行为影响的间接性和宏观性，经济激励型政策的影响和作用是直接且具体的。

表 7-4　欧盟核心成员国的命令控制型政策

国家	主要政策及内容
英国	《家庭节能法》(1995)，要求各级政府采取切实措施在十年内将居民的建筑能耗在 1996 年或 1997 年基础上降低 30%；《气候变化法案》(2006、2008)；《碳减排承诺能效计划》(2010)，凡购买散热快房屋的消费者要为热量和能源的浪费买单；《家庭节能绿色交易计划》(2012)
德国	《可再生能源法》(2000)规定新能源占德国全部能源消耗的比例最终要超过 50%。《气候保护国家方案》(2000)该方案为住房、交通、工业、能源、可再生能源、废物管理和农业等七大部门提出了 64 项减排措施。《能源节约法》(2002)新建筑的允许能耗要比 2002 年前的能耗水平下降 30%左右，规定了德国建筑保温节能技术新规范。《新建筑节能规范》(2009)
法国	《节能电器法案》对家用电器制订能效标准，并实施能效标识制度；《空气和能源合理利用法》；"预防气候变化全国行动计划"和"改善能源消耗效率行动方案"(2000)
意大利	《绿色认证》(1999)、《白色认证》(2005)、《一揽子能源计划》(2007)、《能源效率行动计划》(2007)、《减少碳污染计划绿皮书》(2008)，2007 年新的《能源价格法》以鼓励更多的家庭使用太阳能；政府以法令形式为一系列消耗能源的设备和系统制定了节能标准

3) 信息型政策工具

欧盟国家对信息型政策的运用逐渐提高了重视程度，主要有节能宣传教育、能耗标识、能耗信息公开等。在节能的宣传教育方面，欧盟国家都有多元化、多层次的宣传政策。如英国主要是通过皇室和政府的引导及表率；法国是通过公益广告、发放宣传资料、建立信息宣传点等；德国则是通过建设节能网站、开设咨询点，向民众宣传节能知识。

在信息共享与公开方面，主要通过能源统计准确掌握能源消耗量和利用水平，并通过统计信息的共享、公开，为社会服务。德国高度重视节能服务体系建设，建立高效节能咨询机构。政府制定的节能目标和出台的政策措施，如果没有专业的服务平台，是很难在企业和社会实施的。目前，全德国节能咨询机构有近 400 家，极大满足了企业和公众的需求。在建筑物节能方面，欧盟各国都已推行了建筑物能源证书制度，政府对所有建筑物都按每平方米能耗情况进行登记，并制作成证书。业主出租或者出售住宅，必须同时出具此证书。

4) 自愿参与型政策

自愿性协议是目前欧盟国家采用的一种主要的自愿参与型政策工具。目前，已有十多个国家在节能和环保方面采用自愿性协议来促进国家的节能减排目标的实现。但大多数自愿性协议是政府和企业间的协议或是行业的自律性协议。如英国的《气候变化协议》，是政府和企业间达成的自愿协议，协议规定能源密集型企业如果能够实现难度大、效益高且能效好的碳节能减排目标，政府可以大幅度减免征收气候变化税；此外，荷兰的长期协议(LTA)、法国的自愿性环境协议等也都是自愿性协议。

直接涉及居民能源消费的自愿性协议目前比较少。如英国的个人津贴碳跟踪计划，这是由环境咨询公司制定的一个计划，为了响应全球的碳排放限额，为签署协议的公司员工制定的家庭及运输废气排放目标，对超过协议规定目标的员工给予一定的处罚，同时也为"碳足迹"少的员工发放一定的奖金[36]。早期评估结果表明，它可以使人们减少 10%的二氧化碳排放量。

自愿性协议作为一种"软"措施，对企业和公众的影响与强制性或是行政手段(如法律、标准、税收等)相比是不同的。因此，为了取得预期效果，往往还需要与其他政策措施(如补贴、奖励等)结合使用。

2. 美国与居民家庭能源消费相关的主要政策工具

美国是全球规模最大的能源消耗国家。虽然在 1998 年签订《京都议定书》之后，又在 2001 年 3 月拒绝批准议定书，没有承诺碳减排责任，但也制定了其他的相关政策进行节约能源减少碳排放的工作。

1) 命令控制型政策工具

美国与居民能源消费相关的命令控制型政策主要是强制性的法规和能效标准。

美国重视能源节约法律最早是能源危机爆发后，在原油价格骤增的情况下于1975 年制定了《能源政策和节约法》，核心就是保障能源安全、注重节能以及引导民众提高能效。又于 1978 年颁布《国家节能法》，为各个州提出了具体的节能目标，同时制定了"白宫节能计划"。1982 年，美国又针对机动车辆的能效问题制定了《机动车辆信息与成本节约法》。美国在《国家节能政策法令》(1992) 又对联邦政府提出了进一步降低能耗的指标，以促进节约能源的行动，提升能源使用效率，这也是美国第一次最全面的能源政策。同年的《能源政策法案》首次对发动机燃料中的非石油代用燃料比率进行了规定[37]。2003 年《清洁空气法案》提出对汽车的尾气污染的控制以及对在用车的污染管理，如：在用车检测维修制度、车辆担保监督和调回制度、加速淘汰旧车制度。2005 年 8 月，美国的《国家能源政策法》出台，规定了联邦政府新能源电力消费的比例，主要是激励企业节约能源和使用可再生能源。另外制定一些财税政策促进个人更多的使用节能产品和清洁能源。并且，法规还规定将从 2007 年起延迟美国原有的"夏令时"，长达七个月的"夏令时"促使美国民众更有效的利用阳光，节约能源。随后在 2007 年的《能源独立和安全法》中，美国政府提出了提高汽车燃油经济性、增加生物燃料生产、提高电器和照明能效标准、重点领域节能等多方面的政策内容，以降低美国能源对外的依存度。2009 年的《美国清洁能源与安全法案》主要是在减少温室气体排放方面做了进一步的规定，该法案提出了通过采取碳排放总量管制与交易制度，限制碳排放量[38]。之后，在 2010 年的《清洁空气法案》中，美国政府最终确定了温室气体约束规则，规定从 2011 年开始，需大幅增加温室气体排放量的项目必须要获得空气排放许可证。该规则的重点针对对象是占美温室气体排放量约 70%的大型排放企业，第一次引入了温室气体排放交易制度，规定了温室气体的排放指标。2010 年《美国能源法案》中也制定了碳排放的具体目标，加强了基础能源建设，注重节能技术的发展[39]。

20 世纪 70 年代末的能源危机促使美国政府开始制定并实施建筑物及家用电器的能源效率标准。标准经过每 3～5 年的不断更新也越来越严格，美国各州也会制定自己的节能标准。美国最低能耗标准主要涉及家用电器、燃料以及建筑领域。2010 年，美国环保局和交通运输部下属的国家高速公路安全管理局(NHTSA)共同发布了 2012—2016 年的燃油经济性与温室气体排放标准。并首次提出美国首个碳排放量限制标准，即要求轻型车辆在 2016 年达到平均二氧化碳排放为 155 克/公里的水平[39]。在家用电器方面，美国在 1987 年的《国家家用电器节能法案》中，对家用电冰箱、房间空气调节器、洗衣机、荧光灯、水龙头等 14 种产品实施了强制性能效标识，对 13 类家用电器产品提出了明确的能效指标，之后又在法案的修改中增加了荧光灯镇流器、灯具、供水管道、微型电机、商用加热和制冷设备、管道产品等类别，扩大了被监管的节能和节水产品的范围。并且在 1990 年实施家用电器能效标准与标识，进一步的规定了家用电器的节能标准。在《能源独立和安全法》中确立电器和照明效率标准（ALES）。提出了通用服务白炽灯能效标准和白炽反射器灯与荧光灯能效标准。更加完善了家电的标准制度。在建筑节能方面，早在 70 年代能源危机的时候已经通过能源政策立法制定了建筑和设备节能的能效标准，能源部发布了新建建筑使用的国家强制性节能标准和非强制性的国家建筑节能示范性标准，以鼓励居民进行节能。

2) 经济激励型政策工具

美国采取的经济激励型政策主要有税收减免，财政补贴、节能基金和低息贷款。

在住宅方面，早在 1978 年的《能源征税法》中就对常用住宅采用隔热、保热、自动点火装置等最初节能投资的 2000 美元免除 15%的税金；2001 年实行了税收减免的节能财政政策，在 2001 年美国财政预算中，对新建的节能住宅和高效节能建筑设备实行减免税收政策，规定在 2001 年 1 月 1 日～2005 年 12 月 31 日期间，凡在规定标准基础上节能 30%以上的新建建筑，可以减免税 1000 美元；在规定标准基础上再节能 50%的新建建筑，每幢减免税收 2000 美元，对各种节能型设备，根据能效指标分别减税 10%或 20%[38]。在《能源政策法》（2005）中，居民住宅室内温度调控设备、换节能窗户、通过维修制止室内制冷制热设施的泄漏等，可获得全部开支 10%的减免税收优惠。在家电节能方面，美国政府的减免力度很大。在 2001 年的财政预算中，制定了节能产品的减税政策。美国的各州政府也根据本地的情况，分别制定地方性节能政策，如加州节能型洗碗机、洗衣机、水加热设备，减税额度在 50 美元和 200 美元之间。又如安装地热采暖系统和太阳能水加热系统，减税最多可达 1500 美元[40]。2005 年的《能源政策法》中还制定了一个 13 亿的针对个人节能消费优惠政策，私人使用太阳能等节能设备可以抵免购买太阳能费用的 30%，以此鼓励个人的节能消费。此外，美国规定购买燃料电池的车等新型车辆的消费者也可享受抵税优惠。

与税收相辅的政策就是财政补贴政策，是美国财政补贴在可再生能源、节能产品、交通、住宅等方面实施的政策工具。1992 年美国联邦政府对可再生能源生产进行补贴，通过拨款给经营可再生能源的发电企业以支持可再生能源的发展。同时，美国联邦政府也为低收入居民提供能源补助。580 万户低收入家庭能够享受能源补助，总金额达 11.43 亿美元，其中 1.15 亿美元用于节能。2005 年的《能源政策法》决定补助 50 亿美元给提高能效和开发可再生能源的相关企业。《2009年美国复兴与再投资法案》第四章为能源和水发展，赋予了新能源财政激励的权利，其中能源部和可再生能源局（EERE）获得财政拨款 168 亿美元，接近 2008 年的 10 倍[41]。

交通方面，《美国清洁能源与安全法案》（2009）出资 30 亿美元补贴购买节能型汽车的消费者，购买新车的消费者每辆可以得到 4500 美元的优惠折扣；另外，为鼓励消费者以更环保的轿车取代高能耗轿车，2009 年 7 月，美国政府耗资 10 亿美元推出了以旧换新补贴政策，计划为期一年。条件是购车者需要将每加仑燃油行驶里程低于 18 英里的旧车置换为行驶里程超过 22 英里的新车。如果燃油经济性比最低标准高出 4 英里的可补贴 3,500 美元，高出 10 英里的将补贴 4500 美元。同时，美国还出台"汽车补贴制度"（CARS）（2009），计划规定购买低油耗汽车的消费者会获得 3500~4500 美元的代金券，决定代金券面额的标准是汽车的样式、以旧换新车与购买的车辆的差别。政府授权能源部 24 亿美元来资助一揽子联邦刺激政策。这笔基金旨在建设电动车和电池制造设施。这一政策使得奥巴马政府能够自夸，2009 年 7 月和 8 月所有汽车的平均燃油经济性分别提升了 0.6 和 0.7MPG[42]。

住宅方面，1995 年美国联邦政府为中低收入家庭的购房补贴建立了"首次购房俱乐部"。它以银行储蓄方式进行，申请人存入 1 美元，联邦政府补加 3 美元到申请人的账户，最高补贴额为 5000 美元[43]。20 世纪 90 年代的"能源之星"计划中，美国政府对居民住宅方面 提供了大量的资金补贴，低收入的家庭免费获得政府的建筑节能改造。在 2009 年的《美国恢复与再投资法案》中，投资 100 亿美元用于公共住房计划。

低息贷款。1980 年美国政府颁布《能源安全法案》引入贷款担保机制，2013 年，美国 18 家联邦、州和地方信贷机构将加入一个新的为期两年的示范项目计划。该计划将为有资历的借贷人供给低利率贷款，以帮助他们对房屋举行节能改革。由联邦房屋管教委员会（FHA）作为担保，这些新的贷款将可为业主供给高达 25000 美元的资金用于进行其房屋高能效改革，包括添置保温、风管密封、门窗改换、HVAC 系统、热水器、太阳能板以及地热系统等。这种抵押贷款项目对很多的企业和家庭的住宅节能改造具有很大的促进作用。

3）信息型政策工具

在美国，从联邦政府到各州政府及地方团体都在努力向公众传达节能产品信息，宣传各种节能措施。开展各种形式的节能技术培训教育推广以及信息服务工作，联邦政府高度重视面对普通市民的节能教育宣传和培训，定期开展节能教育培训，组织节能产品展示，推广节能成功案例等，以提高全民的节能意识，形成自觉节能、用能的好习惯，在全美推广和普及节能技巧，如提供家庭用能技巧、为低收入家庭提供节能帮助、鼓励使用可再生能源等。其中最具代表性的就是美国的"能源之星"计划，"能源之星"是美国环保局 20 世纪 90 年代推出的商品节能标识体系，符合节能标准的商品会贴上带有绿色五角星的标签，并进入美国环保局的商品目录得到推广。"能源之星"计划还有一套"家庭能源顾问"网上分析程序，普通用户在网上回答一些简单的问题，就可以得到几条节约家庭能源的实用建议。比如，它会告诉人们更换密封性更好的窗子、更换墙内绝热层、堵住空调风管漏气等，就会显著节省家庭采暖和空调的耗能。

4）自愿参与型政策工具

2007 年 1 月 16 日，美国能源部针对"修订现行的关于住宅用水加热器、直热式装置，以及游泳池加热器的节能标准"的法规进行了一次非正式的公众听证会[44]，介绍了其进行该法规制定和拟议的方法，论述了与法规制定行动相关的问题，并启动了与利益相关方的互动和数据收集程序。

美国政府鼓励在全美开展节能运动，提倡使用可再生能源，除了举行各种形式的节能培训和宣传推广活动，新能源法还规定，从 2007 年起，美国将原有"夏令时"增加四周，新"夏令时"从 3 月的第二个周日到 11 月的第一个周日，长达7 个月。

3. 日本与居民家庭能源消费相关的主要政策工具

日本是一个东亚岛国，特殊的地理位置使得全球气候变暖对日本的影响远远大于其他发达国家。同时，作为世界主要发达经济体的日本，是经济强国也是能耗大国。日本能源结构以化石能源为主，而日本却是一个化石能源资源极度缺乏的国家。煤炭、石油、天然气等主要能源均无蕴藏，能源自给率仅为 4%左右。高度依赖进口，为了满足自身能源的安全供应和达到《京都议定书》中的碳减排承诺，日本规划了一系列的节能减排政策，以实现经济与环境和谐发展[45]。目前为止，日本是世界节能政策制定最为完善且实施效果显著的国家。

1）命令控制型政策

日本于 1979 年 6 月颁布实施了《合理用能法》，该法意在促进工厂、建筑物、设备及器材等燃料资源的高效利用；同年开始实施《节约能源法》，对能耗标准作了严格规定。1993 年，日本制定《合理用能及再生资源利用法》，1998 年又制订了《2010 年能源供应和需求的长期展望》。1998 年修改的《节约能源法》规定，企业必须以每年 1%的速度降低单位产出的能耗，同时还提高了汽车、空调机、冰箱、照明灯、电视机、复印机、计算机、磁盘驱动装置、录像机等产品的节能标准[46]。日本政府资源能源厅每年把财政预算的约 40%用于节能和新能源工作。日本与居民相关的节能政策还体现在家电设备、房屋建筑等的节能要求上。如《合理用能法》中的能效标准，适用于冰箱和空调，能效标识制度也是针对电器和设备，采用红色和绿色来区分产品是否达到能效标准。2007 年 7 月，日本政府通过《建设低碳社会行动计划》提出重点发展太阳能和核能，争取在太阳能发电上达到世界第一，使日本早日实现低碳社会。同时日本建立起多层次的节能监督管理体系，以更好地落实行动计划。

2）经济激励型政策

日本与居民能源消费相关的经济激励型政策主要包括：税收减免优惠、直接财政补贴、低息信贷支持等。

在税收减免上，2007 年 1 月日本正式征收环境税，主要是根据对环境造成的负荷（化石能源中的碳含量）进行征税，对于采取措施努力降低排放量的高排放用户可以减税 50%~60%；同时，出台特别折旧制度对节能汽车、家电产品、住宅、建筑、引进节能设备等实行特别折旧和免除税额的优惠政策，使用指定节能设备，可选择设备标准进价 30%的特别折旧或者 7% 的税额减免[47]。并规定购买清洁并且使用替代燃料的车辆可少缴购置税，符合若干排放要求的车辆可少缴25%的税额。

在直接补助政策上，日本政府的补助开始的很早，而且补助的范围也很广。1974 年的"阳光计划"中，日本政府就已经对太阳能光伏系统进行财政补助，对光伏系统初始的政府补贴达到了光伏系统造价的 70%。另外，"七万屋顶计划"中的最初 50%现金补助全部由政府资助，很多家庭都购买了太阳能发电装置，从而使日本成为光伏产业大国[48]。2003 年为降低太阳能光电系统设备的价格，鼓励居民使用太阳能设备，日本政府利用太阳能热水器系统在 2003 年总计发放 132 亿日元，按 1 千瓦补助 9 万日元计算直接补助用户家庭。

日本政府从 2010 年开始提供高额补助鼓励国民对现有住房进行改造。在政府的倡议下，日本国民积极行动起来，更换了有保温层、双层玻璃、防风装置的减碳型住房。这一举措将大大降低空调的使用率，降低碳排放。为了节能减排，日本政府对消费者给予直接补助，如：购买丰田混合动力汽车普锐斯，每辆汽车补贴 25 万日元(约合 1.75 万元人民币)。作为政府追加经济对策的一项措施，旨在促进节能环保家电消费的"环保积分制度"于 2009 年 5 月 15 日起在日本全国开始实施。对购买符合一定节能标准的空调、冰箱和数字电视的消费者返还"环保积分"，所获积分可用于兑换消费券。在政府的倡导下，建设低碳社会已深入人心，调查显示，有 90.1%的日本人认为应该实现低碳社会。

3) 信息型政策

日本为推广节能产品，从制造、销售等各个环节加大了控制力度。其中，在销售环节实行"节能型产品销售商评价制度"。并公布"节能型产品普及及推进优秀店"名单，授权悬挂全国统一的图形标志，以此来激励销售商推广节能产品，并为消费者提供选择购买的参照依据。在消费环节，日本实行能效标识制度，从节能标识标签上消费者可以了解到能效等级、每年的能源消费量、节能标准达标率、能源运行费用、生产厂商、产品名称和型号等内容。随着产品的更新和进步，每年进行一次调查，当达到最佳标准的器具比标准制定时增加 30%时，重新评价能效最佳标准，每年 4 月 1 日进行多级评价标准变更。此外，日本政府非常重视节能宣传教育工作，将每月的第一天定为节能日，每年的 2 月为节能月，将在全国范围内开展节能技术普及和推广，举办形式多样的宣传和教育活动，同时建立节能信息网站等方式向公众和企业不断地进行节能知识传播。

4) 自愿参与型政策

日本各行业协会联合设立了"自愿消减待机电量项目"，还有"节能产品销售商评价制度"，通过评价家电制品销售商，评出节能产品[49]。一些地方成立了"节能活动推进协议会"，这个组织由地方政府官员、节能专家、居民代表和企业人事组成，任务是研究制定一个地区的节能目标和实施计划，使区域节能效率超过个别单位和家庭的效率。"协议会"经常开办讲座、开展节能活动，如建立"无车日"，共同熄灭建筑物上的灯饰，推广使用风能，太阳能等自然清洁电力等。此外，日本政府部门带头节能，2006 年 6 月，日本政府宣布开展"节能装"活动，内阁成员带头穿"节能装"，各位大臣都穿着简便行装，不打领带，并要求政府公务员脱去代办的西装和领带，穿短袖衬衣上班，同时，将办公大楼的空调温度设定在 28℃。

7.2.3　中国与居民家庭能源消费相关的主要政策工具分析

虽然目前我国居民家庭能耗占总能耗的比例并不高，但是增长速度和增长潜力不容忽视。随着经济的持续快速发展，居民对生活舒适、便利的需求都会使得能源消费呈长期增长态势。因此，合理消费、低碳消费、可持续消费成为中国实现高增长、低排放发展模式转型的一种必然的消费选择。为此，政府在倡导这一消费模式过程中，采用了一系列政策工具，力求提升居民能源消费的低碳节约意识。

1) 命令控制型政策工具

法律法规是节能减排、低碳发展的法制保障，也是我国命令控制型政策工具的重要内容。随着我国经济的发展，国家对节约能源、提高能效、保护环境越来越重视。同时开展了一系列的相关立法工作，以法治化不断推进节能环保工作的深入。早在 1986 年，我国就颁布了《节约能源管理暂行条例》，开始节能的法制化管理；1989 年，颁布了《中华人民共和国环境保护法》，成为我国的第一部环保法律；1995 年颁布了《中华人民共和国电力法》，第五条明确指出"国家鼓励和支持利用可再生能源和清洁能源发电"；1997 年 11 月 1 日《中华人民共和国节约能源法》正式颁布并于 1998 年 1 月 1 日起正式实施，标志着中国节能法制化迈向一个新台阶。《节约能源法》是一部综合性、基础性的能源法律，它对政府、用能单位、供能单位等合理使用能源做了详细的界定。以该法为基础，国家又出台一系列配套的法规、规章等，2000 年实施《节约用电管理办法》，同年又颁布《民用建筑管理规定》等，这些措施从法律上规范了中国的节能管理工作，对于促进中国能源的节约起到很好的作用。

2004 年，国家发改委制定并实施了《节能中长期专项规划》，确定了"十一五"期间的能耗降低目标，并提出要广泛开展节能宣传，提高全民能源忧患意识和节能意识；为了更深入地推进能源节约，政府进一步提出将节约资源作为国家一项基本国策，于 2006 年颁布了《国务院关于加强节能工作的决定》；2006 年 1 月 1 日起实行的《中华人民共和国可再生能源法》对可再生能源的推广指导、技术支持、激励与监督措施做了明确规定，与之配套的 9 部规定对绿色能源进行了细化，如"对可再生能源发电价格高于常规能源电价的差额部分，由电力用户统一分摊"；同年，中国重新修订了节能技术政策大纲，以规范节能技术。节能技术与节能产品的广泛推广与利用，有效地提高了中国的能源利用率。

2007 年 10 月 28 日第十届全国人民代表大会常务委员会第三十次会议通过了对《节约能源法》的修订，新法于 2008 年 4 月 1 日起施行。修订后的《节约能源法》对工业、建筑、交通、重点用能企业等规定的比较明确，对居民用能虽然没有做出单独规定，但在相关条款中多有提及。如第三十六条要求房地产开发企业在销售房屋时，应当向购买人明示所售房屋的节能措施、保温工程保修期等信息，并在《房屋买卖合同》、《质量保证书》和《使用说明书》中载明且对其真实性、准确性负责；第三十八条指出对实行集中供热的建筑分步骤实行供热分户计量、按照用热量收费的制度；第四十三条规定县级以上各级政府应优先发展公共交通，加大投入，鼓励利用公共交通工具出行，鼓励使用非机动交通工具出行；第六十六条明确提出国家实行有利于节能的价格政策，引导用能单位和个人节能。

2008 年 10 月 1 日国家颁布施行了《民用建筑节能条例》，"限制进口或者禁止进口能源消耗高的技术、材料和设备"，且"鼓励和扶持单位、个人安装使用太阳能热水系统、照明系统、供热系统、采暖制冷系统等太阳能利用系统"。

命令控制型的法律法规大多数针对的是工业、交通、建筑等直接高耗能的领域，与居民直接相关的很少。我国对居民能源消费影响较大的命令控制型政策主要是家用电器能效标准、能耗标准和节能认证制度。

伴随着人民生活水平和消费水平的提升，居民对家用电器的使用量和用电量也与日俱增，尤其是近年来反复无常的气候环境条件，也促使了空调、取暖器等制冷供热电器的热销。为此，国家也制定了一批家用电器能效标准，并规定了能耗标准，要求对不符合要求的电器予以淘汰。同时，推行节能产品认证制度，依据相关节能产品的认证标准和技术要求，颁布认证证书和节能标志。

2) 经济激励型政策工具

在经济激励型政策工具方面，我国也采取了很多经济激励措施，如税收优惠、低息贷款、财政补贴等。这些政策大都是针对企业或行业的，针对居民能源消费的比较少，政策类型主要是税收政策、补贴政策和价格政策。

在税收政策方面，主要是消费税、燃油税和车船税对节能和新能源的倾斜。按税收[2000]026 号文件的规定，为了保护生态环境，促进节能发展，促进人们更多的使用节能技术，实行税收减免，以促进能源节约。国家实行《消费税暂行条例》，开征消费税，对汽油、柴油分别按 0.2 元/升、0.1 元/升征收消费税，对小汽车按照排气量大小实行差别税率。2008 年，财政部、国家税务总局联合调整了乘用车消费税政策。同年 12 月，国务院又发布《关于实施成品油价格和税费改革的通知》完善并改革燃油税费制度。

为了推广节能家电，财政部于 2009 年发布了《高效节能产品推广财政补助资金管理暂行办法》，文件明确指出生产企业是高效节能产品推广的主体。中央财政对高效节能产品生产企业给予补助，再由生产企业按补助后的价格进行销售，消费者是最终受益人。2010 年，财政部继而发布了《"节能产品惠民工程"高效节能房间空调器推广实施细则》，国家将对能效等级 2 级的空调给予每台 300～650 元的补贴，对能效等级 1 级的空调给予每台 500～850 元的补贴，2011 年发布了《关于认真做好节能家电推广工作的通知》，不断推进节能家电的普及推广工作。

在价格政策方面，主要表现为阶梯电价和峰谷电价。2000 年的节约用电管理办法就明确指出要扩大两部制电价的使用范围，逐步提高基本电价，降低电度电价；加速推广峰谷分时电价和丰枯电价，逐步拉大峰谷、丰枯电价差距；研究制定并推行可停电负荷电价。通过价格的变化引导居民合理用电，节约用电。

整体上看，我国与居民能源消费相关的经济激励型政策处于起步阶段，应用市场手段对居民节能减排的激励力度和范围都还不足，与西方发达国家之间还存在较大差距。

3）信息型政策工具

由于信息型政策并不具有强制性且渗透在节能行为的多方面，很少有完全独立的文件对信息型政策进行规定，而是体现在不同政策文件的具体规定中。2008 年，为了响应《中华人民共和国节约能源法》的相关规定，建设部发布了《民用建筑节能信息公示办法》，公示内容包括节能性能、节能措施和保护要求，来发挥社会公众的监督作用，加强民用建筑节能监督管理。2008 年国务院办公厅发布的《深入开展全民节能行动的通知》提出要采取多种形式，大张旗鼓地宣传能源供求紧张形势和节能重要意义，普及节能知识和方法，宣传节能政策，推广节能新技术、新产品，宣传节能先进典型，大力倡导节俭文明的社会风尚，形成全民节能的强大声势和浓厚氛围。

4）自愿参与型政策工具

在自愿型政策工具方面，我国也开始推行节能自愿协议。2010 年 1 月，《节能自愿协议技术通则》国家标准通过审查，但只是政府与企业间的节能自愿承诺，与居民生活并不直接相关。与居民相关的自愿参与型政策主要是公众参与性的宣传教育手段和推荐性的《行为指南》。

1990 年，国务院第六次节能办公会议确定以后每年开展节能宣传周活动。从1991 年 11 月开始举办，鉴于夏季缺电情况，2004 年改为 6 月举办，希望在夏季到来之前，唤起公众的节能意识。此外，为提高公民节能意识，政府还出台了《公众节能行为指南》，包括《政府公务员企事业单位职员节能行为指南》、《城镇居民用户节能行为指南》、《商贸用户节能行为指南》和《宾馆饭店用户节能行为指南》等。

2003 年，为了直观反映社会公众的节能减排潜力，科技部选取百姓生活中衣、食、住、行、用中的六大类 36 种日常行为，在研究每一项日常行为指标的节能减排潜力后，向社会公布了《全民节能减排手册》，提倡人们在保持现有生活水平前提下，选择科学合理的、节约能源的绿色生活方式。科技部的研究结果显示，居民生活点滴中的节能减排潜力非常巨大，如果大家都积极参与节能，这 36 种日常生活行为的年节能总量约为 7700 万吨标准煤，相应减排二氧化碳约 2 亿吨，经济、社会和环境效益都十分显著。

2007 年，国家发改委等部门发布《节能减排全民行动实施方案》，针对家庭社区、青少年、企业、学校、军营和政府机构及科技、科普和媒体行动做了具体要求，推动节能宣传深入社会每个角落。综上可见，我国在节能减排政策上存在命令控制型政策工具运用较多、经济激励手段应用不足、社会公众参与的途径欠缺的特征，在政策工具的管理对象主要针对的都是工业、建筑、交通运输等高耗能领域，针对居民能源消费的政策十分欠缺。

7.2.4　国内外与家庭能源消费相关的政策工具比较

从以上对国内外能源消费相关政策的梳理中可以看出，欧盟、美国、日本为代表的发达国家的节能政策与中国节能政策的发展阶段和侧重点都存在较大差异。

从节能政策的发展阶段来看：欧盟、美国、日本等发达国家的能源法律政策早在 20 世纪 70 年代初第一次能源危机之后就建立了较为完善能源消费政策。发达国家的政策内容广泛，覆盖的范围全面。到目前为止，发达国家对促进家庭节能的政策已经较为成熟。而中国真正大力推进节能是在“十一五”时期，尚处于起步阶段，积累较少，与节能相关的基础工作目前仍然比较滞后。同时，近几年国内外经济发展的不确定性大大增加，节能面临的形势更加复杂多变，因此需要根据形势变化及时对政策、制度进行调整，避免刻舟求剑、故步自封。

从节能政策的发布类型来看：发达国家对家庭能源消费的节能政策类型丰富，对命令控制型政策等政策进行了严格、详细的限制；经济激励政策的实施内容广泛，在税收、财政补贴等方面的激励力度很大。信息型政策、自愿参与型政策的使用也很多，如：日本的领跑制度、美国“能源之星”，欧盟的信息共享等措施，得到了公众的广泛支持。相对来说，中国在现有的与居民能源消费相关的四类政策工具中，命令控制型政策工具均是间接性影响；经济激励型政策工具刚起步，涉及的产品数量少、范围小；信息型政策工具往往与其他政策工具搭配使用，自愿参与型政策工具使用较多，但存在重宣传、少参与的特点[31]。

　　从节能政策的执行主体来看：美国、欧盟、日本等发达国家各部门的节能意识都较高，在政策的制定上，详细规定了政策的执行主体，在法律规定的事项中，对要做什么、谁来做、做的期限程序都有明确的规定，比如：美国规定从 2007 年起，美国将原有的"夏令时"时间增加 4 周达 7 个月，以节约能源，体现了很强的操作性。同时，发达国家的监督机制保障措施较为完善，美国、日本等都设立了监督管理委员会等部门，美国还实行了政监分离的能源管理体制，为节能政策的实行提供了较好的保障。中国政府、企业、公众无论在节能意识还是管理方法上都有待提升。且相关的政策主要是宏观指导型政策，很少提及具体的执行落实方案，在具体的执行过程中，节能的地位往往得不到保证，每当经济发展陷入低迷，政府部门更加倾向于刺激消费来恢复经济发展。

　　从节能政策的面向的对象可以看出：发达国家从供需的角度对企业、家庭、交通等部门的节能政策都设立了详细的政策法规。对家庭部门来说，政府不仅提供了具体的节能信息，也增加了较大的经济激励（如：税收、补助电能）政策来提高节能产品的购买率。我国颁布的节能减排政策一直以产业政策为主，侧重于供给侧的管理，对居民板块所代表的需求侧节能关注度尚有不足。已有的政策工具类型也以经济型政策和命令控制型政策为主，而节能最终目的是用更少的能源消费来提供同等服务，这就需要基于对生产方式和生活习惯的理解，减少不必要的能源浪费。命令控制型和经济激励型政策仅仅是对关注经济成本变动、受到管制政策限制的居民产生不得已的行为影响，难以激发居民节能的内生动力，也无法提高社会公众对节能的认知。中国需要进一步完善与丰富政策类型，贴近居民生活，丰富活动形式和执行力度，使得节能低碳不仅仅停留在口号阶段。

7.3　主要启示与政策建议

7.3.1　主要启示

　　第一，重视从需求侧管理的角度强化政策引导，促进家庭节能减排。

　　从终端能源结构来看，欧美日等发达国家的居民家庭能源占终端能源消费的比重大多在 20% 以上，远远高于中国，家庭能耗是能源消费增长和碳排放增加的主力之一，但人均能源消费量变化平稳，为节能减排提供了良好的基础。中国家庭直接能耗所占比重虽然仅为 11%，但是增长速度很快，人均能源消费量的快速增长与庞大的人口基数相结合，导致节能减排的压力巨大。因此，在加强工业节能的同时，如何从消费终端需求侧管理角度促进家庭节能减排，需要引起政府部门的高度关注。

　　第二，在煤电主导的终端能源结构中，既需要减少化石能源消费，也需要减少电力的消费。欧美发达国家与中国的家庭生活能源消费结构差异非常明显，发达国家以电力、油气为主，而中国仍以煤炭和煤电为主；随着生活水平的提高，无论是发达国家还是发展中国家，居民生活能源消费结构都在向电力化、油气化的方向发展。但是发达国家的电力结构中清洁能源所占的比重都比中国要高很多，中国以煤电为主的能源结构短期内还难以改变，因此，要实现节能减排的目标，家庭能源消费不仅应该减少其煤炭等化石燃料的使用，同时也应该引导家庭减少电力消费和油气消费模式，这也会有利于我国能源供给侧的能源结构平稳转化。

　　第三，在引导家庭节能减排的政策工具使用上，需要注重政策工具的多样化，减少命令控制性政策所占的比重。欧美日等节能先行国家起步较早，政策工具类型多样且覆盖范围广泛。法规、能效标准等命令控制型政策等政策规定严格、限制详细，虽然是间接作用于居民行为的，但是执行力度较大；经济激励政策的实施内容广泛，在税收优惠、财政补贴、低息贷款、节能基金等方面的激励力度很大；信息型政策、自愿参与型政策的使用也很多。而我国的节能引导政策起步较晚，而且以命令控制型政策为主，其他类型政策的数量较少，我国政府最近 10 年已经开始重视采用多样化政策工具对居民生活领域的节能减排进行引导和干预。但是政策构成仍然以命令控制型政策为主。命令控制型政策所占比重过大，不利于居民生活节能中主观能动性的激发与保持。而且命令控制性政策对家庭节能行为的影响都是间接性的，缺乏直接相关性，也不利于正面激励家庭节能。

　　第四，政府在开发设计引导家庭能源消费低碳化的政策过程中需要关注政策文件的综合效力。美国、欧盟、日本等发达国家各部门的节能意识都较高，在政策的制定上，详细规定了政策的执行主体，在法律规定的事项中，对要做什么、谁来做、做的期限程序都有明确的规定。而我国政策发布的引导居民生活节能的政策文件中，政策措施较多，但政策力度偏低，政策目标缺乏量化，政策反馈不足，导致 20 年来政策的年平均效力难以有效提升。这不利于政策的执行落实和调整优化，因此，政府在制定政策过程中需要关注政策文件的综合效力。

　　第五，政府在政策设计中要加强政策执行、监督管理体系，完善政策保障体系。欧美日等发达国家在政策体系中，分别设有能源政策监督管理委员会等独立的监管部门，这种政监分离的能源政策管理体制很好的保障了节能政策的实施，能够使得政策制定者及时获得节能政策实施的效果反馈，为进一步制定节能政策奠定了良好的基础。而我国政府在节能政策的具体执行过程中，并没有设立有效的监督机制，使得节能政策的效果通常没有达到理想的节能效果。特别对于微观主体的家庭来说，政策能否及时到位，是否能够得到居民家庭的支持与理解，对今后减少家庭能源消费具有重要的意义。因此，在今后的政策制定过程中，完善政策监督体制应该成为政策制定者重点关注的内容。

7.3.2 政策建议

如今应对气候变化已成为各国共同面对的挑战，节能在这一领域扮演着极为关键的角色；同时节能、低碳、绿色经济也成为各国竞相争夺的制高点，代表着未来全球经济发展趋势。我国虽早已提出节约资源的基本国策，但整体来看节能工作尚处于起步阶段，管理上和发达国家仍存在一定的差距，结合我国节能政策效力分析的结果，未来我国不仅需要在结构调整和技术升级方面下工夫，更要注重从需求侧管理的角度进行精细化的家庭能源消费引导与管理，注重以人为本，引导全民参与，营造良好的节能减排社会氛围，本研究从以下建议。

第一，在进行供给侧改革调整能源结构的同时，加强对能源消费需求侧的管理，借鉴欧美日等节能先行国家的政策经验和政策措施，结合中国经济社会的发展阶段、城市和农村家庭能源消费的主要影响因素、不同政策工具的政策效力特征，有针对性地制定政策措施，促进政策工具对家庭节能的引导效果。

第二，从战略高度重视对家庭节能减排政策的整体规划和协同引导。将引导居民生活领域的节能减排作为国家整体节能减排计划中一个重要的构成部分，通过政策规划，系统地引导中国城乡家庭在购买、使用、处理等日常生活中多个环节的节能行为，在重视政策发布数量的同时，更多地关注政策文件本身的内容效力。

第三，从政策力度、政策目标、政策措施和政策反馈四个环节加强家庭节能引导政策文件制定与发布的综合效力。通过更高的权力机构发布政策来提高政策力度，加强政策目标的可度量性和政策反馈环节的设置与监管，使得政策在执行过程中更受重视，责任更清晰，目标更明确，调整更及时。

第四，充分发挥经济激励型政策和信息型政策对居民生活领域节能行为的促进作用。一方面通过经济激励政策加强居民能源消费成本与节能收益的直接相关性，刺激对价格敏感的消费者主动节能；另一方面，丰富信息型政策的内容和形式，通过信息反馈型政策的开发与优化，建立居民自身能耗与环境后果、与周围群体的直接关联性，通过后果感知和社会对比激发居民自主节能意愿，进而形成节能减排的社会风气。尽管中国居民的生活水平正处在高速攀升阶段，但仍有较大的节能潜力可以被挖掘，因此，合理开发和利用非经济型干预措施，能够在兼顾节能的成本和收益的同时，产生良好的社会效益。

参 考 文 献

[1] 中华人们共和国国务院新闻办公室.中美发布应对气候变化联合声明. [N/OL].中国政府网，2014-11-24.
http://www.scio.gov.cn/xwfbh/xwbfbh/wqfbh/2015/20151119/xgzc33810/Document/1455884/1455884.htm.

[2] 世界各国均已提出 2020 年后温室气体减排目标[N/OL].人民网，2015-04-10. http://world.people.com.cn/n/
2015/0410/c1002-26826633.html

[3] 国务院. 强化应对气候变化行动——中国国家自主贡献[N/OL].北京: 中国政府网, 2015-6-30[2017-3-12]. http://www.gov.cn/xinwen /2015-6/30/ content_2887330. htm.

[4] 廖华, 伍敬文, 朱帮助. 美国居民生活用能状况与趋势: 30 年微观调查数据分析[J]. 中国人口·资源与环境, 2017, 27(6): 49-56.

[5] 郑新业. 中国家庭能源消费研究报告. 2015[M]. 北京: 科学出版社, 2016.

[6] 国家统计局. 2016 中国统计年鉴[R]. 2016. http://www.stats.gov.cn/tjsj/ndsj/2016/indexch.htm

[7] 何铮, 李瑞忠. 世界能源消费和发展趋势分析预测[J]. 当代石油石化, 2016, 24(7): 1-8.

[8] 北极星电力网新闻中心.世界主要国家人均能源消费量[OL]. http://news.bjx.com.cn/html/20141030/559169.shtml

[9] 何铮, 李瑞忠. 世界能源消费和发展趋势分析预测[J]. 当代石油石化, 2016, 24(7): 1-8.

[10] 国务院, 国务院关于深入推进新型城镇化建设的若干意见[N/OL].北京: 中国政府网, 2015-02-06. http://www.gov.cn/zhengce/content/2016-02/06/content_5039947.htm

[11] 杨亮, 丁金宏. 上海市城镇居民直接生活能源消费结构的演变分析[J]. 上海环境科学, 2013, (5): 221-225.

[12] 国家能源局. 关于推进电能替代的指导意见[EB/OL]. [2016-05-25]. http://www.nea.gov.cn/2016-05/25/ c_135387453.htm

[13] Duarte R, Mainar A, Sánchez-Chóliz J. The role of consumption patterns, demand and technological factors on the recent evolution of CO_2, emissions in a group of advanced economies [J]. Ecological Economics, 2013, 96(8): 1-13.

[14] Carmona M J C, Collado R R. LMDI decomposition analysis of energy consumption in Andalusia (Spain) during 2003–2012: The energy efficiency policy implications[J]. Energy Efficiency, 2016, 9(3): 1-17.

[15] Nilsson A, Andersson K, Bergstad C J. Energy behaviors at the office: An intervention study on the use of equipment[J]. Applied Energy, 2015, 146:434-441.

[16] Terrier L, Marfaing B. Using social norms and commitment to promote pro-environmental behavior among hotel guests[J]. Journal of Environmental Psychology, 2015, 44: 10-15.

[17] Bednar D J, Reames T G, Keoleian G A. The intersection of energy and justice: Modeling the spatial, racial/ethnic and socioeconomic patterns of urban residential heating consumption and efficiency in Detroit, Michigan[J]. Energy & Buildings, 2017.

[18] 宋杰鲲. 基于支持向量回归机的中国碳排放预测模型[J]. 中国石油大学学报自然科学版, 2012, 36(1):182-187.

[19] Asensio O I, Delmas M A. Nonprice incentives and energy conservation.[J]. Proceedings of the National Academy of Sciences of the United States of America, 2015, 112(6): 510-5.

[20] Jaeger C M, Schultz P W. Coupling social norms and commitments: Testing the underdetected nature of social influence[J]. Journal of Environmental Psychology, 2017, 51: 199-208.

[21] 廖华, 伍敬文, 朱帮助. 美国居民生活用能状况与趋势: 30 年微观调查数据分析 [J]. 中国人口·资源与环境, 2017, 27(6): 49-56.

[22] 刘满芝, 刘贤贤. 中国城镇居民生活能源消费影响因素及其效应分析——基于八区域的静态面板数据模型[J]. 资源科学, 2016, 38(12): 2295-2306.

[23] 郑睿臻, 张惠. 我国城市化与居民生活用能消费的动态关系分析[J]. 干旱区资源与环境, 2016, 30(9): 19-24.

[24] 李树生, 张蕾. 温度驱动、经济增长与居民生活能源消费[J]. 经济经纬, 2015(2): 19-24.

[25] Zhang M, Song Y, Li P, et al. Study on affecting factors of residential energy consumption in urban and rural Jiangsu[J]. Renewable & Sustainable Energy Reviews, 2016, 53:330-337.

[26] 秦翊. 中国居民生活能源消费研究[D]. 太原: 山西财经大学, 2013.

[27] 翟紫含, 付军. 西部少数民族地区农村生活能源消费特征——基于四川凉山州住户调查数据的分析[J]. 资源科学, 2016, 38(4): 622-630.

[28] 孙永龙, 牛叔文, 胡嫄嫄,等. 高寒藏区农牧村家庭能源消费特征及影响因素——以甘南高原为例[J]. 自然资源学报, 2015, 30(4): 569-579.

[29] 徐瑶. 低碳背景下农村居民生活能源消费实证分析——基于 7 省的微观数据[J]. 安徽农业科学, 2014, (16): 5171-5174.

[30] 朱春奎. 政策网络与政策工具: 理论基础与中国实践[M]. 上海:复旦大学出版社, 2011.

[31] 芈凌云, 杨洁. 中国居民生活节能引导政策的效力与效果评估——基于中国 1996-2015 年政策文本的量化分析[J]. 资源科学, 2017, 39(4): 651-663.

[32] 冯建中. 欧盟能源战略:走向低碳经济[M]. 北京: 时事出版社, 2010.

[33] Anker N P. Household energy use and the environment-a conflicting issue[J]. Applied Energy, 2003, 76(1-3): 189-196.

[34] Lindén A L, Carlsson-Kanyama A. Voluntary agreements-a measure for energy-efficiency in industry? Lessons from a Swedish programme[J]. Energy Policy, 2002, 30(10): 897-905.

[35] Martiskainen M. Household energy consumption and behavioural change - the UK perspective[R]. Sustainable Consumption Research Exchange, 2008.

[36] 钢管天下. 英国公司减碳新举措给减碳员工发奖金[EB/OL]. [2010-02-04]. http://www.pipew.com/news/detail.asp?id=267210.

[37] 中国产业信息网. 美国汽车尾气污染防治的政策实践[EB/OL]. [2013-10-21]. http://www.chyxx.com/industry/201310/221605.html.

[38] 杨勇, 曹睿. 美国节能减排的主要做法[J]. 中国能源, 2010,32(4): 40-42.

[39] 刘长松. 美国交通部门控制温室气体排放政策的演变及启示[J]. 节能与环保, 2013, (11): 46-48.

[40] 刘助仁. 部分发达国家推动节能减排的主要经验及对我国的启示[J]. 中国发展观察, 2007, (11): 56-59.

[41] 张宪昌. 美国新能源政策的立法演进[N]. 学习时报, 2014-07-21.

[42] 汽车工业研究. 美国新能源汽车及政策发展简史[EB/OL]. [2014-07-07]. http://cv.ce.cn/zxz/xny/201407/07/t20140707_3109841.shtml.

[43] 沈克明. 纽约政府如何补贴穷人住房[N]. 新财经, 2006-08-09.

[44] 工标网. 美国能源部修订关于住宅用水加热器等产品的节能标准[EB/OL]. (2007-03-07). http://www.csres.com/info/22701.html.

[45] 中国新能源网. 日本新能源政策及发展现状与趋势[EB/OL]. (2011-02-24). http://www.china-nengyuan.com/news/6585.html.

[46] 周宏春, 吕文斌, 等. 节能领域的国际趋势与经验[J]. 节能与环保, 2003, (11): 1-22.

[47] 李晴, 石龙宇, 唐立娜, 等. 日本发展低碳经济的政策体系综述[J]. 中国人口·资源与环境, 2011, 21, 127(S1): 489-492.

[48] 王新, 李志国. 日本低碳社会建设实践对我国的启示[J]. 特区经济, 2010, (10): 96-98.

[49] 王庆一. 市场经济国家的节能激励政策措施[J]. 节能与环保, 2000, (3): 2-7.

第8章 国际市场化减排机制及其对中国的启示

8.1 引 言

在全球共同应对气候变化的背景下，为有效控制温室气体的排放，发达国家在碳税、排放权交易机制等市场化减排政策(market-based instruments)的实践方面进行了尝试，并积累了丰富的经验。而在理论上，相对于命令控制型(command and control)政策，市场化减排政策具有履约机制灵活、监管成本较低且有效促进低碳技术进步的特点。而因经济的快速发展而导致近年来国内温室气体排放量快速增加，中国、印度等发展中国家也为有效控制国内排放开始尝试采用市场化的减排政策工具。

我国在市场化减排政策的实践探索上，经历了近二十年漫长的艰辛历程：早在 2006 年的第六次全国环境保护大会上，温家宝总理就提出采取综合运用法律、经济、技术和必要的行政方法治理污染与排放问题。但是，在国家第十一个五年规划(2006—2010 年)中期，关闭工厂、拉闸限电等行政方式仍被地方广泛采用，以完成各自的能效目标[1]。因此，我国在国家第十二个五年规划(2011—2015 年)中明确提出要"逐步建立碳排放权交易市场"，并且开始进行碳排放权交易机制的尝试：北京、天津、上海、重庆、湖北、广东和深圳等 7 个省市已自 2013 年 6 月至 2014 年 4 月相继启动碳排放权交易试点；2014 年 12 月，国家发改委发布的《碳交易管理暂行办法》（以下简称《办法》）为全国统一的碳排放权配额交易市场搭建了基础框架。而在国家第十三个五年规划(2016—2020 年)的头两年，我国已开始逐步完成全国统一碳市场的前期准备工作：2017 年被明确为全国碳排放交易体系启动的元年，2016 年 1 月印发的《关于切实做好全国碳排放权交易市场启动重点工作的通知》就全国统一的碳排放权交易市场启动前重点准备工作作出部署；2016 年底，福建碳排放权交易试点工作启动；2017 年 5 月，电力、水泥和电解铝行业基于"基准线+预分配"思路的行业配额分配方法出炉。

但是我们需要看到的是，我国等发展中国家在环境管制政策方面经验不足，缺乏较好的实践先例，更需指出的是，发展中国家市场化减排政策的有效性受经济发展阶段和经济体制的制约：一方面，发展中国家发展经济与改善民生的任务依然艰巨，减排对经济发展的影响不可低估，因此需要在发展经济与促进减排间做出优化选择；另一方面，发展中国家市场化程度不高，市场信息不完全，市场主体寻租行为较为严重，直接导致交易成本过高和政策实施效果不佳。因此，发展中国家更需要审慎考虑碳市场等减排政策的机制设计。

本章在分析发达国家市场化减排实践经验的基础上，针对发展中国家尤其是我国在碳排放交易试点工作中存在的不足进行分析，并结合相关研究对未来国内优化统一碳排放权交易机制设计提出建议。

8.2 发达国家市场化减排政策分析

8.2.1 构建政策组合，实现各类减排政策的优势互补

不论是碳税机制，还是碳排放权交易机制目前在大多发达国家均有过一定的实践[2-5]。而从实践经验中可以发现，两种政策工具各具优势，也均存在一定的问题：碳税机制实践的起步较早，机制设计相对简单，管理成本相对较低，同时给予厂商明确的价格信号，但未有明确的减排目标，从而影响其环境有效性的实现[6]；而排放权交易机制可给出明确的排放上限，同时配额交易的形式使厂商履约方式更为灵活，但也存在配额价格波动较大、政策设计复杂且监管成本较高等问题[7]。因此，目前发达国家在实践过程中更加倾向于采用构建政策组合(policy mix)的方式以充分发挥两种政策工具的优势，实现"取长补短、优势互补"的效果。

碳税早在 20 世纪 90 年代就已被北欧多国采用，而在排放权交易机制被《京都议定书》确立为灵活履约机制后，已实行或计划推行碳税机制的国家则多尝试将两者结合，主要体现在：第一，对未被纳入碳交易的排放部门实施碳税，而对于纳入碳交易的部门，不同国家的政策则有所差别，其中的多数国家减免其碳税负担，而挪威则为控制本国电力部门的燃油消费，对离岸石油行业继续实施碳税[5]；第二，将碳税机制作为有效应对目前碳市场价格低迷的有效工具，目前英国、挪威等国在目前 EUA(european union allowance)价格低迷的情况下，通过实施碳税为电力部门提供稳定的价格信号[5]；第三，部分国家将参与提高能效自愿协议(丹麦)或确定减排目标(瑞士)等其他机制作为企业减免碳税负担的条件，而如南非等国家则提出允许采用碳抵消机制(如 CDM，clean development mechanism)以替代碳税[5]。

而目前各国在采用碳排放权交易机制时也注重与其他政策工具的结合。英国 UK ETS(Union Kingdom Emissions Trading Scheme)在其推进碳交易的同时，辅之以气候变化协议(Climate Change Agreement)、气候变化税、碳基金等政策；瑞士虽对参与碳交易的部门实施碳税减免，但同时对未履约的厂商则需按碳税进行处罚[8]；澳大利亚出于稳定经济的目的，在 2011 年推出了类似于碳税的固定配额价格的碳价格机制(carbon pricing mechanism，CPM)，即碳价在起初 3 年固定在一定水平(每年按 2.5%的比例调整)从而充分发挥两种政策工具的优势[3]，同时，考虑到燃料价格所受的影响，还对燃油税进行了调整，又构建一系列如低碳农业倡议(carbon farming initiative, CFI)、清洁能源融资合作(clean energy finance corporation,

CEFC)机制而组建一揽子计划[9, 10]；日本、美国虽然仅建立了区域层面的碳市场，但也大多辅之以一些节能补贴政策，如日本同时采用了固定电价制度(feed-in tariff，FIT)、应对全球变暖措施税等[10]。

8.2.2 丰富机制设计要素，注重减排机制实施的适用性与灵活性

发达国家在市场化减排机制的实践中，不拘泥于理论上单一碳税或碳交易机制的特征，而是注重机制全方位要素的设计。在碳税机制方面，各国基于在环境税方面的经验，通过优化机制设计，以在保证其环境有效性的同时，减少对经济带来的不利影响：首先，税率的设定要基于减排的效果而及时做出调整，如瑞士2012年在减排不甚理想的情况下将碳税税率上调了近70%，加拿大不列颠哥伦比亚省的碳税每年按一定比例增加[5]；其次，通过税收调节机制以减轻企业、居民等利益相关者福利所受的影响，如瑞士对部分未纳入碳交易但面临过重碳税负担和市场竞争压力的能源密集型行业仍进行了税收减免[11]，而丹麦、加拿大等将碳税部分或全部返还给企业和中低收入家庭。

而对于碳排放权交易机制，由于其本身机制设计较为复杂，各国在尝试发挥其政策优势的同时更为重视其实践的适用性与灵活性，这在碳排放权交易机制设计的多个方面均能有所体现。对此，表 8-1 从碳排放权交易机制各个要素的设计要点进行了总结与归纳。可以看出，在碳市场机制的各个要素，大多国家出台了更为灵活的措施，丰富了碳排放权交易机制设计的经验。

表 8-1　主要发达国家碳排放权交易机制设计要素及其主要特点

设计要素	主要特点	举例
覆盖范围	充分考虑覆盖行业的特点、该行业纳入碳交易的成本与收益的权衡、行业的减排潜力等因素[3]	EU ETS 在其第三阶段将航空业纳入而新西兰排放权交易机制(New Zealand emissions trading scheme, NZ ETS)逐步将农业部门纳入均因为其排放已占各自区域内温室气体排放的较大份额[10,12]
配额分配方式	(1)从企业竞争力的角度考虑而在早期采用基于历史法的免费分配； (2)在考虑稳定行业生产的前提下逐渐采用基准线法； (3)由于免费分配会带来如企业向消费者转嫁配额成本等问题而直接或逐步采用拍卖机制	EU ETS、NZ ETS 的配额免费分配的基准方法由历史法逐步转向基准线法，并不断扩大配额拍卖的比例；美国区域温室气体减排行动(regional greenhouse gas initiative, RGGI)直接采用拍卖机制分配配额
借贷机制	提供企业履约的灵活性，企业均被允许跨期储存配额，除个别机制外，配额预借机制原则上是不允许的	EU ETS、美国加利福尼亚州总量控制与配额交易机制允许企业在同一运行阶段(period)内进行配额借贷；韩国碳市场限制预借配额比例(不超过所需配额的10%)[13]
抵消机制	提供企业履约的灵活性，各国在碳抵消使用额度的规定上则反映出各国在气候变化政策上的立场	欧盟在其第三阶段就 CER(certification emission reduction)的使用规定更为严格；新西兰规定不允许企业使用除初级 CER(pCER)外在《京都议定书》第二阶段产生的 CER；美国加利福尼亚州总量控制与配额交易机制等区域型碳交易机制仅允许使用其国内产生的碳抵消

续表

设计要素	主要特点	举例
配额市场价格稳定措施	为应对配额价格剧烈波动而引入必要的价格管控、配额调节机制，或调整配额拍卖比例	EU ETS 计划在 2015 年启动构建市场稳定储备 (market stability reserve) 机制； 美国加利福尼亚州总量控制与配额交易机制构建价格控制储备 (price containment reserve) 机制
鼓励低碳技术投资的措施	就减排机制的履约期限、减排目标设定年份等关键信息做出明确规定，同时逐步扩大配额拍卖的比例	美国加利福尼亚州总量控制与配额交易机制在拍卖机制中引入拍卖底价机制以提供明确的价格信号
拍卖收益分配方式	各国的规定有所差异，主要表现为支持低碳技术投资或将收益直接返还	欧盟因更为重视低碳技术的发展，因而将拍卖的收益用于相关研发上，并有专门针对碳捕获与封存 (CCS, carbon capture and storage) 技术的资金支持[3]； 加利福尼亚州总量控制与配额交易机制等美国区域碳交易机制将拍卖收益返还给企业与消费者
市场日常监管机制	均设立专门机构以加强对市场的日常监管，在企业排放信息报告、未履约企业的处罚办法等做出详细的规定	加利福尼亚州总量控制与配额交易机制等美国区域碳交易机制更为重视厂商操纵市场价格行为的监管，对此出台了有关企业配额拥有量限额的规定[14]

8.2.3　相对完善的市场机制为市场化减排政策的实施提供良好基础

首先，从市场环境上看，发达国家市场化程度较高，在市场经济发展方面积累了诸多经验，因而不论采用碳税机制还是碳排放权交易机制，更为完善的市场机制，较为畅通的市场信息流通平台，相对较低的交易成本，及参与者较高的市场化意识，为政策的推行提供了有利的外部环境。

其次，发达国家在传统环境污染物控制方面的历史经验为应对气候变化提供很好的范例。发达国家早期在环境保护、能源节约等方面采取的政策很大程度上验证了市场化政策工具机制灵活、有效的特点：芬兰等国在能源税的基础上于 20 世纪 90 年代最先推行碳税并取得良好的减排效果，为其他国家的实践积累了经验[15,16]。而目前欧盟之所以采取碳排放权交易机制，一方面是因为该机制已被《京都议定书》所认可，而另一方面则是受到美国早期实践经验的影响：美国在 70 年代为治理空气污染所采用的排放抵消政策是排放权交易机制的雏形[17]，而其在 90 年代为促进 SO_2 减排而推行的总量控制与交易 (cap and trade) 机制则在治理酸雨方面取得成功经验，从而引起欧洲学者与政策制定者的关注[18]，使该机制成为其应对气候变化的主要政策工具。

8.3　发展中国家市场化减排政策设计的实践与问题

因温室气体排放所造成的气候变化是全球性问题，同时中国、印度等新兴经济体排放量近年来增速较快，减排压力日益加大，因而发展中国家也开始尝试采用市场化减排机制控制温室气体的排放。墨西哥、智利、巴西等国提出了有关碳税的设想，并且哈萨克斯坦、乌克兰、俄罗斯、印度、泰国等国已开始或者规划实施碳交易机制。

8.3.1　重视机制设计的前期准备工作，加强与发达国家的经验交流与合作

由于发达国家在市场化减排政策设计方面积累了丰富的实践经验，而多数发展中国家本身经济的市场化程度不高，在市场化减排机制方面的实践较为匮乏，因而各国在政策设计时较为重视前期的准备工作：巴西在 2009 年提出减排目标后即就包括碳税和碳交易在内的政策工具开展全面的经济与管理方面的评估；而为准备开展碳排放权交易机制，土耳其提前 2 年在能源部门试点监测、报告与核查（MRV）系统；墨西哥则实行企业强制性排放报告制度。同时，各国也注重与发达国家的合作，巴西、越南、乌克兰等多国接受市场准备伙伴计划（partnership for market readiness, PMR）等国际组织在政策设计方面的帮助，而智利则邀请新西兰等国的专家对本国实践进行评估[18]。

8.3.2　受经济发展阶段等方面的影响，多数国家的实践进展较为缓慢

目前亚洲、拉美和东欧的多个发展中国家或经济转型国家都提出了有关实施相关机制的计划，但进展大多不太顺利。除哈萨克斯坦外，其他多数国家的碳交易机制未正式启动，而巴西等国目前仅建立自愿型碳交易市场或由地方政府开展区域型碳交易。而哈萨克斯坦虽经过一年的试验期后于 2014 年正式启动碳排放权交易，但由于起初的碳市场即覆盖近 80%的国内排放，对国内经济的影响较大，国内利益相关者的强烈反对为其进一步的实践带来阻力。

8.3.3　目前全球气候变化谈判的政治格局为发展中国家的实践带来挑战

虽然 2015 年 12 月通过的《巴黎协定》在签署仪式开始仅半年后就正式生效，但原本由《联合国气候变化框架公约》和《京都议定书》确立的全球应对气候变化的政治格局并未被完全打破，使发展中国家在市场化减排实践中机遇与挑战并存。而新任总统特朗普于 2017 年 6 月宣布美国退出《巴黎协定》的重磅消息，给全球的气候变化政策格局带来更大的不确定性：一方面，原本由《京都议定书》确立为有效减排履约手段的清洁发展机制（CDM）面临"命运扼杀"的风险，由于发展中国家在国际政治格局上处于不利的局面，如在 CDM 规则制定上缺乏话语权，使其实际效果大打折扣[4]，部分国家（如印度）为应对 CER 价格低迷的现状则不得不在构建国内可再生能源配额制（REC, renewable energy certificate）时对配额价格设置上下限以稳定投资者的信心；另一方面，《巴黎协定》针对发达国家提供给发展中国家气候援助资金的规划仍缺乏透明性和可预测性，发达国家 2020 年前每年 1000 亿美元援助资金的持久性并未得到明确。这些为发展中国家的减排机制

实践带来重大的挑战。

8.3.4　过高的交易成本与不完善的能力建设为发展中国家的实践带来障碍

由于发展中国家市场化机制实践的起步较晚，较高的交易成本会影响其机制的成本有效性，如目前已启动碳交易的哈萨克斯坦就面临着核证成本过高的问题[19]，同时发展中国家面临着核证工作难度较大、实施成本较高而人才又相对不足的情况，使其工作的科学性受到影响[20]。除核查机制外，其他如交易所等相关基础设施也有待完善。同时，有学者指出财税体制、环境监管体制的不健全可能会引起公众对政策可行性的质疑，为机制的运作带来一定的阻力[21]。

8.4　中国碳排放权交易机制探索中值得关注的问题

作为最大的发展中国家和温室气体排放国，我国也开始尝试采用市场化的减排政策工具。尽管国家财政部及相关研究机构较早的提出了有关实施碳税机制的构想，但目前碳排放交易机制的试点进展较快。我国在碳市场机制设计方面也借鉴了国外的实践经验，但同时，存在的问题也不容忽视。

第一，我国碳排放权交易机制的启动稍显仓促，相关的准备工作还有待完善。7 个试点地区从获得发改委批准到正式启动前后不到三年的时间，而从国际经验来看，多数国家在启动碳交易之前做了大量的研究与能力建设工作，如欧盟早在1998 年左右就开始筹备碳交易，并组织有关的研究工作；而从基础数据准备工作来看，土耳其等多国在碳交易正式启动之前就用较长时间专门从事完善企业排放数据的工作，而我国仅天津可基于早期的建筑能效交易市场为碳交易提供较完备的数据准备；而从核算方法上看，虽然我国在 2011 年出台了《省级温室气体清单指南》并印发了 10 个行业企业碳排放核算方法，但仅上海最先出台了企业层面的碳排放核算方法，而目前多数地区相关结构和统计体系还不健全，有学者指出我国在城市温室气体清单编制工作中还存在较多问题[22]。因此，在规划我国统一碳市场时应首先着重加强相关的基础工作。

第二，我国目前在碳排放权交易机制的立法方面存在一定的空白。早前我国SO_2 排放权交易机制未能有效开展的一个重要原因即因缺少全国统一的法律和管理办法。虽然我国在环境保护、可再生能源发展等方面均有相应的法律法规，但在市场化减排机制的管理方面则存在严重缺失。针对全面统一碳市场的《碳排放权交易管理条例》虽在 2016 年 4 月即被国务院列入立法规划，但进展迟缓。目前EU ETS、RGGI 等发达国家的碳交易机制，都有立法机构制定的法律作为支撑。而我国各试点地区仅深圳较早通过人大立法，多数地区仅基于政府行政法规开展工作，国家层面的立法工作也较为滞后，而缺乏法律效力的行政法规容易引起公众的质疑，容易为企业逃避责任提供口实。

第三，我国目前基于碳强度下降目标所确定的总量控制目标会受到经济发展情况的影响，未来需要更为科学地确定减排目标。7个试点地区的碳排放权交易市场所明确的总量控制目标，均是依据各地区"十二五"规划期间的碳强度下降目标而确定的，而这一目标又与经济发展水平高度相关。目前有关全国统一碳市场的规划中针对总量控制目标的确定，也基本依据国家和各地区"十三五"期间的减排目标而定。从近几年的经济形势来看，多数地区的GDP增速极有可能是被高估的，如缺乏相应配额动态调节机制，配额超发的现象极易出现；这一点从目前重庆碳市场冷淡交易状况即可预见。而《办法》仅指出国务院主管部门会依据国家控排目标确定排放配额总量，但由于目前国家仍未给出明确的量化目标，这为碳市场配额总量的设定带来很大的不确定性，影响了机制环境有效性的实现。

第四，我国各试点地区的部分经验不适宜在全面层面加以推广，而统一碳市场的建设需要加强全面的顶层设计。首先，将电力、热力等间接排放纳入核算范围的设计初衷是在于活跃市场，同时基于我国电力价格受政策管制的现状所考虑的，但会给未来碳市场连接和统一碳市场建设带来潜在的'排放重复核算'问题，从而影响机制的公平性，而《办法》对此问题并未明确说明；其次，各地区在机制设计上差异较大，如在覆盖范围方面，部分地区将商业建筑和服务业纳入碳交易，这并不适用于在全国的推广，同时各地区的交易费用标准也有较大差异，需要在全国推广时加以统一；而且，《办法》并未明确目前试点地区工作与未来统一碳市场建设的衔接机制，各试点地区在"十三五"规划的这头两年继续按照各自的机制设计方案实施，而对未来有关与全国统一碳市场的衔接等关键问题未给出明确安排。国家和地区在碳排放权交易机制政策方面的不确定性会对企业低碳技术投资的长期决策带来一定的影响。

第五，我国目前市场经济体制改革任务尚未完成，不能为市场化减排机制提供更为公平高效的政策环境。我国确立市场经济体制仅20余年，在各个领域的市场化改革还未深入，对市场化减排机制带来的不利影响则是多个方面的：能源行业的国有垄断格局短期内难以改变，电力行业市场化改革进展缓慢，资源型产品价格还在一定程度上受到政府管制，价格传导机制还未理顺，不能充分反映其使用者负担应有的资源与环境成本；而政府在市场监管上存在"多头管理"的问题，多地存在经信委和发改委"一家管碳，一家管能源"的格局。中共中央虽然在2013年的十八届三中全会上就全面深化改革做出了重大战略部署，但在有关环境监管体制改革、相关政府部门职能优化等方面还有许多工作要做。

8.5　对我国统一碳市场机制设计的建议

上文就我国目前碳排放权交易试点与统一碳市场建设所面临的问题进行了分析，基于各国的实践经验，本章最后从外部构建政策环境和内部优化机制设计的角度就未来我国统一碳市场机制设计给出如下建议。

8.5.1　转变政府在环境治理中的监管职能，构建良好的市场化政策环境

发达国家在减排的成功经验得益于完善的市场经济体制，因此发展中国家在制定减排政策时必须认识到市场化减排机制的优势是随着市场机制的完善才逐步显现的[23]。而我国目前市场经济体制还有待进一步完善：受传统政绩观的约束，唯 GDP 论仍是各地方政府政策设计的出发点，而政府与企业在环境治理方面的关系还需要重新加以定位。因此为更好地利用市场机制控制温室气体排放，需要通过多方面的措施以构建良好的市场环境：

第一，加快能源行业的市场化改革，一方面要逐步放开能源价格，减少政府对市场行为的不合理干预，使使用者利用能源带来的外部性在价格上得到充分体现；另一方面，要提高能源行业的竞争性，有条件地放宽能源领域的市场准入条件，以利于构建更为充分竞争的市场化政策环境。

第二，在将环境治理因素纳入政府考核体系的同时，政府要统筹协调经济发展与治理环境的关系，在尝试采用市场化减排机制的过程中要为企业发展提供必要的支持：一方面，政府需对机制覆盖企业的税收进行适当调整，减轻企业的资金与成本压力，如加快增值税由生产型向消费型转变，鼓励企业进行减排技术的投资[24]；另一方面，政府要为企业投资减排技术给予财政支持，如广东对碳排放权交易试点覆盖企业在优先申报节能减排有关资金时优先给予省财政专项资金扶持就是一个好的例子。

8.5.2　优化机制设计，以有效解决非竞争性市场结构带来的市场扭曲

非竞争性的市场结构可能加剧污染的外部性[25]，同时会影响市场机制的成本有效性[26]，而我国石油、电力、钢铁行业等主要能源生产和消费部门仍处于国有企业占主导的垄断竞争格局，这些排放大户在碳市场中拥有的市场势力 (market power) 会影响市场效率[27]。市场扭曲的现象在发展中国家是需要高度重视的，因此在构建市场化减排机制时必须要重视非竞争性的市场结构所带来的不利影响。

此时在碳税机制下，政策制定者更为审慎地确定征税标准，因为此时理论上碳税的次优解要低于庇古税，从而有学者建议构建对垄断者征税并对其产出进行补贴的政策组合[28]，而考虑到补贴垄断厂商的政策可行性较低，而有学者建议引

入碳税返还机制[29]；而在排放权交易机制下，一方面，政策制定者、交易所等部门需重点关注具有潜在市场力量的厂商的排放与交易行为，以防止出现其操纵市场行为带来较为严重的影响，例如可以借鉴美国加利福尼亚州等地的经验，就企业配额拥有量限额加以规定[14]等；另一方面，考虑到厂商的市场势力与其初始配额高度相关[26]，因此可以借鉴相关理论研究成果[30]，构建科学合理的配额分配机制。

8.5.3　借鉴发达国家的成功经验，注重市场化减排机制设计的灵活性

我国在尝试推行市场化减排机制时要加强与发达国家的合作，借鉴发达国家在环境治理方面的成功经验，同时要注重机制设计的灵活性。例如，要完善相关的信息公开机制：欧美各国在碳税和碳排放权交易机制下均重视企业排放信息的公开化，亦有学者指出发展中国家在环境治理中需要关注公开披露制度、环境审计制度等机制的构建，以利于政府的有效监管[31]。另外，在碳排放权交易机制中可引入必要的价格调节机制，对此发达国家已有建立配额储备机制等实践经验，而引入如含底价等碳价格稳定机制[32]等亦可保证碳价格在一个稳定、合理的区间内波动，以为低碳技术投资提供一个长期稳定、可预期的价格信号。以上政策实践与理伦探索均是我国未来在市场化减排机制设计时可以借鉴的。

8.5.4　重视社会经济影响评估，为市场化减排机制建设提供有效支撑

我国在传统污染物治理方面多采用行政性质的管制措施，在进行有关控制温室气体的减排机制设计时缺乏可借鉴的经验，因此要在立足本国国情的同时，结合国外理论与实践经验，先行开展减排政策的社会经济影响评估，为市场化减排机制设计提供有力的理论支撑[33]。

首先，分析目前发达国家在减排机制设计中的实践经验，以为我国减排机制设计提供决策参考。例如通过研究 EU ETS 前两阶段的机制设计特点并结合市场表现，可以深刻理解其中有关配额分配方式、履约规则等设计要素对市场价格、减排有效性、覆盖行业竞争力等的影响，分析问题背后政策层面的原因，并结合我国目前试点工作的经验，以为我国未来的减排机制设计提出决策参考。

其次，重视对我国减排机制设计的事前模拟研究，评估其社会经济影响，为完善我国减排政策提供科学的建议。目前一般均衡模型、综合评估模型、社会经济系统仿真方法等政策分析工具已较为成熟，应将其应用于减排机制设计的模拟评估并注重其对我国经济社会现状的刻画，预见减排机制对经济发展水平、居民福利、相关行业国际竞争力等方面的影响，以为我国市场化减排机制设计提出更为合理的政策建议。

参 考 文 献

[1] Zhang Z. Carbon emissions trading in China: The evolution from pilots to a nationwide scheme[J]. Climate Policy, 2015, 15 (sup1): 104-126.

[2] 温岩, 刘长松, 罗勇. 美国碳排放权交易体系评析[J]. 气候变化研究进展, 2013, 9 (2): 144-149.

[3] Hood C. Reviewing existing and proposed emissions trading systems[R]. OECD Publishing, 2010

[4] 骆华, 赵永刚, 费方域. 国际碳排放权交易机制比较研究与启示[J]. 经济体制改革, 2012, (2): 153-157.

[5] World Bank, Ecofys. State and trends of carbon pricing 2014[R].State and trends of carbon pricing. Washington, DC: World Bank Group, 2014.

[6] Prasad M. Taxation as a regulatory tool: Lessons from environmental taxes in Europe [J]. Governments and Markets: Toward a New Theory of Regulation, 2010.

[7] 刘明明. 碳排放交易与碳税的比较分析——兼论中国气候变化立法的制度选择[J]. 江西财经大学学报, 2013 (1): 105-112.

[8] Heldstab J, Guyer M. Switzerland's Fifth National Communication under the UNFCCC [J]. Second National Communication under the Kyoto Protocol to the UNFCCC, 2009.

[9] World Bank, Ecofys. State and trends of carbon pricing 2012 [R].State and trends of carbon pricing. Washington, DC: World Bank Group, 2012.

[10] Chesney M, Gheyssens J, Taschini L. Environmental Finance and Investments [M]. New York: Springer, 2013.

[11] Böhringer C, Müller A, Schneider J. Carbon Tariffs Revisited[R]. Oldenburg Discussion Papers in Economics, 2014.

[12] 陈洁民. 新西兰碳排放交易体系的特点及启示[J]. 经济纵横, 2013, 1: 022.

[13] Sopher P. Emissions trading around the world: Dynamics progress in developed and developing Countries [J]. CCLR, 2012: 306.

[14] Shen B, Dai F, Price L, et al. California's Cap-and-Trade Programme and Insights for China's Pilot Schemes [J]. Energy & Environment, 2014, 25 (3): 551-576.

[15] Vehmas J. Energy-related taxation as an environmental policy tool-the Finnish experience 1990–2003[J]. Energy Policy, 2005, 33 (17): 2175-2182.

[16] Tietenburg T H. Emissions Trading: Principles and Practice [M]. London: Routledge, 2010.

[17] Ellerman A D. Pricing Carbon: The European Union Emissions Trading Scheme [M]. Cambridge: Cambridge University Press, 2010.

[18] Kerr S, Leining C, Sefton J. Roadmap for Implementing a Greenhouse Gas Emissions Trading System in Chile: Core Design Options and Policy Decision-Making Considerations[R]. Motu Economic and Public Policy Research, 2012.

[19] Upston-Hooper K, Swartz J. Emissions trading in Kazakhastan: Challenges and issues of developing an emissions trading scheme [J]. CCLR, 2013: 71.

[20] Kruger J, Grover K, Schreifels J. Building institutions to address air pollution in developing countries: The cap and trade approach [J]. Greenhouse Gas Emissions Trading and Project-based Mechanisms, 2003: 91.

[21] Eskeland G S, Jimenez E. Policy instruments for pollution control in developing countries [J]. The World Bank Research Observer, 1992, 7 (2): 145-169.

[22] 白卫国,庄贵阳,朱守先,刘德润. 关于中国城市温室气体清单编制四个关键问题的探讨[J]. 气候变化研究进展, 2013, 9 (5): 335-340.

[23] Russell C S, Vaughan W J. The choice of pollution control policy instruments in developing countries: Arguments, evidence and suggestions [J]. International Yearbook of Environmental and Resource Economics, 2003/2004, 2003: 331-371.

[24] 张文. 构建节能减排的长效机制——基于税收视角的分析[J]. 山东大学学报: 哲学社会科学版, 2009 (5): 104-110.

[25] Baumol W J. The Theory of Environmental Policy [M]. Cambridge: Cambridge University Press, 1988.

[26] Hahn R W. Market power and transferable property rights [J]. The Quarterly Journal of Economics, 1984, 99(4): 753-765.

[27] Fan Y, Wang X. Which Sectors Should Be Included in the ETS in the Context of a Unified Carbon Market in China? [J]. Energy & Environment, 2014, 25(3): 613-634.

[28] Sterner T, Coria J. Policy instruments for environmental and natural resource management [M]. Washington, DC: Resources for the Future, 2003.

[29] Gersbach H, Requate T. Emission taxes and optimal refunding schemes [J]. Journal of Public Economics, 2004, 88(3): 713-725.

[30] Hagem C, Westskog H. Allocating tradable permits on the basis of market price to achieve cost effectiveness[J]. Environmental and Resource Economics, 2009, 42(2): 139-149.

[31] Blackman A, Lahiri B, Pizer W, et al. Voluntary environmental regulation in developing countries: Mexico's Clean Industry Program[J]. Journal of Environmental Economics and Management, 2010, 60(3): 182-192.

[32] 莫建雷,朱磊,范英.碳市场价格稳定机制探索及对中国碳市场建设的建议[J].气候变化研究进展, 2013, (5):368-370.

[33] 王许, 朱磊, 范英. 国际经验对我国市场化减排机制设计的启示[J]. 中国矿业大学学报: 社会科学版, 2015, 17(5): 68-74

第9章　中国的大气污染防控及国际经验借鉴

9.1　研　究　背　景

随着中国工业化进程的快速发展，大量化石能源燃烧导致的大气污染问题日益受到社会的关注。根据统计，2013 年 1 月全国就有 33 个城市经检测显示空气严重污染，全国超过 130 万平方公里的地区发生严重雾霾灾害天气，京津冀、河南、江苏等中东部地区都大面积爆发雾霾天气。为此，围绕大气环境治理问题，我国出台了一系列政策力图缓解大气污染问题。《中华人民共和国国民经济和社会发展第十二个五年规划纲要》明确指出"加大环境保护力度，要以解决空气污染等损害群众健康的突出环境问题为重点，建立健全区域大气污染联防联控机制，控制区域复合型大气污染"。党的十八届三中全会明确将加快建立生态文明制度，健全国土空间开发、资源节约利用、生态环境保护的体制机制。

目前，中国大气环境治理面临着诸多挑战：首先是大气污染的成因问题，由于大气污染的区域性和时序性，燃煤、汽车尾气、工业废气等因素对大气污染形成的影响具有时空差异；其次是大气污染的区域特性，由于不同区域的工业化与城市化进程处于不同发展阶段，产业结构、能耗结构、生活方式等存在很大的区域特殊性，如何客观、科学的判断不同区域的大气污染的影响因素及其发生机制亟待解决；第三是大气环境治理体制的问题，中国大气污染防治政策滞后于社会经济发展，且由于雾霾灾害的区域分布特征，各地政府对于大气污染治理往往出于短期"应急式"的政策考虑，而没有系统的建立长效管控体制，特别是 $PM_{2.5}$ 排放许可和市场交易制度、区域联防联控模式以及区际环境损害横向补偿制度等亟待完善。

本章从中国大气污染的时空演化特征、大气污染的影响因素、大气污染治理的政策与管理体制等方面对中国大气污染的现状进行剖析，结合国外大气污染治理的实践与经验，探索未来中国大气污染治理的路径。

9.2　中国大气污染时空特征与来源解析

9.2.1　中国大气污染时空特征

长期以来，受中国产业结构与能源结构的双重影响，我国大气环境污染问题日益严重[1]，SO_2、NO_x、$PM_{2.5}$、PM_{10} 等区域性复合型大气污染最突出，且在时空维度上呈现不同的演化特征。Cheng 等[2]研究认为中国中东部地区是全球 $PM_{2.5}$ 污染最为严重的地区，全球污染最为严重的五大城市，中国占三（西安、天津和成都）。

众所周知，由于大气污染的外部性特征，区域大气污染程度通常受到本地源和周边源的综合影响[3]，致使不同区域的大气污染变化过程呈现出不同演化特征。根据美国宇航局社会经济数据与应用中心的数据，1998—2012 年中国各省份 $PM_{2.5}$ 的变化存在明显的区域差异，其中，北京、天津、河北、上海、江苏、山东、安徽、河南等省市大气污染严重（表 9-1）。

表 9-1　中国省域 $PM_{2.5}$ 时空变化（1998—2012 年）

地区	1998—2000	1999—2001	2000—2002	2001—2003	2002—2004	2003—2005	2004—2006	2005—2007	2006—2008	2007—2009	2008—2010	2009—2011	2010—2012
北京	37.22	38.55	45.38	49.34	51.72	53.07	55.47	60.75	61.26	60.09	61.27	62.65	61.3
天津	48.4	51.04	59.31	65.52	65.37	68.96	74.92	82.65	82.12	81.51	84.37	84.84	79.13
河北	39.11	42.03	46.29	50.52	51.11	52.9	54.68	63.51	64.01	58.59	57.95	60.93	61.39
山西	35.96	37.64	42.57	45.23	43.85	45.16	46.65	52.19	52.32	47.09	44.96	46.77	49.38
内蒙古	17.15	15.65	16.09	16.39	16.79	16.32	16.81	17.65	18.68	18.2	18.21	18.14	17.9
辽宁	21.23	21.75	25.44	29.16	30.45	32.37	32.83	35.53	36.48	37.68	37.59	38	37.39
吉林	12.4	12.09	13.92	17.22	19.24	20.91	20.55	22.13	23.38	24.17	24.16	24.02	24.71
黑龙江	9.36	8.64	9.89	11.94	12.54	13.52	13.03	13.71	14.84	14.16	13.72	13.69	15.12
上海	34.7	38.29	48.44	52.29	52.52	54.55	55.32	59.2	65.95	66.45	63.28	58.04	56.96
江苏	50.85	54.14	57.47	61.49	63.05	65.94	69.56	74.81	76.36	77.45	75.79	74.43	71.03
浙江	29.03	32.79	34.81	36.34	36.96	38.82	39.12	41.49	42.15	42.67	41	39.55	37.92
安徽	46.98	48.64	49.35	53.53	55.46	59.17	60.94	65.36	66.86	70.51	68.09	65.97	61.14
福建	19.72	21.69	22.17	23.2	24.36	25.4	27.4	28.84	29.94	29.32	26.23	25.69	24.31
江西	30.24	32.04	34.49	36.35	39.13	44.59	47.34	48.96	49.32	50.76	49.36	48.29	43.88
山东	46.73	50.3	55.62	60.99	63.92	68.16	70.85	78.64	79.21	77.49	75.95	78.07	76.11
河南	56.54	64.46	68.63	69.24	68.72	71.36	74.32	83.16	83.2	79.13	74.63	79.4	80.81
湖北	43.72	45.18	46.22	46.62	47.15	50.24	53.15	56.09	55.14	56.17	55.05	56.11	54.23
湖南	34.57	36.27	38.71	41.1	42.43	45.95	49.72	53.45	53.22	54.56	52.64	52.24	48.55
广东	20.6	23.43	23.07	25.28	27.47	31.02	32.79	34.53	34.6	35.11	34.24	34.83	34.21
广西	19.7	21.93	22.01	24.2	26.28	32.06	34.97	37.01	38.25	39.19	38.92	37.93	36.35
海南	9.55	10.85	12.08	13.22	13.75	15.5	16.35	17.17	16.77	16.66	16.51	16.07	15.71

续表

地区	1998 — 2000	1999 — 2001	2000 — 2002	2001 — 2003	2002 — 2004	2003 — 2005	2004 — 2006	2005 — 2007	2006 — 2008	2007 — 2009	2008 — 2010	2009 — 2011	2010 — 2012
重庆	38.91	39.29	38.87	39.4	42.01	45.03	49.18	51.28	50.91	49.12	47.08	48.73	49.73
四川	26.61	23.42	23.7	24.97	26.81	27.99	30.35	30.7	30.05	28.64	29.63	31.65	32.59
贵州	24.65	24.82	25.4	25.82	28.16	33.6	35.66	36.24	34.36	35.2	35.28	35.46	35.15
云南	12.82	14.32	12.68	13.03	13.55	14.84	15.65	15.38	15.39	15.76	16.45	17.41	17.89
陕西	40.8	42.65	43.43	41.44	39.44	39.44	41.34	45.39	45.09	42.98	38.9	42.28	42.74
甘肃	30.26	27.01	25.21	24.08	23.21	22.89	25.08	26.15	25.9	24.5	23.88	24.64	24.39
青海	12.49	11.31	11.11	10.83	11.15	10.83	11.92	12.27	12.87	12.77	12.59	12.71	12.5
宁夏	37.31	39.98	38.69	33	29.53	28.88	31.51	33.02	32.03	29.59	29.23	31.41	31.67
新疆	30.47	27.67	26.75	26.74	25.95	24.95	26.1	26.89	27.64	27.5	28.14	28.48	27.33

注：数据来源于美国宇航局社会经济数据与应用中心(NASA Socioeconomic Data and Applications Center, SEDAC)，利用中分辨率成像光谱仪(MODIS)和多角度成像仪(MISR)测得年平均大气气溶胶厚度(AOD)数据，通过该数据进行预测得到 $PM_{2.5}$ 的年平均浓度数据，其测量单位是 1000 微克每立方米(1000μg/m³)，下同。

从区域大气污染情况来看(图 9-1～图 9-3)，东部 $PM_{2.5}$ 排放大体呈增长趋势，其中北京、天津、河北、上海、江苏、山东等地 $PM_{2.5}$ 排放相对较大，海南相对较小。中部地区的河南、安徽等能源消费大省 $PM_{2.5}$ 排放相对严重，内蒙古、吉林、黑龙江等省份较小。相比之下，西部 $PM_{2.5}$ 排放较之于东、中部地区明显偏小，且变动幅度不大。总体来看，东部沿海经济发达省份与中部能源消费大省大气污染较为严重，$PM_{2.5}$ 排放与区域经济及其能源消费总量密切相关。

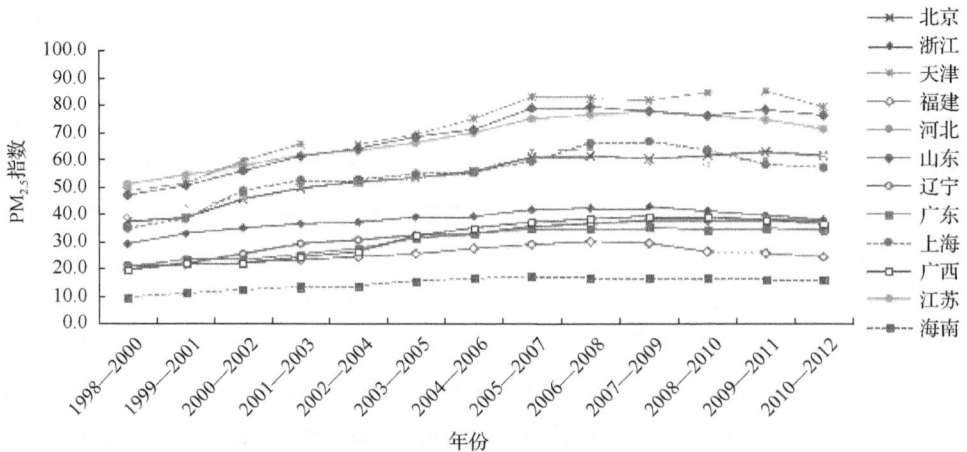

图 9-1　中国东部地区 $PM_{2.5}$ 时空演化趋势(三年移动平均值)

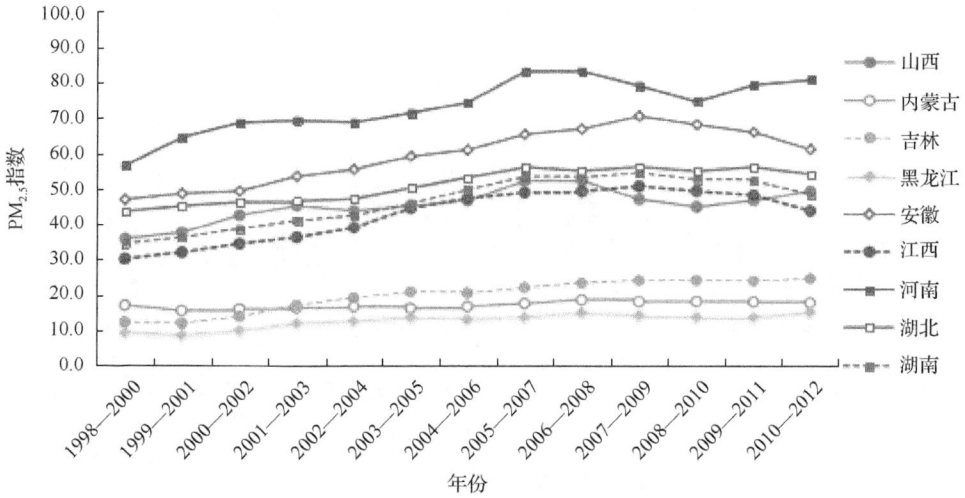

图 9-2　中国中部地区 $PM_{2.5}$ 时空演化趋势(三年移动平均值)

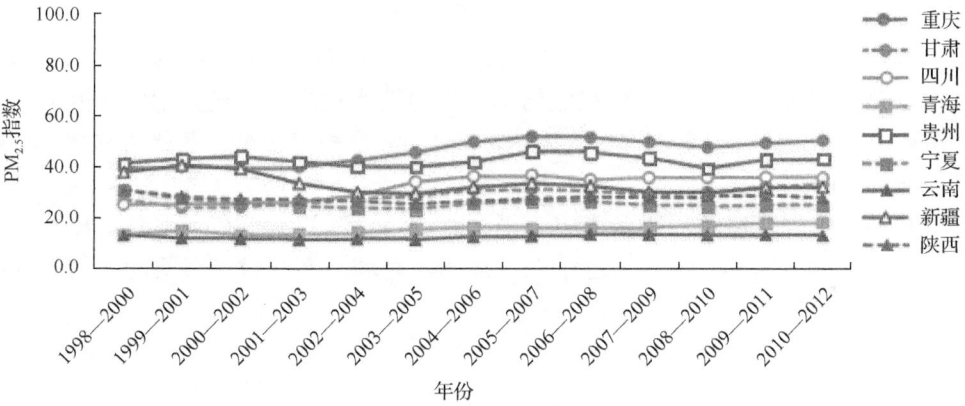

图 9-3　中国西部地区 $PM_{2.5}$ 时空演化趋势(三年移动平均值)

　　从中国城市层面来看,大气污染形势十分严峻(图 9-4)。2016 年 7 月 6 日至 2017 年 6 月 26 日全国 367 个城市的大气污染数据表明,中国城市大气污染主要集中于冬季,夏季空气质量最优。自 2016 年 11 月 6 日始,全国共有 193 城市空气受不同程度的污染,其中 17 个城市为重度污染,39 个城市为重度污染,137 个城市为轻度污染。此后,污染城市数量居高不下,并于 2017 年 1 月 26 日达到顶峰,受春节燃放烟花爆竹习俗的影响,当日全国空气污染城市 205 个,占受监测城市总数的 55.85%,其中 26 个城市为严重污染,37 个城市为重度污染,38 个城市为中度污染,104 个城市为轻度污染,大气污染具有明显的节日效应[4, 5]。

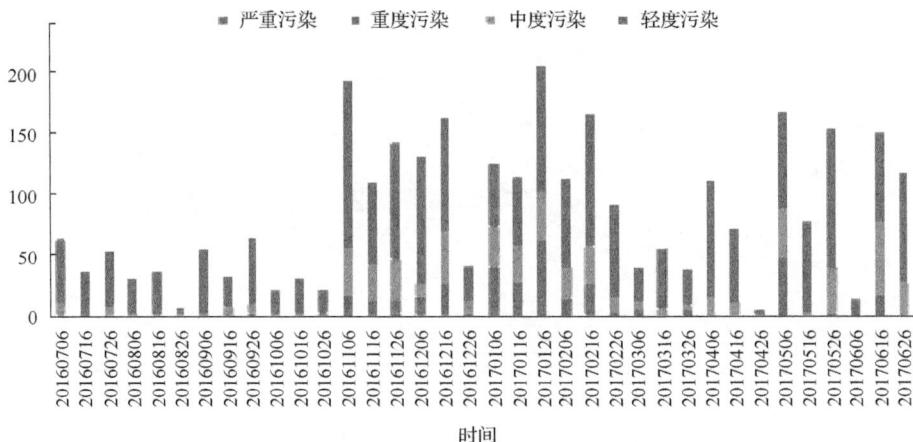

图 9-4　中国大气污染城市统计

总体来看，大气污染具有明显的节日效应和季节性特征。国内外诸多学者对大气污染的季节性特征进行了验证[6]。如毛婉柳等[7]、陈优良等[8]针对长江三角洲城市群大气污染的时空格局进行了研究，均认为大气污染物排放具有明显的季节特征，总体表现为春冬高、夏秋低的季节性周期变化规律。杨冕等[9]分析了长江经济带 $PM_{2.5}$ 的时空演变规律，认为冬季 $PM_{2.5}$ 浓度相对较高，春秋两季次之，夏季空气质量最好。

从城市大气环境的污染源来看，不同时点污染源的贡献有所不同。根据环保部的监测数据，图 9-5 统计了近年来中国 367 个城市不同时点首要污染物的排放

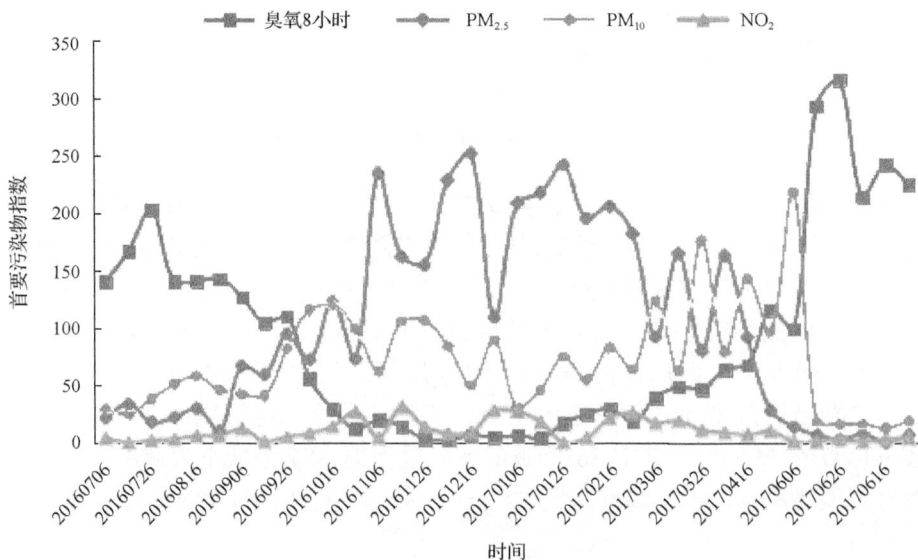

图 9-5　中国首要污染物发生城市统计

情况。统计表明，夏季期间受 $PM_{2.5}$ 污染的城市相对较多，而在夏季受臭氧污染的城市相对较多。针对这一现象，刘芷君等[10]针对长三角地区的大气污染情况进行了讨论，认为长三角地区臭氧浓度呈现夏季高、冬季低的季节变化特征，而 $PM_{2.5}$ 等污染物与 O_3 呈负相关关系。尉鹏等[11]探讨了中国 $PM_{0.5}$ 浓度的时空分布特征，结果表明冬春季节 $PM_{0.5}$ 浓度显著高于夏秋季节，与 $PM_{2.5}$、NO_2 等大多数污染物浓度冬季高夏季低相反，O_3 浓度表现出夏季高而冬季低的特点。

　　不同地区的大气污染并不是独立存在的，大气污染在空间上呈现一定的集聚特征以及空间溢出效应[12]。以京津冀地区 11 市为例，各城市空气质量指数的变动趋势总体一致，彼此之间受邻域条件的影响较为明显，大气污染呈现明显的空间关联效应(图 9-6)。程进[13]、毛婉柳等[7]分别针对长三角城市群 PM_{10} 与 $PM_{2.5}$ 时空演化特征进行研究，指出区域大气污染在空间上易受邻域条件的影响，且存在一定的集聚现象，低值集聚主要分布在浙江沿海地区，高值集聚主要分布在苏南地区。杨冕等[9]针对长江经济带城市 $PM_{2.5}$ 时空特征的研究也表明，区域大气污染

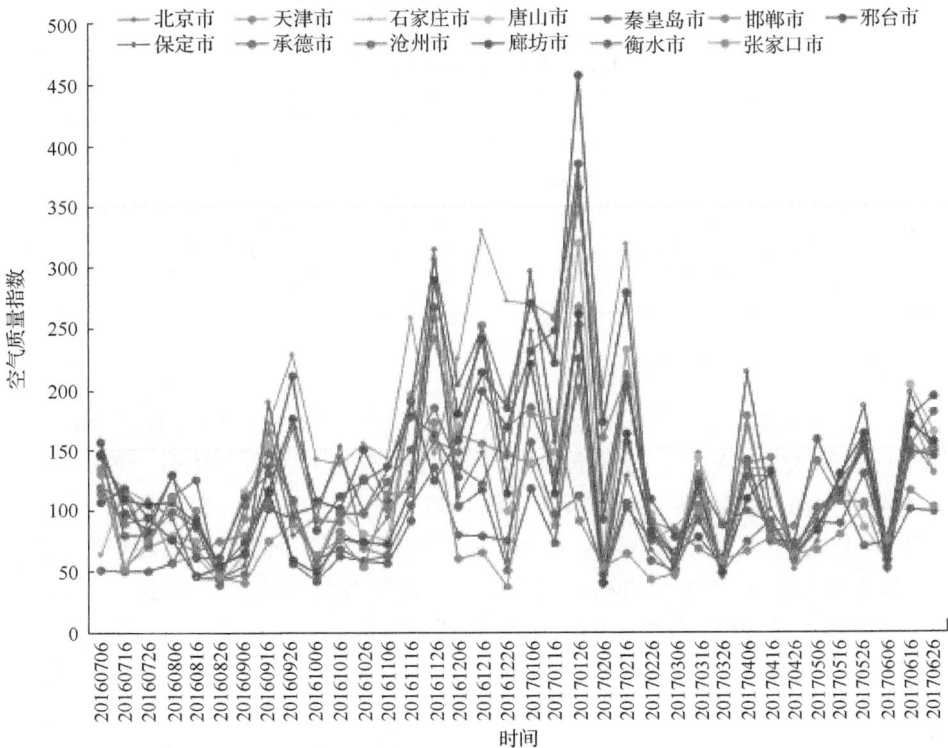

图 9-6　京津冀地区 11 市空气质量指数时空演化趋势

存在着显著的正向空间自相关。

　　总体来看，我国大气污染呈现明显的阶段性、区域性特征，污染物复杂化、污染方式轻型化、污染范围扩大化、污染时间持续化逐渐成为当前我国大气环境的"新常态"。王冰与贺璇[14]根据污染源、污染物、污染方式、污染尺度、污染频率和污染区域等维度的差异，归纳和总结了我国城市大气污染的演变特征，见表 9-2。结合中国大气污染的空间聚集特征与空间溢出效应，大气污染治理不仅要厘清区域大气污染的空间分布特征，还要关注区域关联作用及其对大气污染所产生的影响，从而为区域联防联控政策提供决策依据[13]。

表 9-2　中国城市大气污染演变历程[14]

时间	1949—1990 年	1990—2000 年	2000—2009 年	2010 年至今
污染源	燃煤、工业	燃煤、工业、扬尘	燃煤、工业、机动车、扬尘	燃煤、工业、机动车、扬尘、生物质焚烧、土壤尘、二次无机气溶胶
污染物	二氧化硫、悬浮物、PM_{10}	二氧化硫、氮氧化物、悬浮物、PM_{10}	二氧化硫、PM_{10}、$PM_{2.5}$、氮氧化物、挥发性有机化合物、氨	$PM_{2.5}$、PM_{10}、臭氧、一氧化碳、二氧化氮、二氧化硫、氮氧化物、挥发性有机化合物、氨
大气问题	煤烟尘	煤烟尘、酸雨、颗粒物	酸雨、煤烟尘、光化学污染、灰霾	灰霾、细颗粒物、光化学污染、臭氧、煤烟、酸雨、有毒有害物质
污染方式	工业生产	工业生产、城市建设	工业生产、城市建设、移动污染	工业生产、城市建设、移动污染、生活污染
污染尺度	局地	局地+区域	多城市+跨区域	广覆盖+跨国
污染区域	工业基地	部分城市	东南部大范围地区	大部分城市区域
污染频率	偶尔	较少	较多	频繁

9.2.2　中国大气污染来源解析

　　造成大气污染的污染物多种多样，臭氧 8 小时、$PM_{2.5}$、PM_{10} 以及 NO_2 是出现频率最多的大气污染物，但不同时节不同污染物发生的频率并不一致。众所周知，冬季是雾霾频发的季节，城市大气污染以 $PM_{2.5}$ 与 PM_{10} 为主。根据环保部的空气质量日报统计，在 2017 年 1 月 26 日，全国有 336 个城市存在污染，其中有 242 个城市的首要污染物为 $PM_{2.5}$，有 75 个城市的首要污染物为 PM_{10}，共占污染城市的 94.3%。而到了夏季，$PM_{2.5}$ 浓度达到全年最低，臭氧取代了 $PM_{2.5}$ 成为大多数城市的首要污染物。据统计，在 2017 年的 5 月 26 日，全国有 339 个城市存在空气污染，其中有 316 个城市的首要污染物为臭氧，占污染城市的 93.2%。但由于夏季的污染程度较低，目前很少有关于臭氧的来源研究，而对 $PM_{2.5}$ 的来源研究有很多。总体来看，中国大气污染存在季节性差异，冬季大气污染物主要以 $PM_{2.5}$、PM_{10} 的排放为主，夏季则以臭氧为主。

关大博与刘竹[15]调查了 2010 年京津冀地区 $PM_{2.5}$ 污染来源，分析了各行业和各燃料对 $PM_{2.5}$ 的贡献，认为一次源的排放主要来自工业部门以及居民和商业部门，大多属于非燃料排放；SO_2 排放大多来自煤炭燃烧；NO_x 的排放主要来自能源部门的燃煤发电以及以交通运输为主的油品燃烧；NH_3 的产生几乎都来自农业及燃料生产的非燃料排放（表 9-3、表 9-4）。从 $PM_{2.5}$ 排放情况来看，工业部门的生产活动以及能源燃烧是导致京津冀地区空气质量下降的主要来源，特别是煤炭燃烧导致的大气污染不容低估。

表 9-3　京津冀地区 $PM_{2.5}$ 分行业排放比例[15]

	一次源(15%) (156 万吨)	SO_2(34%) (353 万吨)	NO_x(22%) (225 万吨)	NH_3(10%) (102 万吨)	VOC_S(19%) (197 万吨)
农业及燃料生产	4.00%	3.00%	0.50%	98.00%	3.00%
居民和商业部门	32.00%	14.00%	6.00%	1.00%	25.00%
能源部门(燃煤发电)	9.00%	69.00%	47.00%	0.03%	5.00%
工业部门	49.00%	12.00%	17.00%	—	1.00%
交通运输	4.00%	2.00%	29.00%	0.60%	14.00%
其他排放源	2.00%	0.02%	0.03%	—	52.00%

表 9-4　京津冀地区 $PM_{2.5}$ 分燃料排放比例[15]

	一次源(15%) (156 万吨)	SO_2(34%) (348 万吨)	NO_x(22%) (222 万吨)	NH_3(10%) (100 万吨)	VOC_S(19%) (192 万吨)
燃煤	25.00%	82.00%	47.00%	0.70%	9.00%
生物质燃料	15.00%	1.00%	2.00%	0.40%	19.00%
油品	4.00%	4.00%	31.00%	0.70%	18.00%
燃气	0.40%	0.40%	4.00%	0.03%	0.30%
非燃料排放	55.00%	13.00%	16.00%	98.00%	53.00%

由于中国以煤为主的能源结垢，逐年增长的能源消费总量也对大气污染产生重要贡献。据统计，燃煤是导致京津冀地区大气污染的主导因素，占京津冀地区一次 $PM_{2.5}$ 排放量的 25%，SO_2 和 NO_x 排放量的 82% 和 47%。燃油导致的大气污染相对较小，分别占京津冀地区的一次 $PM_{2.5}$、NO_x 和 VOC_S 排放量的 4%、31% 和 18%。此外，诸多学者从能源消费、能源结构、能源价格、能源效率等方面分析了其与大气污染之间的关系。马丽梅与张晓[16]分析了中国省际雾霾污染的交互影响及其与经济增长、能源结构之间的关系，认为不合理的能源消费是导致雾霾天气的重要原因，不同区域之间的产业转移并不能彻底减少雾霾天气的发生。冷艳丽和杜思正[17]分析了能源价格扭曲对雾霾污染的影响及其区域差异，认为能源价格扭曲对雾霾污染产生正向的促进作用。马晓倩等[6]分析了京津冀雾霾时空分

布及其影响因素,认为第二产业能耗 $PM_{2.5}$ 浓度关系最为密切,工业能耗与其关系最为显著。

总体来看,影响大气污染的因素在时空维度上具有显著差异,各地区在不同时点上导致大气污染的主导因素不能一概而论。但共识性的研究认为,大气污染来源于多方面的因素,既有恶劣气象条件与地形条件等自然因素的影响,又有诸如资源消耗、交通运输、经济发展等的人为因素的影响。针对前者,诸多学者认为自然因素只是大气污染形成的原因之一,而社会经济因素才是区域大气污染的更深层次的决定性因素[18-23]。因此,厘清大气污染排放的影响因素及其治理机制,优化能源结构、加快产业结构转型升级、完善环境规制是有效进行大气污染治理的路径选择。

9.3　中国大气污染治理政策与管理体制

9.3.1　中国大气污染治理政策演化

从 1973 年大气环境保护正式启动开始,我国大气污染防治政策也在不断地调整和完善。我们对相关政策进行了梳理,具体如表 9-5 所示。

表 9-5　中国大气污染防治政策的演变

时间	政策文件	主要内容
1973 年 04 月	《关于进一步开展烟囱除尘工作的意见》	以消除烟尘为主的锅炉改造
1973 年 11 月	《工业"三废"排放试行标准》	规定工业污染源废气排放标准
1979 年 05 月	《中华人民共和国环境保护法(试行)》	在有害气体排放标准、消烟除尘、生产设备和生产工艺等方面作了进一步规定
1987 年 09 月	《大气污染防治法》	该法在防治大气污染的一般原则,监督管理,防治烟尘污染,防治废气、粉尘和恶臭污染以及法律责任等方面做出了规定
1989 年 12 月	《中华人民共和国环境保护法》	提出制定环境质量标准、污染物排放标准、环评等方面的环境监督管理要求,将大气污染列入防治环境污染范畴,并提出技术改造、限期治理、对污染严重的企业实行"关停并转迁"等措施
1991 年 07 月	《大气污染防治法实施细则》	规定同时控制大气污染物排放浓度与排放点量
1992 年	《确定排放大气污染物许可证排污指标的原则和方法》《排放大气污染物许可证管理办法》	指导试点城市排污指标核定和发证后的监督管理工作
1994 年	《全国环境保护工作纲要(1993—1998)》	继续试行排污交易政策,要求强化排污许可证发放及证后管理工作,逐步扩大发放范围
1995 年	修订《大气污染防治法》	增加控制酸雨、二氧化硫污染、饮食服务业环保管理等要求,采取措施防治油烟对居住环境的污染

续表

时间	政策文件	主要内容
1996 年	《关于环境保护若干问题的决定》	大力推进"一控双达标"工作和"33211"工程，划定酸雨污染、二氧化硫污染控制区
1998 年 9 月	《全国环境保护工作(1998—2002)纲要》	提出结合产业结构调整，关闭污染严重企业，推行企业环保目标责任制
2000 年	再次修订《大气污染防治法》	新确立了大气污染防治重点城市和区域管理制度、城市扬尘控制制度、电厂排放控制制度、臭氧层保护制度
2002 年	《大气污染防治重点城市划定方案》	对 113 个重点城市的大气污染防治提出限期达标
2003 年	《清洁生产促进法》	制定国家清洁能源行动实施方案，将污染控制贯穿工业生产全过程
2006 年	《"十一五"期间全国主要污染物排放总量控制计划》	要求各省(区、市)将 SO_2 排放总量控制指标纳入本地区经济社会发展"十一五"规划和年度计划
2010 年 5 月	《关于推进大气污染联防联控工作改善区域空气质量的指导意见》	要求在 2015 年建立大气污染联防联控机制
2011 年	《"十二五"节能减排综合性工作方案》	将污染物减排指标完成情况纳入领导干部政绩考核范围
2012 年 12 月	《重点区域大气污染防治"十二五"规划》	深化大气污染治理，实施多污染物协同控制
2013 年 09 月	《大气污染防治行动计划》	对 2017 年前大气污染治理给出了详细治理蓝图，并对各省市降低 $PM_{2.5}$ 浓度提出具体要求
2014 年 01 月	《大气污染防治目标责任书》	明确了各地空气质量改善的目标和重点工作任务
2015 年 9 月	《环境保护公众参与办法》	明确了公众参与环保的权利、义务、责任、参与方式和环保部在公众参与方面的责任及相关工作。
2016 年 11 月	《"十三五"控制温室气体排放工作方案》	建立全国碳排放权交易制度；启动运行全国碳排放权交易市场；强化全国碳排放权交易基础支撑能力
2016 年 11 月	《控制污染物排放许可制实施方案》	将排污许可制建成为固定污染源环境管理的核心制度，作为企业守法、部门执法、社会监督的依据。
2016 年 12 月	《"十三五"生态环境保护规划》	建设京津冀、长三角、珠三角和东北地区天然气输送管道、城市燃气管网、天然气储气库等基础设施，推进重点城市"煤改气"工程

　　总体来看，我国大气污染防治政策的演变大致历经五个阶段[24]：①认知阶段：改革开放之前，我国大气污染防治由政府主导，依靠行政力量对工业废气、消烟除尘的治理，社会对大气污染防治问题尚未给予足够重视；②萌芽阶段(1979—1991 年)：改革开放以后，《环境保护法》的出台，代表中国环境保护开始走上法制途径，大气污染防治由传统的工业废气、消烟除尘逐步扩大到机动车尾气排放治理，公众参与大气治理的萌芽出现；③起步阶段(1992—2002 年)：这一阶段的

大气污染防治工作强调全过程控制、集中治理以及浓度与总量控制相结合，治理重心也开始向区域污染控制转变，大气污染治理主要依赖法制与行政手段，并开始运用多种政策工具；④发展阶段(2003—2010年)：这一阶段我国能源消费总量急剧增长，大气污染防治政策思路发生重大转变，开始尝试打破大气污染防治的属地管理模式；⑤完善阶段(2010年至今)：这一时期，我国空气污染逐步转为综合型、区域复合型大气污染，城市雾霾现象尤为严重，大气污染防治政策密集出台，政策力度开始向顶层设计集中，引导跨部门、跨区域合作共治和全社会共同参与。

9.3.2　中国大气污染管理体制变革

　　早期我国大气污染虽时有发生，但尚未引起社会的广泛关注，政府部门的大气环境治理的重点多集中于工业废气、消烟除尘工作中。我国工业化、城市化进程的持续加深，导致大气污染已成为关系民生健康、社会发展和经济走向，迫切需要解决的重大政策问题。从我国大气污染管理体制的变化过程来看，经过政策设计、试点和整合，我国大气污染防治政策体系与管理体制正逐步完善(表9-6)。

　　总体来看，我国大气污染管理体制实行统一监督管理与分部门监督管理相结合。一方面，县级以上人民政府环境保护行政主管部门对大气污染治理进行统一管理；另一方面，在环境保护行政主管部门的统一监督管理下，实行由各部门在各自职责范围内分部门分级负责制度,其相应管理主体及其相应职责具体如表9-7所示。

表 9-6　我国大气污染管理体制变革[25]

时间	机构名称	成立依据	参与主体	基本职能
2004	"9+2"联席会议及秘书处(广东环保局)	泛珠三角区域环境保护合作协议	广东、福建、江西等9省和香港、澳门	联席会议形式，推进环境保护合作协议的具体落实
2006	北京奥运会小组	国务院批准	国家环保总局、北京、天津、河北等五省	工作会议形式，制定2008年奥运会空气质量保障措施并实施
2008	三省市环境保护合作联席会议及办公室	长江三角洲地区环境保护合作协议	江苏、浙江、上海	联席会议形式，制定年度工作计划，推进合作协议的具体落实
2014	全国大气污染防治部际协调小组	国务院批准	环境部牵头，其他部委参加	统筹出台大气污染治理的各类政策措施
2013	京津冀及周边地区大气污染防治协作小组	国务院批准	北京等5省市环境部等7部委	明确区域协作的基本原则和工作制度
2014	长三角区域大气污染防治协作小组	国务院批准	上海等4省市环境部等8部委	明确协作的基本原则和五项基本职能

表 9-7 管理主体及其相应职责

大气污染管理体制	统一监督管理体制	管理主体	县级以上人民政府环境保护行政主管部门
		主要职责	制定国家和地方的大气环境质量标准和大气污染物排放标准、审查批准建设项目环境影响报告书、征收排放大气污染物的单位的排污费、划定酸雨控制区或者二氧化硫污染控制区、对管辖范围内的排污单位进行现场检查、建立大气污染检测制度并组织检测网络、定期发布大气环境质量状况公报等
	分部分级监督管理体制	管理主体	环境保护行政主管部门统一监督管理，各部门在各自职责范围内分部门分级负责
		主要职责	由各级公安、交通、铁道、渔业管理部门根据各自的职责，对机动车船污染大气实施监督管理。县级以上人民政府其他有关主管部门在各自职责范围内对大气污染防治实施监督管理

由于当前中国大气污染的区域复合型特征，传统的属地管理模式不足以应对当前日趋严峻的大气污染问题[26]。为此，相关部门围绕大气污染的区域联防联控措施先后出台了多项政策，如表 9-8 所示。

由于区域复合型空气污染不断加剧，传统分部门分级的环境管理体制容易导致部门之间、区域之间的相互推诿扯皮。在此背景下，跨区域、跨部门的大气污染联防联控协作机制打破了部门主义与地方主义的约束，通过部门协调、地区协作和部门地区合作实现大气污染的合作治理[26]。

表 9-8 区域大气污染联防联控政策梳理

时间	发布单位	政策文件	相关内容
2010.06	国务院	关于推进大气污染联防联控工作改善区域空气质量的指导意见	提出了大气污染联防联控工作的三项指导原则：环境保护与经济发展相结合、属地管理与区域联动相结合、先行先试与整体推进相结合原则
2011.12	国务院	国家环保部"十二五"规划	明确提出通过大气污染联防联控制度解决区域大气污染问题
2013.09	国务院	大气污染防治行动计划	区域协作与属地管理相协调、总量减排与质量改善相同步，实施分区域、分阶段治理
2013.11	中共中央第十八届第三次会议	关于全面深化改革若干重大问题的决定	正式提出建立大气污染区域联防联控制度体系，要求建立污染防治区域联动机制
2014.04	第十二届全国人民代表大会	环境保护法	国家建立跨行政区域的重点区域环境污染联合防治协调机制
2014.09	国务院	大气污染防治法（征求意见稿）	重点区域大气污染联防联控机制，统筹协调重点区域内大气污染防治工作
2015.09	国务院	生态文明体制改革总体方案	完善京津冀、长三角、珠三角等重点区域大气污染防联控机制，其他地方要结合地理特征、污染程度、城市空间分布以及污染物输送规律，建立区域协作机制"

9.4　国外大气污染治理的实践与经验

大气污染不仅威胁着人类的身体健康，也造成了大量的经济损失以及气候变化等问题。历史上很多发达国家都曾发生过大规模的大气污染事件，如 1952 年 12 月英国伦敦"烟雾事件"，大雾期间丧生者达到 5000 多人，其后两个月内有 8000 多人相继死亡。美国的光化学烟雾事件导致大片松林枯死，仅 1950—1951 年就造成 15 亿美元损失，1952 和 1955 年都有 400 多位老人因呼吸系统衰竭而死；1948 年 10 月"多诺拉事件"，因二氧化硫及其氧化产物与大气中尘粒结合，导致 5911 人发病，17 人死亡。日本四日市的"哮喘事件"，废气污染以及重金属微粒与二氧化硫形成硫酸烟雾，导致 1972 年哮喘病患者达 817 人，死亡 10 多人。总体来看，大气污染事件的发生既有偶然性也有必然性，诸多国家的大气污染事件多是发生于极端气候条件或特定地理条件下，但是总体上又都是在工业化快速推进时期。这些大气污染问题引发严重的经济损失，并导致大量的发病和死亡。本节通过对一些发达国家大气污染治理实践的梳理和归纳，为中国大气污染治理提供借鉴和参考。

9.4.1　完善法律制度，规范权责体系

鉴于大气污染的严重性，英、美等国家针对大气污染物排放的来源针对性的制定了一系列政策法规。通过完善立法和严格执法，为大气污染治理提供依据和保障。

20 世纪 50 年代英国大气污染主要以煤烟型污染为主，政府部门发布了很多法律文件，如 1954 年伦敦政府针对烟雾排放出台的《伦敦城法案》，1956 年英国政府出台了《清洁空气法》，该法案不仅从大气污染排放源的角度对化石能源利用提出了明确要求，而且对中央和地方政府部门的权限进行了明确规定。在执法方面，英国政府秉持"谁污染谁治理"的理念，采取第三方环保公司治理、污染企业付费的方式，从根本上杜绝了污染企业弄虚作假的可能。针对违法排污的处罚，英国对污染企业的违法行为严苛执法，不设置罚款上限，提高企业污染排放的违法成本，从而对污染企业形成威慑。

美国早期就制定了大气污染治理的多项法律，但由于不掌握大气污染形成规律，减排效果不佳[27]。1970 年美国制定《空气清洁法》并成立联邦环境保护署，其后在 1990 年对其进行了一次根本性的调整，明确规定了空气质量标准与空气污染物清单，使该法成为全世界控制大气污染最具深远意义的法律之一[28]。从立法历程来看，美国早期立法主要是针对大气污染排放的末端治理，对大气污染排放的预防以及中间转化的环节不够重视。其后，受"污染预防"、"清洁生产"等理

论的影响，美国逐步重视大气污染的前段预防与中间转化。如《污染预防法》明确提出以污染预防取代以末端处理为主的污染治理。《能源政策法案》(1992)、《清洁能源与安全法》(2009)等对风能和生物质能等可再生能源及发电系统予以 10年减税，对太阳能和地热的开发项目永久减税 10%，鼓励发展清洁能源，降低大气污染物的排放，明确了大气污染物的产生与排放的具体标准与条件。

除此之外，国外大气污染治理过程中非常重视社会民众的参与。在立法过程中往往涉及社会利益的调整，通常会受到既得利益集团的反对，而既得利益团体往往归属社会强势地位，使得环保立法面临着严重的压力。而在大气污染法治过程中，美国政府鼓励社会民众在环保立法和实施过程中参与，从而有效制衡既得利益集团[29]。

9.4.2　倡导技术创新，转变生活方式

技术减排是国外进行大气污染治理的一个重要举措，国外发达国家在治理大气污染、提升空气质量的历史进程中，无不倚重技术创新的手段实现污染减排这一目标。总体来看，国外技术创新对大气污染治理的贡献主要有直接减排与间接减排两种路径。

一方面，面对大气污染排放严重的局面，英、美、日等发达国家组织科研力量针对大气污染的末端治理技术进行创新升级。美国环境保护署研究空气污染的来源及应对措施，并针对交通尾气排放和燃料生产设定约束。如洛杉矶实施"车油共管"措施，政府加强对油品质量监管，对于不达标的汽油施以重罚，并面向社会公开。成功地将洛杉矶地区的臭氧浓度在四十年内降低了 60%以上[30]。通过发展绿色能源技术，特别是通过立法推动绿色能源技术开发，美国目前面对多类大气污染源都具有比较完善的处理方法。美国政府还对交通尾气排放制定了严苛的标准，加州政府专门成立了机动车污染控制局，帮助企业快速实现低排放或零排放等。

相比之下，英国不仅对交通尾气排放作了严苛规定，也对能源结构的改善作出了安排，如英国拟通过对燃煤电站的"绿色改造"与风电等绿色能源的发展，提高可再生能源的供应，并计划在 2020 年绿色能源在能源供应中比重为 15%，40%的电力将来自绿色能源，从而在根本上减少化石燃料燃烧导致的大气污染物排放。

另一方面，英、美等国家还采取技术进步的措施转变生产和生活方式。奥巴马政府颁布的《清洁能源和安全法案》，倡导绿色能源和可再生能源的使用，转变依赖石油煤炭的生产方式。再如，2011 年英国伦敦采取一系列技术手段对电源结构予以改善，采取校企联合方式发起总投资 3000 万英镑的"碳伦敦"实验项目。该项目一方面通过分布式供电系统的应用以及智能电表的普及提高能源效率，另一方面推动电动汽车发展和电热中转等低碳技术，从而实现能源效率的提升和污染物排放的减少。此外，英国政府还倡导绿色城市的建设和生活方式的绿色发展。

如开展太阳能推广计划，以提高房屋可再生能源利用率和降低排放。

除此之外，开展污染减排技术的研究工作也是国外发达国家大气污染治理的一个有效手段。如在2005—2008年，澳大利亚政府资助140万澳元开展国家空气质量管理的研究工作，支持、鼓励相关政策和管理措施，以降低空气污染对人类身体健康的危害。项目评估委员会由政府和科研机构的技术及政策专家组成，该项目先后资助了13个子项目，解决了澳大利亚空气质量管理方面的部分研究缺陷[31]。

9.4.3 完善监管方式，健全管理机制

梳理国外大气污染管理体制发现（表9-9），早期大气环境管理多采用属地管理模式。如美国早期建立了空气质量管理机构，并采取分区域管理的方式。据其大气污染治理的实践来看，主要采取如下措施：一是成立专门的环境管理机构。考虑到"联邦统一领导"和"地方自主性"之间的关系，美国建立了环境保护署，同时为促进联邦环保署各项职能得到有效实施，又按照地理与社会经济区域为标准，划分设立了10个区域办公室，执行联邦的规定，协调州与联邦的关系，以促进跨区域大气污染防治的实现[32]。二是设立大气污染控制区。早在1947年，加州政府出台了《空气污染控制区域法》，规定每个空气污染控制区主要控制管理区内的空气污染源。每个污染控制区可以超越行政区划的限制，如考虑地理因素创设的大盆地联合空气污染控制区。

由于大气污染的区域关联性和溢出效应，其跨区域传输的特性导致传统的属地管理模式不能够有效应对大气污染治理的要求。因此，大气污染的区域协同治理是当务之急。在大气污染治理过程中，美国各州政府为实现跨区域大气污染协同治理，合理分担成本，按照环保署划分的10个区域，成立了区域防控协会，对区域之间的大气污染联合治理进行交流和协调。如1977年加州南海岸空气质量管理局，主要承担大气污染治理的立法、执法、监督和惩罚，成为区域联防联控的典范[33]。英国地方政府通过大量合作来开展对空气污染的整体治理，这种合作既包括政府部门之间的合作，也包括政府与社会团体的合作。与传统政府主导的治理模式有别，协同治理模式下，通过政府部门的引领，建立规范的沟通和参与平台，使得企业与公众得以在一个多方参与的平台上影响政府决策[34]。

政府主导、公众参与是英国大气污染协同治理的显著特点。具体而言，政府是大气污染协同治理的主体支撑，政府通过法律、经济、政策等各项措施引导与限制企业生产，依靠企业和社会解决大气环境问题，逐渐完成由治理模式向防治模式的转换。公众参与则是实现大气污染协同治理的重要手段，英国政府通过环境教育提高公众的环保意识及其对环境治理的关注度与参与度，并建构一个政府、企业和公众多方参与的沟通协作平台，确保了所做决策的科学性和有效性。

表 9-9 国外大气污染治理组织结构与政策特色比较

国家	主要污染源	组织架构			政策特色
		中央层面	地方层面	民间参与	
英国	生活排放、交通排放、工业排放	环境、食品与农村事务部，下设独立运行的环境署	通过"地方空气管理"系统增强政府环境保护职能	环保组织，国际环保组织在英国的分支机构，环保研究机构	政府、企业、民众多方协作；经济惩罚与激励手段并重；强制性与可行性并重；注重煤烟型污染控制、工业污染治理、机动车尾气治理
德国	交通、能源发电、工业生产和农业排放	联邦环境、自然保护、建筑和核安全部	各州独立的环境事务管理自主权和裁量权	公法合同规定社会主体有权参与环境相关的决策	重视各方合作；建立市场运行机制；提倡环保技术；完善监管机制；注重经济、立法等减排手段
法国	机动车排放、农业排放、居民家庭排放、工业排放	生态、可持续发展和能源部	各省根据实际情况成立土地管理部门级特别局	政府支持和鼓励环保组织和市民参与环保工作并使其发挥重要作用	鼓励公众参与；建立检测、预报和溯源系统；实施空气质量专项行动计划；减少居民生活污染物排放；减少工业污染物排放
美国	工业排放、汽车尾气排放、生活排放	环境保护署、交通部	各州独立行使环保立法权和执法权	各类社会主体积极参与，多方联动，形成多元协作网络	国家空气质量标准和州政府独立实施原则相结合；州际空气污染协同治理；机动车尾气协同治理；市场、行政、法制、技术手段并举
加拿大	工业污染源、运输、住宅及个人	环境部下设环境部长理事会，应对全国范围内的跨境环境事务	省环境厅和地方环保机构也分为三个层次	国家立法明确了公民参与权，也鼓励公众和环保组织参与环保事务	跨部门合作，鼓励社会力量的积极参与，开展跨国界的合作；空气污染应急预警制度
日本	工业排放和汽车尾气	将环境厅升格为环境省	地方环境事务所为环境省派驻地方的分支机构	民间诉讼推动了空气污染治理	民间诉讼推动大气污染立法；针对工业排污与汽车尾气制定防控对策
新加坡	工业和机动车辆废气排放、临界污染	环境与水资源部，下设法定机构，并设立环境局		鼓励公众、企业、非政府组织参与环保事务	立法优先，执法严厉；公司合作，市场手段

注：根据杨立华、蒙常胜[35]整理。

9.4.4 注重利益协调，完善减排机制

由于大气污染的流动性，邻界污染往往导致本地区的空气质量的下降。因此，跨国/地区大气环境合作治理成为各国、地区的共识。各国在实施跨区大气质量提升过程中，对区域之间的利益协调、财税政策安排以及排污权市场交易机制建设等方面愈加重视。

针对欧洲大气污染问题，1979 年欧洲多个国家签署了《远距离跨界大气污染公约》，并分别针对 SO_2、NO_x、VOC_s、重金属等签订了一系列议定书。该公约确立了污染减排国际合作的基本原则，树立了控制和减少跨地区污染的典范，据统计仅在 1985—1994 年间欧洲 SO_2 排放量下降了 50%。在综合考虑大气环境共同

目标的前提上，由于区域内不同国家的经济发展水平与产业特征各不相同，彼此进行污染治理的成本也不同，治污方的高昂环境成本主要通过一系列基金的运作来增强区域内的公平性，如"欧洲地区发展基金"和"欧洲社会基金"等，通过这种利益协调的方式谋求合作共赢，最终实现大气质量的提升[36]。

从大气污染减排的财税政策来看，欧洲发达国家在进行大气环境治理过程中主要采用排污税或间接财政补贴等措施，有效促进了绿色增长并间接引导企业对于绿色科研的投入。荷兰是收取排污税较早的国家，除此之外，燃料税也是荷兰雾霾费的组成部分。其财税政策在落实过程中，考虑到企业对排污税征收阻力，荷兰在执行排污税同时通过降低员工税的方式补偿企业。英国大气污染主要以煤烟型污染、汽车尾气污染为主，英国对此则采用财税补贴方式大力推广新能源的使用，减少污染物排放高的能源的使用占比，间接减少大气污染排放，降低城市出现雾霾的可能[37]。

从大气污染减排的市场机制来看，排污许可证制度、排放权交易制度等市场机制逐步成为减排的重要手段。美国在进行大气污染防治过程中参考了水污染治理的排污许可证制度，这一政策对于区域固定污染源起到了很好的减排作用。但由于大气污染具有极强的流动性，临界污染仍会导致本地区的大气环境质量。为此，2005 年美国环保署颁布了《清洁大气州际规则》，规定各州污染总量排放配额由环保署在考虑各州技术减排能力和成本的基础上做出，各州配额可以积累或在市场进行自由交易。如加州南海岸推出了区域空气污染排放交易机制，对排污权交易体系参与单位分配排放量，并实时监测其排污情况，超标额度由排污企业公开交易[26]。

大气污染排污权交易机制是目前国外应用较为广泛的经济手段之一，该市场机制在考虑大气质量目标条件下提出排污权交易的设想，并引入了"排放减少信用"这一概念，允许不同单位间交易排放额度，为企业进行成本最低的减排提供了新方法。鉴于美国实施该政策的显著效果，英国、德国、澳大利亚和加拿大等国也陆续开始应用该政策来应对本国的环境治理问题，并根据各国国情建立各具特色的排污交易体系[38]。总体来看，大气污染排放配额制与市场交易机制对固定源污染减排起到了较好的效果。

9.4.5　建立监测体系，鼓励公众参与

空气质量数据是进行大气质量污染程度评估的最根本保障，也是相关管理部门制定大气污染治理政策的决策基础。从国际实践经验来看，科学的空气质量监测体系历来是欧美等发达国家进行大气污染治理工作的首选措施。

美国以 $PM_{2.5}$ 作为环境空气质量监测的对象，实时监测全国空气质量，通过官方网络发布平台公开当天监控和第二天的预测数据，向公众提供地方空气质量

指数、实时状况、PM$_{2.5}$值和臭氧监测数据，以及污染程度是否危害身体健康等信息[39]。英国政府处理发布实时空气质量数据和污染物浓度及每周趋势图，另外还创建了谷歌的地球图层，为公众提供详细的污染物的数值以及变化趋势。意大利借鉴欧盟统一的空气质量监测标准，建立了与欧盟统一的大气监测网络体系，并对 PM10、PM$_{2.5}$ 等污染物排放明确规定了相应的标准，如规定 PM10 的全天内的平均值不得超过 50 毫克/立方米，PM$_{2.5}$ 在 24 小时内的最低限值为 25 毫克/立方米[37]。法国对大气质量的监测通过环境与能源管理局向公众提供空气质量信息，在网站上公布当天和第二天空气质量指数。除此之外，法国还于 2010 年出台了空气质量法令，对 PM$_{2.5}$ 和 PM$_{10}$ 的浓度制定了标准[39]。

在大气环境信息公开制度层面，美国、法国等通过立法手段对大气质量信息发布制度、公开原则等都有明确的规定，要求对环保信息的公布渠道予以明确，如警示标志、电视、广播或新闻等。信息公开制度一方面能够明确告知民众即时的大气环境变化情况，向公众提供当地空气质量是否危害身体健康的信息，从而规避和减少大气污染对人身健康的危害；另一方面也可以提高民众的环保意识，保障公民参与监管的途径[40]。公众参与也是改善大气质量、促进大气环境污染治理的重要推进力量。美国、德国在及时发布空气污染信息的同时，还向公众提供应对大气污染、减少污染排放的信息，鼓励家电节能利用、绿色出行方式等，减少化石燃料消耗和机动车尾气排放[40]。

除此之外，公众的积极参与可以通过向政府施压、宣传减排常识、向议会提交议案、进行科学研究与国际合作等方式，改变政府在空气污染治理上的不作为状况，从而推动大气污染治理工作的实施[41]。如英国烟雾减排委员会、英国煤烟减排协会、大不列颠烟雾减排联盟等非政府组织，采取各种措施促进英国大气污染治理工作逐步推进：一方面积极采取各种方式给政府施加压力，促使政府完善大气污染治理的立法和执法工作；另一方面，通过常态化运作的展览会和媒体宣传等方式唤醒民众的环保意识，推荐节能减排的技术和新产品等；再者，非政府组织还积极开展环境科学研究和跨区域联合与国际合作，特别是大不列颠烟雾减排联盟开始了与其他国家的空气污染治理的国际交流与合作，如通过召开国际烟雾减排大会学习匹兹堡和芝加哥等城市治理大气污染的经验等，这对推动英国控烟减排有一定的意义。

9.5　国外大气污染治理对中国的启示

国际大气污染治理经过长期的实践，无论在政策立法、治理模式还是市场减排机制建设等方面都积累了大量的经验，对中国大气污染防控具有很好的借鉴意义。

9.5.1　因地制宜因时制宜，灵活制定污染减排政策工具

比较西方发达国家大气污染防治实践可知，诸多国家在大气污染源及其防治手段存在显著的区别。英国大气污染主要来自燃煤以及交通尾气排放，大气环境保护落脚于煤烟型污染控制、工业污染治理、机动车尾气治理，通过市场调节与政府管制的管理手段，辅之以大气环境立法等治理措施，形成了政府、企业、民众多方协作，惩罚与激励措施并行的治理模式。德国大气污染以汽车尾气、工业污染和临界污染为主，德国首先通过立法制定了比欧盟更加严苛的标准，采用经济调节、交通政策、减排措施等方法，并极大地授予地方治理大气污染自主权，增进与邻国的合作，形成了国家纲领与国际合作的治理机制。相比之下，美国大气污染以工业排放、机动车排放、生活排放为主，其治理措施主要通过环境立法，建立起大气污染治理政策框架，形成了联邦框架、市场激励以及公民自发共同作用的治理机制[42]。

比较可知，不同国家由于大气污染来源及其发展阶段的国情差异，所采取的措施有所不同。中国幅员辽阔，各地区在大气污染成因机理、治理能力、减排成本等方面都有很大的阶梯差异，一刀切的大气污染治理模式难以实现大气环境的有效治理。如北京清洁能源替代的大气污染减排模式，在当前我国能源消耗总量大、以煤为主的能耗结构约束下，必然不能复制应用于其他地区。因此，各地区在减少大气污染的过程中，应根据自身不同的发展阶段，不同的污染发生机制，不同的地理地形条件，不同的减排技术以及不同的减排成本承受能力，因地制宜、因时制宜、针对性的采取减排政策，且污染减排政策工具应根据不同阶段大气污染的形成原因灵活制定。

9.5.2　推进大气环境立法，完善顶层制度管理机制设计

大气污染来源既有区域上的差异，又有时间维度上的区别。诸多国家针对不同区域不同发展阶段大气污染的差异进行针对性的立法管制，如英国针对煤烟型污染的立法，美国针对交通尾气排放的政策立法，等等。参考国外大气污染立法治理的实践经验，中国改善大气污染现状需要借助立法手段，避免头疼医头脚疼医脚的短期措施，逐步完善大气污染防治司法机制，并制定针对性的法律规制办法，实现大气污染法律规制的持续性、系统性与动态性。

借鉴美国、英国等经验，中国在推进大气环境立法过程中，一方面可以针对违法排污的处罚不设置上限，提高企业污染排放的违法成本，从而在大气污染末端治理上实现大气污染减排；另一方面，通过立法手段制定相关技术标准，倒逼企业推进技术改造和升级，从而在大气污染预防和中转环节实现法制化；再者，大气污染立法要重视和鼓励民众、团体、协会等社会组织的参与。大气污染立法

是一个除旧立新的过程，为降低特殊利益集团对环境立法的阻碍，可以通过鼓励社会民众在环保立法和实施过程中参与，从而有效制衡既得利益集团。

除此之外，中国空气污染防治的顶层设计需要提供"治本之策"，兼顾不同地区污染成因、减排成本、减排能力等差异，充分依托区域内各省区市的资源、区位优势，统筹规划区域内各城市的功能定位、建立优势互补的产业布局，形成空气污染区域联合治理的合力。"除旧控新、治标治本"是《大气污染防治行动计划》的核心内容，其本质要求是既要治理现有污染源，又要控制新增污染源，并将"控新"作为治本之策。针对现有污染源，既要做到大气污染源的共同减排，又要考虑污染成因建立大气污染的阻断机制，还需建立监测预警系统，及时采取措施改善重污染天气。针对新增污染源，主要是采用产业结构与能耗结构优化升级的手段实现大气污染控制：加快淘汰"两高"行业落后产能，开发并推广清洁能源利用，实现煤炭资源的减量替代。

与此同时，大气污染治理的顶层设计在管理机制与制度层面也需进一步完善，如大气污染治理的权责体系与组织架构、区域大气环境监管模式与联防联控机制、总量控制与市场交易机制构建等。坚持政府调控与市场调节并进、全面推进与重点突破共举、区域联合与属地管理结合，形成政府主导、企业施治、市场调控、公众共同参与的空气污染防治新体系，实施分区域、分阶段治理。

9.5.3　发挥政府主导作用，健全污染减排市场交易机制

解决中国大气环境污染问题，本质上要求转变发展方式。梳理中国空气污染防治的经验不难发现，大气污染治理主要是在政府主导下借助行政手段进行，然而，这种管理方式针对当前跨区域复合型大气污染特征难以有效解决大气污染问题，属地管理模式给区域大气污染的协同治理带来很大的行政化壁垒。事实上，大气环境治理仅仅依靠行政手段难以持续，必须强化市场手段、运用经济杠杆。因此，转变大气污染属地管理的治理模式，采用政府主导、企业主体、市场运作的方式是解决中国大气污染问题的必由之路。

结合欧美发达国家大气污染减排市场机制建设的经验，减排配额制、排污许可证制度、排放权交易等都是有效的减排市场工具。中国可以针对"两高"行业进行大气环境资源有偿使用的试点工作，先把国家控制的化学需氧量、氮硫氧化物等污染物排放权纳入一级市场交易，设立试点，促进环境资源从无偿配置到市场化有偿获取的过渡。针对已有污染源，政府逐步提高老企业的排污标准，并强制企业进行减排，减少排污总量。针对新建、改建或扩建项目，政府部门首先根据环境容量和治理成本等因素，设定各种污染物的价格，并进行环境资源有偿获取一级市场交易，新建、改建、扩建项目在进入环评阶段后可根据自身排污需求向一级交易市场购买排污权，交易收入扣除交易管理费后纳入污染专项治理基金。

除此之外，为鼓励企业参与和减少企业对排污市场建设的阻力，政府相关管理部门应开展一些具体措施发挥其主导作用及其公共服务职能，如通过宣传提升社会认知程度，对企业的减排行为实行必要的奖惩政策，推广应用企业排污的实时监测系统，提供免费的污染物回收储备条件和一定程度的财税补贴等。

9.5.4　完善协同治理模式，落实区域减排成本分担政策

由于大气污染源复杂性和流动性，大气污染在空间上显示出跨区域的情形[43]。因此，基于行政区"各自为战"的属地管理模式难以解决区域性大气污染问题，跨区域合作治理成为必然选择[44]。2015年《大气污染防治法》对此明确提出，重点区域要建立跨区域大气污染协同治理机制。然而这一机制如何规避地方利益失衡，如何划分主体合作治理的权责关系，如何建立区域协同治理的政府间责任分担机制，关系到跨域协同治理规范合法的运行及有效监管。大气污染跨域协同治理的根本原因在于化解地方政府行政壁垒的阻碍，而其关键在于地方政府的横向整合。大气污染协同治理，不仅仅在于跨区域、跨部门的联防联控，还包括纵向产业链的协同减排、能源总量控制与大气污染的协同减排等。

梳理国外跨域污染合作治理的经验可知，英国跨域合作治理项目的成功经验在于建立一个具备明确的领导、积极的风险管理和监控、有效的财务信息和关键绩效指标、周期性评价等要素的合作协议。美国跨域协同治理关键在于合作利益共享、政治/公众/私人部门的强力支持、理性又可操作的改革以及政治合法性的制度化合作。借鉴国外大气污染跨域合作治理的经验，中国大气污染的协同治理，一方面要打破部门主义与地方主义的约束，建立跨区域、跨部门的大气污染协同防控机制，并将相关地区大气污染防治的决策、执行和监督权进行统一职权配置；另一方面，要合理配置资源并兼顾各相关主体的利益诉求，通过部门和地区协同合作实现大气污染的合作治理。

针对大气污染协同治理的政府间责任分担问题，首先需要根据各地区对大气污染的"贡献"不同区分减排责任，建立有分别的责任承担原则，编制区域排放清单和区域大气污染扩散模型是厘清各区域减排责任的关键；其次，考虑到大气污染减排的区域公平性与可行性，尚需建立有区别的责任关系协调机制，而各地区发展诉求、减排技术储备、减排能力差异是其决定性因素。总体来看，地方政府间"责任共担、明确划分、成本分担"的核心机制是实现大气污染协同治理的必然选择。具体而言，要求域内各级政府/部门都具有大气污染减排的法定义务，并明确各自区域/部门的减排义务，进一步统筹考虑各地区大气环境容量、资源/区位优势、发展诉求、减排能力以及污染来源等因素，建立大气污染减排的成本分摊体系。

在大气污染减排成本分担问题上，"污染者支付"与"受益者支付"两种原则

都有现实应用，但前者应用最为广泛。从公平角度来看，"谁污染谁治理"体现了社会公平与正义，但从减排效率的方面看，由于各地污染物单位排放量亦或单位污染浓度的控制成本存在区别，污染减排的成本以及环境容量使用的边际收益也有所不同，等量分配往往并非最有效的，普遍来说，边际减排成本更少的地区增加减排会有较高的经济效益。然而，这些地区通常为经济发展比较不发达区域，若因其减排成本低而承担更多的减排义务，尽管在全局角度上更有效率，但又明显有失公平。一个折中的办法，就是加入地区间的"受益者支付/补偿"原则，分离治理工作与成本，使得治理成本低的地区接受更多的治理工作，而其超额完成的成本由所有受益地区一起分摊[45]。

参 考 文 献

[1] 张伟, 王金南, 蒋洪强, 等. 《大气污染防治行动计划》实施对经济与环境的潜在影响[J]. 环境科学研究, 2015, 28(1):1-7.

[2] Cheng Z, Luo L, Wang S, et al. Status and characteristics of ambient PM2.5 pollution in global megacities[J]. Environment international, 2016, (89):212-221.

[3] 张艳, 余琦, 伏晴艳, 等. 长江三角洲区域输送对上海市空气质量影响的特征分析[J]. 中国环境科学, 2010, 30(7): 914-923.

[4] 王伟, 孔少飞, 刘海彪, 等. 南京市春节前后大气 PM2.5 中重金属来源及健康风险评价[J]. 中国环境科学, 2016, 36(07):2186-2195.

[5] 丁明月, 刘海晨, 徐健, 等. 江浙沪春节燃放烟花爆竹对垂直大气的影响[J]. 环境科学学报, 2016, 36(09): 3372-3378.

[6] 马晓倩, 刘征, 赵旭阳, 等. 京津冀雾霾时空分布特征及其相关性研究[J]. 地域研究与开发, 2016, 35(2): 134-138.

[7] 毛婉柳, 徐建华, 卢德彬, 等. 2015 年长三角地区城市 PM2.5 时空格局及影响因素分析[J]. 长江流域资源与环境, 2017, 26(2): 264-272.

[8] 陈优良, 陶天慧, 丁鹏.长江三角洲城市群空气质量时空分布特征[J].长江流域资源与环境, 2017, 26(5): 687-697.

[9] 杨冕, 王银. 长江经济带 PM2.5 时空特征及影响因素研究[J]. 中国人口•资源与环境, 2017, 27(1): 91-100.

[10] 刘芷君, 谢小训, 谢旻, 等. 长江三角洲地区臭氧污染时空分布特征[J]. 生态与农村环境学报, 2016, 32(3): 445-450.

[11] 尉鹏, 任阵海, 王文杰, 等. 基于细模态 AOT 的中国 PM0.5 时空分布特征[J]. 环境科学研究, 2014, 27(9): 943-950.

[12] 王美霞. 雾霾污染的时空分布特征及其驱动因素分析[J]. 陕西师范大学学报(哲学社会科学版), 2017, 46(3): 37-47.

[13] 程进. 长三角城市群大气污染格局的时空演变特征[J]. 城市问题, 2016, (1): 23-27.

[14] 王冰, 贺璇. 中国城市大气污染治理概论[J]. 城市问题, 2014, (12): 2-8.

[15] 关大博, 刘竹. 雾霾真相:京津冀地区 PM2.5 污染解析及减排策略研究[M]. 中国环境出版社, 2014.

[16] 马丽梅, 张晓. 中国雾霾污染的空间效应及经济、能源结构影响[J]. 中国工业经济, 2014, (4): 19-31.

[17] 冷艳丽, 杜思正. 能源价格扭曲与雾霾污染——中国的经验证据[J]. 产业经济研究, 2016, (1): 71-79.

[18] Paatero P, Hopke P K, Hoppenstock J, et al. Advanced factor analysis of spatial distributions of PM2.5 in the eastern United States [J]. Environmental science & technology, 2003, 37(11): 2460-2476.

[19] Guan D, Su X, Zhang Q, et al. The Socioeconomic Drivers of China's Primary PM2.5 Emissions[J]. Environmental Research Letters, 2014, 9(2): 024010.

[20] 东童童, 李欣, 刘乃全. 空间视角下工业集聚对雾霾污染的影响——理论与经验研究[J]. 经济管理, 2015, (9): 29-41.

[21] Fang C, Liu H, Li G, et al. Estimating the impact of urbanization on air quality in China using spatial regression models [J]. Sustainability, 2015, 7(11): 15570-15592.

[22] 邵帅, 李欣, 曹建华, 等.中国雾霾污染治理的经济政策选择——基于空间溢出效应的视角[J].经济研究, 2016, (9): 73-88.

[23] 周海军, 刘涛, 都达古拉, 等. 包头市大气污染特征及其影响因素[J]. 环境科学研究, 2017, 30(2): 202-213.

[24] 冯桂霞. 中国大气污染防治政策变迁的逻辑——基于政策网络的视角[D]. 济南：山东大学, 2016.

[25] 王清军. 区域大气污染治理体制：变革与发展[J]. 武汉大学学报(哲学社会科学版), 2016, 69(1): 112-121.

[26] 张世秋. 通过制度变革推进区域复合型大气污染的防控与管理[J]. 环境保护, 2012, (6): 73-76.

[27] 谢伟. 美国大气污染管制手段发展及对我国启示[J]. 科技管理研究, 2014, (11): 201-204.

[28] 国际空气污染防治协会联盟. 全球空气污染控制的立法与实践[M]. 北京:中国环境科学出版社，1992.

[29] 王曦, 谢海波. 美国政府环境保护公众参与政策的经验及建议[J]. 环境保护, 2014, (9): 61-64.

[30] 林岩, 朱怡芳. 洛杉矶治理大气污染的经验与启示[J]. 世界环境, 2016, (6): 37-39.

[31] 杨玉川. 澳大利亚大气污染防治经验研究与启示[J].环境保护, 2014, 42(18): 71-73.

[32] 张欣炘, 杨帆. 美国、欧盟大气污染联防联控机制及启示[J]. 环境保护, 2015, (13): 51-53.

[33] 李卫东, 黄霞. 美国雾霾治理经验及其启示[J]. 合作经济与科技, 2017, (2): 182-184.

[34] 杨拓, 张德辉. 英国伦敦雾霾治理经验及启示[J]. 当代经济管理, 2014, 36(4): 93-97.

[35] 杨立华, 蒙常胜.国外主要发达国家和地区空气污染治理经验[J].公共行政评论, 2015, (2): 162-178.

[36] 郑军. 欧洲跨地区大气污染防治合作长效机制对我国的启示[J]. 环境保护, 2017, (5): 75-77.

[37] 李新宁. 雾霾治理:国外的实践与经验[J]. 生态经济, 2015, 31(5): 2-5.

[38] 周景坤, 黎雅婷. 国外雾霾防治金融政策举措及启示[J]. 经济纵横, 2016, (6): 115-119.

[39] 王新, 何茜. 雾霾天气引反思看国外如何治理[J]. 生态经济, 2013, (4): 18-23.

[40] 林艳, 周景坤. 美国雾霾防治公共服务政策与启示[J]. 资源开发与市场, 2016, 32(9): 1073-1077.

[41] 崔艳红. 第二次工业革命时期非政府组织在英国大气污染治理中的作用[J]. 战略决策研究, 2015, (3): 59-72.

[42] 杨立华, 蒙常胜.国外主要发达国家和地区空气污染治理经验[J].公共行政评论, 2015, (2): 162-178.

[43] Wenbo X, Fei F, Jinnan W, et al. Numerical Study on the Characteristics of Regional Transport of PM2.5 in China[J]. China Environmental Science, 2014, 34(06): 1361-1368.

[44] 姜玲, 乔亚丽. 区域大气污染合作治理政府间责任分担机制研究[J]. 中国行政管理, 2016, (06): 47-51.

[45] 张世秋. 京津冀一体化与区域空气质量管理[J]. 环境保护, 2014, (17): 30-33.

第10章 特朗普政府的能源政策及对中国的影响

10.1 引 言

在寻求世界经济长效健康发展的过程中，能源问题日益突出。制定出合理的能源政策，确保国家能源安全，是各国政府的首要任务。2016 年 11 月 9 日，特朗普出乎意料当选美国第 45 任总统，随后提出了"第一能源计划"，旗帜鲜明地强调其大力扶持美国传统能源行业，轻视清洁能源，否定奥巴马政府"气候行动计划"的政策主张，让世界震惊瞩目。作为世界上最大的能源消费国之一和第一强国，美国能源政策的变化必然会对全球经济和能源体系产生深远影响。同样，中国作为全球最大能源消费国之一，也面临富煤、贫油、少气的资源禀赋条件，并且"十三五规划"要求实现碳排放强度降低 40%~45%，非化石能源消费比重超过 15%以上，煤炭消费比重低于 58%以下的目标，使中国经济和能源发展在国际能源市场中更显被动。特朗普上任以来引起国际和我国能源价格频繁波动，引发广泛关注。因此，对特朗普政府能源政策深入研究，分析其对世界和中国能源的可能影响显得尤为必要，同时也为促进中国能源发展和保障国家能源安全政策的制定提供有益参考。

本章以过去学者研究能源政策及其影响理论为基础，整理分析特朗普"第一能源计划"政策内容，通过演绎归纳法，研究特朗普政府能源政策对中国能源发展的影响，从而提出了科学、合理、实用的建议和对策。本章将从以下几方面展开研究：

(1)通过整理特朗普政府目前已签署的能源政策，分析特朗普能源政策的内容和特点，以及政策制定与实施可能面临的机遇与挑战，研判其能源政策主张可能倾向，并且通过分析美国能源现实发展情况和师姐能源发展潮流，判断美国能源发展走向。

(2)在能源政策影响理论的基础上，根据特朗普能源政策倾向具体内容，从能源发展的主要要素出发，研究特朗普政府能源政策对中国能源发展的影响。

(3)通过上述分析，根据中国能源实际发展现状，结合特朗普能源政策可能给中国带来的机遇与挑战，以期从国家的宏观层面提出保障中国能源稳健安全发展的应对策略。

为了能够对上述内容展开有效研究，对前人学者关于能源政策及其影响方面的研究进行归纳总结，从而指导本章就特朗普能源政策可能会给中国能源发展带来的影响进行分析。赵宏图[1]认为美国"能源独立"战略实质是为了通过影响美国能源增产减需，降低对外能源依赖度。Brown, Gabriel, Egging[2]认为美国能源政策的倾向使美国页岩气大规模开采，这种替代能源的发展，将可能促进美国能源消费结构向天然气转变。Pietro[3]研究认为美国通过发展本土能源可以降低能源依赖度，保障国内能源安全，增加全球能源供给量，稳定国际能源市场价格，提高美国在国际能源市场的影响力，并且强调政府行为对能源发展有着重要影响，若要实现新能源的发展，必须政府通过一系列巨额投资和补贴的政策进行扶持。星野泉[4]研究也表明美国政府实施税收减免优惠政策，能够促进能源提效增产。崔楠楠[5]认为美国通过能源独立政策，可以解决美国失业率问题，还能维护其美元货币地位，依靠能源优势争得发展主动权。张茉楠[6]认为美国能源独立战略的实施将改变世界能源战略格局，中东地区不再能控制全球石油资源生产供应。曾兴球[7]认为，美国在追求实现能源独立过程中，虽然有助于美国经济发展，但是会复杂化国际地缘政治，增添国际能源市场不确定性。综上学者研究可知，美国能源政策主要通过影响能源供求、替代能源发展、国家能源战略储备、美元以及地缘政治和不确定事件，对美国国内和国际能源体系产生影响。鉴于这些理论基础，本章将从这些角度分析特朗普政府能源新政将对中国能源发展产生的影响。

10.2　特朗普政府"第一能源计划"

10.2.1　政策提出背景

近年来，美国经济发展滞缓，就业环境长期不振，民众财富持续缩水，贫富分化日益加深的社会矛盾不断激化，大部分白人并未得到美国的梦之荫蔽，反而日益被边缘化，忽略化。国际声誉不断下降，在稳定中东主要石油生产国家的战争中消耗巨资，以中国、印度等发展中国家的兴起，使美国的全球霸权深受挑战。而特朗普就是在这样的背景下，在极为不被看好的总统竞选中，最终出乎意料胜选，让世界为之一振。特朗普正是代表着美国那些边缘化大众的利益，推行着不同的政治主张。而美国在国际能源体系中具有举足轻重的作用，拥有领先能源技术和充足能源供给，特朗普政府为了创造更多就业机会，刺激经济发展，让美国经济重新走向繁荣，将能源行业作为重要突破口。而其一贯重视发展传统能源行业，轻视清洁能源发展，否定气候变化，并且认为清洁能源成本高，发展速度慢，难以解决美国面临的问题，而美国目前化石资源储量丰富，水压致裂等技术相当成熟，所以认为发展传统能源对拉动就业，提振经济效益成效将更显著，因此特朗普坚信依靠其"第一能源计划"政策将会带领美国再次伟大[8]。

10.2.2　能源政策倾向内容

2017 年 1 月 20 日，特朗普政府公布了"美国第一能源计划"，虽然内容简短，却旗帜鲜明的表明了能源政策主张核心：实现能源自给自足、解除能源工业发展限制、继续页岩气革命、振兴煤炭工业、保护清洁空气和水体。将化石能源作为切入点，表现出与奥巴马政府及时代能源潮流截然不同的政策主张。具体而言，有以下几方面内容：

（1）开发本土能源，降低国际石油依存度。美国过去高度依赖中东地区石油进口，多次遭受能源危机的冲击，给国家经济发展和国土安全造成严重威胁，历届总统都采取各种政策措施追求能源独立，减少对外能源依赖给国家发展的制约和影响。因此特朗普主张对美国本土能源进行大量开采，提高国内供给，降低国内原油价格，摆脱对国际石油的高依赖，从而保障国家能源安全。为此，特朗普政府已经采取的措施及可能会采取的政策主张为：

①人事任命。2016 年 12 月 13 日宣布提埃克森美孚 CEO 雷克斯·蒂勒森担任新一届国务卿，蒂勒森领导世界最大非政府油气企业，是典型的油气支持者，特朗普通过这样的政治人力资源任命，确保和推动美国石油开采。

②放松原油开采限制。1982 年和 1990 年美国国会先后通过了近海石油禁止开采法律和行政禁采令，从而使美国近海石油完全禁采。尽管 2010 年奥巴马取消了部分近海石油开采禁令，但由于环保组织的反对，在卸任前，奥巴马颁布《外大陆架土地法案》，禁止近海油气开采。而特朗普政府为了实现石油提产增效的目标，可能会解除该禁令，进一步争取海上石油开采，从政策松绑和扩大开采领域，双向促进石油生产。

③减少油气租约环保限制。只有兼具地表使用权和矿产权，美国才能进行能源开采，特朗普在"能源独立"行政命令中解除了部分关于石油开采的相关限制，降低环评要求促进石油开采，进而通过土地管理局对油气租约进行调整，尽可能为石油开采创造宽松的政策环境，保障石油开采。

④恢复石油管道建设。当前，KeystoneXL 和 DakotaAccess 管道是美国最受争议的石油管道项目，特朗普于 2017 年 1 月 24 日签署两份单独的行政命令，旨在推动这两项耗资数十亿美元的管道建设项目生效，若政策落实到位，这将极大促进美加油气输送，大幅减少美国对中东石油进口依赖，影响世界能源格局。

（2）取消"气候行动计划"，解除了美国对能源工业限制。"气候行动计划"旨在对国内节能提效，控制污染减少排放，促进美国新能源发展，积极应对气候变化，在国际层面，加强国际间相互合作，引导全球协同应对气候变化，可见该计划对美国化石能源开采形成约束，而促进了清洁能源发展，这与特朗普政府的能源主张相悖，所以特朗普政府的政策为：

①人事任命。特朗普任命斯科特·普瑞特为美国环境保护署署长，而普瑞特与油气密切相关，并且长期反对 EPA，此人事任命，同样体现了其为美国能源工业松绑的取向，与其此前释放的将放松能源行业监管的信号相一致，可以预见美国传统能源工业将进一步获得宽松的政策环境。

②减缓能源工业限制。"气候行动计划"或将被推翻，而该计划可由特朗普政府直接行使总统行政权力推翻；特朗普一直认为气候变化是个"骗局"，并于 2017 年6 月 1 日宣布美国将要退出《巴黎协定》，此举或将引发全球大气治理动荡，与国际对立，充分体现特朗普政府"美国优先"政策理念，虽然将一定程度减缓美国能源工业限制，但对全球应对气候变化形成巨大挑战，我国作为应对气候变化的责任大国，在节能减排，促进清洁能源更快更好发展方面将面临更大压力。

(3)继续页岩气革命，修缮基础设施。奥巴马政府通过页岩气革命，极大地加快了美国能源独立的步伐，页岩气商业化的成功推广，有效改善了美国能源供给、结构升级、经济复兴和就业问题。因此继续页岩气革命非常顺应特朗普的能源政策理念，也符合其美国优先的核心宗旨。其必然将制定政策法规，推进页岩气开采技术的创新，降低成本并促进生产，其主要政策主张为：

①减轻水力压裂限制。虽然水力压裂技术使天然气有效增产增效，但该项技术由于破换环境而被奥巴马政府限制使用，而特朗普政府为了大力发展页岩气生产，很可能会减轻该项技术的限制，保证天然气的正常生产，页岩气革命的继续推进，将会使油气大量增产，从而会对全球能源供给和能源结构产生重要影响。

②降低开采排放标准。美国前后制定多项法律法规，要求使用气体捕捉技术，防治油气开采的有害气体，这加大了页岩气开采成本，甚至部分成本高于效益，所以特朗普政府将来可能会重新修订标准，降低气体排放标准，提高天然气市场成本竞争力，这会对成本相对高的清洁能源发展产生一定负面作用。

(4)发展煤炭清洁技术，重振美国煤炭工业。近年来，美国煤炭行业一直处于萧条状态，尤其近三年下降尤为明显，据美国劳动统计局数据，2016 年美国煤炭采矿工作岗位不足 1979 年人数的 21.6%。特朗普为了重振美国煤炭行业，主要体现在以下几方面政策：

①人事任命。特朗普任命莱恩·辛克(Ryan Zinke)为内政部长，莱恩·辛克同样代表着煤炭行业团体利益，并且其和特朗普在应对气候问题上有着相同的观点，都公开质疑气候变暖和人类活动的关联性，在内政部长这样重要的职位上安排化石能源支持者，可见，会对煤炭资源开采形成有力推动作用，并且对全球气候环境和能源体系也将有着一定冲击。

②推广清洁煤技术。特朗普政府强调要大力发展煤炭行业，而在目前能源市

场上，煤炭资源要立足发展，必须向环保高效发展，因此必将继续发展清洁煤技术，以促进煤炭行业提产增效，唯有效率提高，煤炭行业才有缓和希望。特朗普政府可能将在供给侧加大清洁煤技术研发投资力度，在消费端，通过税收优惠补贴等手段鼓励煤炭资源消费，这也将为中美技术合作提供一定机遇。

③放松环保限制。奥巴马政府通过的"气候行动计划"及《清洁电力计划》都对煤炭发电和碳排放标准形成了限制。所以，特朗普在"能源独立"行政命令中，"暂缓、修改或废除"《清洁电力计划》，解除煤炭禁令，为煤炭行业发展减小压力，这对美国煤炭行业而言是一大福音，同时也将增大全球煤炭市场价格下行压力，但清洁能源发展难度加大。

(5) 能源政策致力于保护环境资源。虽然，特朗普政府强调大力发展传统能源，但是仍将保证空气，水资源的清洁性，以保护自然环境优先。环境保护其实就是应对气候变化的核心，可见在发展能源过程中以保护环境为优先其实与奥巴马政府一脉相承。但是目前特朗普政府并未出台保护环境的政策法规，反而从目前仅有的几项行政命令里却看出了相悖的意志，表现出其更关注能源开采而非优先保护环境[9]。

①停止河流保护法规。奥巴马政府于 2016 年 1 月实施了《河流保护法规》，要求煤炭企业避免永久破坏饮用水和污染水体，开采前应做好水质监控，开采后应保证水体质量和清洁，但是 2017 年 2 月 16 日，特朗普签署了行政令，停止河流保护法规的实施，此举为化石能源开采减少限制，但无法保证水资源的清洁使用。

②削弱污染法。2016 年 2 月 28 日特朗普废除美国环境保护署实施《清洁水案法》的权利，只将部分水体划为环境保护条例范畴，这可能导致美国饮用水存在更大的风险。从特朗普目前的政策主张来看，其政策仍然主要以服务化石能源为目的，甚至不惜破坏环境资源，降低环境品质，这与美国民众乃至世界大众的环保意愿都是相违背的。

作为特朗普能源政策主张的纲领，"美国第一能源计划"反映了特朗普政府的能源政策倾向，也反映了特朗普能源政策的核心目的：制造更多的工作岗位，促进就业；刺激美国经济发展；将美国转变为能源输出国[10]。并且按照目前政策法令来看，其政策长期导向仍对化石能源有利好信号。这可能将刺激全球煤炭产业发展，增加全球煤炭需求，降低国际石油天然气价格，并且可以改善我国能源贸易条件，降低能源产业链生产成本，缓解经济下滑压力；但清洁能源发展将受阻，我国可再生能源战略实施将面临压力，应对气候变化责任重大。

10.2.3　能源政策实施的优势与挑战

特朗普一贯主张发展传统能源，否定清洁能源和气候变化，并要通过能源独立让美国再次伟大，这样的政策主张不仅让很多传统能源行业为之振奋，也让众多被边缘化的白人看到了生活的希望。可是其政策倾向不仅逆反世界能源发展潮流，也必将遭到所有环保集体的反对，并且美国国内权利分治体系复杂，两党斗争激烈，所以施政基础不够稳固，仍然面临很多困难与挑战。

1) 实施的优势条件

第一，近年来美国民众对国势重振的诉求，对传统政客的疲惫使他们大力支持一向态度强硬的特朗普。在随着全球化的发展，精英和平民阶层贫富差距不断拉大，广大普通民众不满呼声日益高涨，从英国脱欧到特朗普胜选，都一定程度反映了该现象。特朗普的保守主义主张使美国白人中低阶层重拾希望，迎合了美国大多数劳动者的利益，虽然民众明白特朗普极端化的政治主张，未必能帮助其化解问题，但是相比于传统政客带来的绝望，更愿意支持特朗普的政策主张。

第二，传统能源利益团体在美国政治中仍占据重大影响力。由 BP 世界能源统计，目前美国的能源结构仍然以化石能源为主，2015 年在美国一次能源消耗中非化石能源仅占 18.6%，可见传统能源在美国能源结构中的重要性。奥巴马政府主张大力扶持清洁能源发展，积极应对气候变化，制定诸多政策限制传统能源的发展，使传统能源发展受阻，相关团体利益受损，尤其煤炭行业近年来发展极为艰难。而特朗普政府回归化石能源的政策倾向，将为传统能源行业营造有利的政策环境，为其发展增添动力，所以将得到还颇具影响力的传统能源行业的大力支持和响应。

第三，特朗普政府传统能源支持者身居要职，并且共和党掌控国会，同时在众参两院也占大部比例，这将有利于特朗普政策在能源政策上体现党派传统和个人执政理念。EPA 反对者斯科特·普瑞特出任国环境保护署署长；油气巨头埃克森美孚 CEO 雷克斯·蒂勒森担任国务卿；石油行业的坚定支持者佩里为能源部长，其还曾呼吁撤销美国能源部；内政部长莱恩·辛克更是大力支持煤炭开采，主张给燃煤发电厂更多的优惠政策。由此可见，这些要员不仅在传统能源领域都有举足轻重的地位，还在特朗普政府身居要职，而这些部门起着能源政策制定和监督的作用，所以这将有助于特朗普能源政策倾向的实现。新一届国会中，众议院中共和党占 241 席，在参议院中共和党占 52 席，在众议院中民主党占 194 席，在参议院中民主党占 48 席，参众两院均由共和党掌控。可见共和党占优势情况下，将有利于特朗普能源政策主张的实施。

第四，美国先进的能源开采技术，将有助于特朗普能源愿景的实现。美国一直作为能源技术创新的引领者，推动者美国能源快速发展，尤其在页岩油气的开采方面，奥巴马任期内的页岩气革命，是一次制度创新和技术创新的革命，推动了美国煤炭和石油的比例持续下降，使美国能源进口依存度大幅下降。所以特朗普继续页岩气革命，促进美国能源独立，刺激经济发展的目标将会在技术层面占据有利条件。

2) 实施的困难与挑战

第一，发展新能源，应对气候问题已成为世界能源潮流，特朗普逆反潮流的政策倾向将会遭受国内外新能源支持者和环保者的谴责与阻碍。奥巴马对清洁能源的深化和推广，使美国新能源发展如火如荼，2015 年美国可再生能源占总能源消耗比重的 10%，而 1973 年仅为 6%；并且随着气候变暖，应对气候变化已成为国际议题和全球责任。在 "美国第一能源计划" 和签署的 "能源独立" 行政命令中，特朗普政府一如既往表现出发展传统能源，轻视清洁能源，否定气候变化的立场，不断恶化清洁能源发展的政策环境。而这些政策遭到美国为数众多环保组织和州市政府的竭力反对，其坚持发展清洁能源，表示不支持特朗普错误的政策主张限制美国经济发展[11]，其中以加利福尼亚州反对抵抗最为激烈，特朗普这样的政策主张还受到欧洲传统盟友的批评，认为把美国带回了煤炭时代。另外，美国在应对气候变化问题上的消极态度，更是让美国失去了责任大国形象。特朗普的能源政策主张不仅仅正在一步步激化与清洁能源发展之间的矛盾，更是招致了全球环保人士诉诸法律、政治反弹以及道德谴责。

第二，美国权力分治的政治体系十分复杂，在政策制定和实施过程中将引起各方争斗，遭遇多重阻力。在美国的政治体系中，很多政策的制定和落实，必然要经过一场艰难的政治权益和团体利益的博弈。特朗普政府也不例外，其意欲推翻多项政令，为传统能源行业松绑，同样会在这样的政治体系中面临诸多困难。例如其主张继续页岩油气革命，减轻水力压裂限制，不仅要推翻联邦政府的决议，还要解除诸多倡导环保州市的限制，因此彻底取消水力压裂限制较为困难；另外想解除近海石油开采禁令，同样需要解除联邦政府和近海州政府双重限制。虽然目前共和党掌控国会，但特朗普税改和医改仍然失败，正是该政治体系复杂性的体现，因此，特朗普政府其他诸多新政能否顺利实施，颇具挑战。

第三，在 "美国第一能源计划" 中，特朗普重点强调支持清洁煤技术，提高能源效率，减少污染排放，而能否成功促进煤炭行业发展，可能面临技术挑战。清洁煤技术在全球范围内，经过十几年的发展，其在推广项目上成功无几，技术上面临瓶颈，难以突破，可见清洁煤技术目前还是一项技术难题，特朗普虽然继续加大对该项技术研发的支持力度，并通过扩大优惠税收补贴范围来商业化推广，但是，特朗普政府要想攻克清洁煤技术，重振煤炭行业，还存在很大挑战。

第四，首先特朗普推行水压致裂技术来继续页岩气革命与重振煤炭行业会存在政策的矛盾性，并且煤炭行业的发展主要受阻于市场力量而非联邦政府政策，而清洁能源发展的主要动力是州政府和市场，不再是联邦政府控制。特朗普绝对拥护水力压裂技术，认为页岩气革命会引领美国能源独立，并且要恢复煤炭工业发展，首先这两项政策可能存在本身的矛盾性，天然气的快速发展必然导致煤炭需求的下降，二者不可兼得。并且在能源市场上，与廉价清洁的天然气和新能源相比，煤炭已然失去市场竞争力，煤矿工人下岗不完全因为政策而导致的煤矿关闭，主要是由于随着煤炭开采技术的提升、矿山自动化和天然气供给量激增，使煤炭行业下游产业煤炭需求量快速下降导致的。并且随着市场经济的选择，清洁能源将获得长足发展，特朗普政府欲重振煤炭能源行业的构想道阻且长。

10.2.4　能源发展的未来走向

特朗普倾向化石能源政策的主张，将会遭遇重重障碍，虽然将会一定程度促进传统能源发展，但影响力有限，而其轻视清洁能源，否定气候变化的态度，却无法逆转全球低碳发展潮流。

传统能源发展将有所改善，但空间有限：石油独立尚有难度，煤炭困境很难摆脱，天然气产量持续增长。虽然特朗普在"美国第一能源计划"和"能源独立"行政命令中一贯强调为美国能源工业松绑，投资高达 50 万亿美元开发本土页岩气、石油和煤炭，摆脱石油对外依赖，重振煤炭行业。在政策倾斜，资源储量丰富，技术成熟的有利条件下，石油天然气会进一步提产增效，煤炭行业也有望缓解大幅下跌行情，但发展空间都相对有限。美国内陆石油开采受限于资源量和开采成本，增产空间不大，海上石油资源丰富，但很难突破严格环境监管制度，在环保和美国政治体系双重压力下，解除禁令非特朗普意志可左右，所以特朗普目前加大供给的方式来实现石油独立尚有距离；煤炭在美国已然成为夕阳行业，其萧条衰败并非完全归结奥巴马的限制政策，这是清洁煤技术发展缓慢、政策限制、能源市场选择和环保多重压力的结果，与其他能源相比，煤炭已经失去竞争力；天然气凭借国内丰富储量优势和国际能源市场成本优势，再通过特朗普政策的不断推动，天然气有望持续发展。

清洁能源发展短期受限，应对气候变化态度进一步消极，但低碳经济发展潮流不可逆转。特朗普在签署"能源独立"行政令和后续相继法令中不断落实实质性的政策，无疑会对新能源发展产生不利影响，而"美国利益第一"政策导向促使美国从全球事务中脱身，《巴黎协定》的退出说明了美国在应对气候变化问题上的消极态度，这势必对全球气候变化应对目标的实现、气候融资和治理格局产生巨大负面影响。但是发展新能源，走绿色低碳经济发展模式不仅已在美国不断深化，更已成为全球潮流，特朗普能源新政无法改变此潮流走向[12]。美国国内，从国会到州政府再到美国民众，特朗普面临着层层政治体系和环保压力，并且清洁能源发展的主推力量已从联邦政府转至州政府，从政府支持变为市场企业资助，以加州为首的多数州市就坚定立场表明将持续发展清洁能源并积极应对气候变化，贯彻落实清洁能源政策，而清洁能源的市场竞争优势不断凸显更是吸引更多企业投资发展；国际方面，特朗普的政策主张招致很多国家谴责，并再三重申将不改变应对气候变化的承诺，2017 年 4 月 10 号第 24 次基础四国气候变化会议上，基础四国更是强调坚定兑现承诺，落实自主贡献，中国立场鲜明，态度明确，展现负责任大国风范，或将领航应对，为全球应对气候变化，低碳发展增添动力。

10.3　特朗普能源主张对中国能源发展的影响

10.3.1　能源政策倾向特点

1) 美国优先

特朗普的"第一能源政策"最大的特点就是以美国利益优先。从其能源政策主张和目前推行的政令来看，其致力解除化石能源开采限制，大力发展常规化石能源，并退出《巴黎协定》，取消了美国政府向联合国支付的气候变化项目款项，推翻奥巴马政府的多项政策，减少美国碳排放限制[13]，都表现出其力求从全球事务中脱身，不顾及其他国家和合作贸易伙伴的利益。另外，从美国 2018 年财政预算蓝图来看，也充分表现出其能源优先的政策主张[14]，只要对美国的能源安全，经济发展和就业问题有利，即便逆反全球能源发展潮流，破坏人类生态环境，也坚持推行。

2) 逆全球化

"全球化"是社会发展的产物，要求在全球范围内实现产业分工和要素最优配置，资本及商品贸易的自由流动。随着全球化进程的发展，社会精英阶层成为主要受益群体，而平民成为"受损群体"，精英与平民阶层间的社会公平将进一步沦陷，成为逆全球化的主要推手。而从特朗普就任前后的言论和实际行动可见，不论是就业政策、产业政策、贸易政策还是能源政策都体现出以纠偏"全球化轨道"为出发点，代表着美国中低收入大部分劳动者群体的利益，具有"逆全球化"特点[15]，使全球不得不面临强硬的保护主义和资源要素流动壁垒为主要特征的逆全球化冲击。

3) 逆能源潮流

随着新能源技术的持续升级、市场逐步成熟，国际气候制度逐渐完善，发展清洁能源，共同应对全球气候变化已成为国际社会共识，倡导低碳经济成为能源经济发展潮流。而特朗普一贯主张发展高污染，高碳排的传统化石能源来实现美国"能源独立"，轻视清洁能源，虽然满足了美国传统能源利益团体，但却在背离整个时代技术发展的方向，逆反全球能源发展潮流。

10.3.2　对中国能源发展的潜在影响

美国具备世界第一强国的国际地位，而与美国往届政府相比，特朗普政府的能源政策具备"美国优先"、"逆全球化"和"逆能源潮流"的特点，随着其政策的不断落实，对全球能源体系正产生重大影响，中国作为最大的能源消费国和发展中国家，认清国际能源动态，把握能源政策导向，对保障我国能源发展，促进经济良性增长尤为重要。特朗普政府别具风格的能源政策无疑为国际和我国能源发展增加了诸多不确定性因素[16]，因此我国当充分认识特朗普政府能源政策对我国能源发展的影响，才能更好地面对挑战，把握机遇。而所谓能源发展，其主要内涵要素包括能源供需、价格、结构、格局和能源气候与安全等。据此，综合考虑特朗普政府能源政策及我国现实条件，分析和研判其对我国能源发展的影响。

1) 促进能源进口，降低下游产业成本

按照目前特朗普政府在能源发展中坚持的立场可知，其能源政策主张和倾向将继续利好传统能源行业发展，通过取消石油煤炭勘探开采和运输政策限制，加强美国本土煤炭石油能源开采，降低美国煤炭石油资源开采成本，坚持推行水压致裂法，继续页岩油气革命，致力于将美国由能源进口国转变为能源出口国，从而实现"能源独立"。不论是煤炭还是石油天然气，特朗普政府的能源主张必将增加全球化石能源供应量和消费量，对国际化石能源价格将形成长期下行压力。而我国目前是世界最大原油消费国和进口国之一，随着经济发展，对能源需求量与日俱增，并且我国目前正处于能源消费结构改革艰难时期，我国对于石油天然气此类煤炭替代能源，有大量需求，所以这将降低我国能源进口成本，促进我国能源进口，并且对我国传统能源下游产业而言，也是一大利好，下游产业可以使用低价能源，有效降低其生产成本，使终端消费者也可享受到低成本低价格产品，从而可以保障我国能源安全，促进经济发展。

2) 利空清洁能源，阻碍能源结构转型

奥巴马时期，美国引领世界发展新能源产业，并统筹能源-环境-经济协调发展，促进全球进入追求低碳经济发展时期。而特朗普政府强调重点发展传统能源行业，轻视清洁能源发展，认为清洁能源成本高，投资回报周期长，产量低，难以促进美国发展，让美国再次伟大，这样的政策导向将会一定程度削弱清洁能源产业的扶持力度，加上化石能源的长期低位运行，使化石能源在全球具备更好的成本优势，而清洁能源在能源市场中面临巨大价格和成本压力。我国在全球清洁能源发展中占据举足轻重的地位，始终坚持不懈发展清洁能源，并且在"能源发展十三五规划"中强调更加注重结构调整，加快双重更替，进而推进能源绿色低碳发展，而特朗普政府的能源主张，短期内将会使清洁能源相对优势严重受损，延阻清洁能源在能源消费结构中的比例提升，阻碍我国清洁能源结构转型。但是在长期内，正是在这种政策消极影响和全球对低碳环境诉求高涨的压力下推动我国清洁能源技术创新，在经过长周期的发展后，清洁能源的价格成本优势将不断凸显，在能源消费市场中也将不断得到商业性推广，所以在长期内将促进我国加快对清洁能源生产以及清洁煤等技术的创新研发，我国或将长期内在清洁能源领域被推上越来越重要的主导作用，清洁能源将获得长足发展，我国的能源消费结构将得到有效改善，但要实现此目标，我国政府企业尚需大量努力。

3) 削弱能源投资积极性，清洁能源出口受阻

随着特朗普政府加大化石能源政策的落实与推行，为了在全球能源市场提升竞争力，增强其能源话语权，必然会进一步加强对能源技术研发的投资力度，美国原本先进的化石能源生产技术，将会进一步提升，美国化石能源在能源市场中的成本优势将不断凸显，使国际化石能源价格持续低位运行。同时国外煤炭具有煤质好，价格低廉的特点，而我国煤炭长期面临着产量虽高，却出现净进口量持续增加的问题，随着美国能源生产成本的进一步降低，我国能源技术相对落后，成本高的问题将更加凸显。并且随着我国能源市场化的不断开放，我国能源价格将短中期内受国际能源市场低价位的压制，一定程度会打击我国能源企业国内能源投资的积极性，对我国资源产出产生冲击和压力；相比于价格和成本持续走低的国际化石能源，清洁能源短期内将面临成本和价格高的压力，并且特朗普政府有可能加大对其本土清洁能源的贸易保护，对我国实施高额关税政策，这将给我国清洁能源产业输出带来不利影响，尤其对我国光伏产业及核电产业出口贸易，短中期内将形成巨大压力。在这些压力面前，我国必须在技术革新上加大投资和支持力度，并在能源产品出口渠道上开拓新市场。

4) 能源供给渠道多元化，能源地缘形势风险化

作为世界上最大的能源消费国，美国过去始终高度依赖能源对外进口，而近年来，尤其在特朗普上台后，大力发展美国传统能源，将直接促进美国由能源进口国向能源出口国转变的步伐，在目前能源供需状态本就宽松情况下，特朗普政府的政策无疑让诸多能源出口国面临出口压力，而我国目前在油气方面仍然有很大的消费缺口，需要采用进口来填补，这对我国与能源出口国来说可谓互惠互利，有助于我国能源供给渠道多元化，保障我国能源供给安全。可随着特朗普政府贸易保护主义和孤立主义思想抬头，能源战略的东移，其可能将通过加强对中东、非洲等区域的军事掌控，增加其在地缘政治博弈中的主动权，还可能加大对苏丹、伊朗等国的制裁和打击力度，从而增加这些区域的不稳定性，使我国面临更加复杂的地缘政治[17]；另外，我国 50%以上的石油进口需要经过马六甲海峡和霍尔木兹海峡，40%以上的石油来自动荡的中东地区，并在未来长期内，运输量将进一步增加，而特朗普政府对这些重要产地和能源通道更强的控制，将会增加我国油气来源地和运输通道的风险性及与相关国家能源合作的难度，对我国能源安全又

会构成威胁。

5)气候融资削弱，气候变化应对格局改变

特朗普政府逆反全球能源发展方向，回归传统化石能源，否认气候变化，在全球197个国家中，美国成为了第三个明确拒绝加入《巴黎协定》，共同对抗气候变化的国家，然而美国是全球第二大二氧化碳排放国，不仅表明其拒绝为应对气候变化贡献力量，还将会因增产和使用化石能源而增加碳排放，这为实现全球气候变化目标增加难度和变数[18, 19]，短期内，受特朗普政府能源政策的影响，部分国家或许会动摇减排承诺，从而增加消极力量，阻碍气候融资，并且我国在"一带一路"沿线地区开展风电，光伏等清洁能源产业合作也将受到负面影响。但随着各国应对气候变化和环境保护重要性意识的不断增强，环保呼声的不断高涨，以及我国在该问题上坚持负责任，有担当的态度，将推动世界其他各国共同应对，清洁能源技术将获得不断创新发展，进而使清洁能源产业成本优势不断凸显，在市场经济因素的推动下，清洁能源发展潮流势不可挡。在此过程中，全球应对气候变化格局将要发生变化，长期内将会从过去以欧盟、美国为首的伞形集团以及基础四国三大阵营逐渐转为欧盟和基础四国为主，而基础四国中，中国将面临更大减排压力，或将与欧洲起到引领全球共同面对气候变化的作用，塑造新的应对格局[20]。

10.4　中国的应对策略

特朗普的能源政策对国际能源体系、全球气候变化应对以及中国能源发展都将产生积极和消极影响，中国作为责任大国，应当充分认识特朗普政府能源动向和内涵，结合中国现实背景，制定预案策略，应对挑战，把握机遇。

10.4.1　积极参与美国基建投资与技术合作，对接两国油气贸易

虽然特朗普的能源政策与世界能源发展方向相悖，但仍然为我国提供诸多合作机遇。在特朗普的"第一能源计划"中，重点强调要扩大美国基础设施投资建设，大力支持国外资本在美国进行基础设施投资，而中国在基础设施建设方面具备丰富的项目经验，因此可鼓励我国企业以合资形势进入美国市场进行投资，此形式可更好适应美国政治经济和法规体系，可规避我国国有能源公司在美国投资运营风险；在能源技术层面，依据特朗普政府着重发展化石能源的主张，我国可以加强与美国在清洁煤技术，页岩油气开采等领域的合作，尤其清洁煤技术，特朗普政府要重振煤炭行业，攻克清洁煤技术尤为重要，而中国在煤炭高效开采与使用方面既有强烈的合作需求，也有深厚的技术基础与美国展开合作，可促进互惠互利，共同发展。同时特朗普政府努力加大能源开采，并推进对我国天然气出

口,而我国在能源发展十三五规划中也强调要拓宽天然气市场,加大天然气消费,因此我国需积极与美国油气出口开展贸易对接。

10.4.2　引导技术体制创新,深入推广新能源生产消费

在特朗普政府政策影响下,我国乃至全球新能源发展短期内都将会严重受阻,我国作为最大的可再生能源市场,有效促进新能源发展,保障清洁能源稳定发展步伐对我国能源深化改革和促进全球能源发展都尤为重要。在能源技术上,政府一方面要加强产学研合作和资源整合,通过专门技术研发,降低清洁能源生产成本;另外鼓励企业间和政府间提高协作体系水平,引导国家间和企业间在清洁能源技术上开展多形式多范围深层次的技术合作,在能源生产和消费过程中,提高彼此协作发展契合度,加强高新技术企业与落后技术企业协作配套发展,从生产端提高行业整体技术水平;在行业管理体制方面,通过新能源税收,财政政策等扩大政府扶持新能源行业发展专项资金规模,降低行业准入门槛,从而降低行业进入成本,积极发挥政府财政投资的市场性引导作用,鼓励更多社会资金进入市场,缓解行业融资困难;通过先鼓励部分企业更快更好发展,形成重点示范产业集群,引导清洁能源行业因地制宜集聚发展,以重点先进企业为首,通过产业链延伸合作,促进先进企业与相对落后企业间协同发展;采取财政补贴,降低企业展销成本,开展互联网+清洁能源方式,快速促进清洁能源企业国内外商业性推广,进一步降低和落实出口退税政策,鼓励国内清洁能源企业开拓国外消费市场,从而在生产和消费双重促进清洁能源发展,应对特朗普政府对全球和我国清洁能源发展的负面影响。

10.4.3　加强能源供需渠道建设,提升我国能源定价权

目前我国可能面临特朗普政府实施高额关税以及我国能源生产成本相对较高的局面,为了更好地促进我国能源走出去,必须将目光转向更多的发展中国家,依据"一带一路",抓住机遇,加强与沿线国家之间的能源合作,增加在这些国家能源生产和技术创新的投资力度和参与度,协助提升沿线国家清洁能源生产技术和利用效率,从而开拓我国清洁能源更多的消费市场。同时,在特朗普政府能源政策影响下,国际能源供需环境进一步宽松,能源生产国能源出口面临更大压力,而我国油气资源需求量日益高涨,在国际油气价格低廉情况下,我国应把握机会,加强与沿线国家尤其能源出口国之间的油气勘探开采,油气管网互通互联等领域的合作,促进我国油气进口多元化,稳定化,加大我国油气安全供给和储备,使我国在国际能源市场中的影响力不断提升,在与沿线国家开展大规模能源贸易时,逐渐加强人民币结算地位,促进人民币国际化,增加人民币在国际货币贸易中的流通份额,有效提升我国在能源领域的定价权和话语权,这对我国能源稳定安全

发展有重要意义。

10.4.4　带头开拓低碳市场，推进全球气候融资

特朗普政府"美国优先"的发展观念，促使其不断从国际事务中脱身，摆脱大国应有责任。在应对全球气候问题上，随着特朗普退出《巴黎协定》，美国成为众矢之的，应对全球气候变化也愈发艰难，中国随之被推上引领全球应对气候变化的位置，这对中国而言，既是挑战也是机遇。奥巴马执政时期，中美在清洁能源领域广泛合作，成为清洁能源的领头羊，而现在特朗普政府否定清洁能源，让世界失望时，中国应积极主动承担责任，在应对气候问题和发展清洁能源问题上一如既往坚持倡导《巴黎协定》，积极发挥领航作用。一方面增加本国气候资金供给，采用节能减排等手段应对气候变化，在降低化石能源消费比例的同时，加大清洁能源生产和消费比例，通过政府补贴和财政投资引导等方式，吸引更多资金融入新能源市场，促进消费结构转型。另一方面开拓国际融资渠道，依托"一带一路"，强化国际区域间节能提效，协同发展清洁能源。中国目前作为最大的可再生能源市场，具备清洁能源先进技术和应用模式，我国可以此作为磋商多国融资的资本和切入点，以"一带一路"为平台，鼓励我国企业以合资等方式进行境外清洁能源行业投资，向其他国家传输我国低碳经济发展理念和经验，协助各国建立清洁能源基础设施，帮助沿线国家改进能源技术，提升能源效率，从而开拓国际清洁能源市场，吸引和协助更多资金进入市场，实现国际市场融资。另外政府还要引导企业加强对行业市场分析预测的能力，把握市场发展机遇，预防行业风险，鼓励行业运用电子商务等先进方式进行市场开拓，降低开拓成本。这些举措都将有效推进国内国际市场融资，可再生能源发展和节能提效，进而促进全球低碳经济的平稳发展和全球气候变化的应对。

参 考 文 献

[1] 赵宏图. 美国"能源独立"辨析[J]. 现代国际关系, 2012, (06): 26-31.

[2] Brown S P A, Gabriel S A, Egging R. Abundant Shale Gas Resources: Some Implications for Energy Policy[R]. Maryland: Resources For the Future, 2010.

[3] Pietro N S. Rethinking "Energy Independence" [R]. Brookings Institutio, 2009.

[4] 星野泉, 崔景华. 美国能源税收政策及启示[J]. 财经论丛, 2008, (06): 37-42.

[5] 崔楠楠. 奥巴马政府的"能源独立"战略及中国的对策[J]. 红旗文稿, 2012, (13): 33-36.

[6] 张荣楠. 美国"能源独立"战略及影响分析[J]. 中外能源, 2012, (06): 8-12.

[7] 曾兴球. 美国"能源独立"启示[J]. 能源, 2012, (9): 92-94.

[8] 王震, 赵林, 张宇擎. 特朗普时代美国能源政策展望[J]. 国际石油经济, 2017, (02): 1-8.

[9] Snow N. Trump's executive order emphasizes energy more than environment[J]. Oil & Gas Journal, 2017, 115(4): 34-35.

[10] 王遥. 特朗普能源政策将带来的连锁反应[J]. 中国经济周刊, 2017, (06): 77-79.

[11] 王瑞彬. 美国气候与能源政策转向及其影响[J]. 国际石油经济, 2017, (04): 22-27.

[12] 陈卫东. 特朗普爆冷赢大选美能源政策走向引关注[J]. 国际石油经济, 2017, (01): 5-6.

[13] Gwynne P. Trump reverses Obama's energy plan[J]. Physics World, 2017, 30(5): 9.

[14] Snow N. Fiscal 2018 budget blueprint reflects Trump's energy priorities[J]. Oil & Gas Journal, 2017, 115(3C): 18-19.

[15] 张茉楠. "特朗普主义"下的逆全球化冲击与新的全球化机遇[J]. 求知, 2017, (04): 41-43.

[16] Giberson M. Trump's policy may undermine pro-growth intentions[J]. Nature Energy, 2016, 1: 16156.

[17] 戴彦德, 朱跃中, 刘建国. 从特朗普能源新政看中国能源安全形势[J]. 中国经济报告, 2017, (04): 70-73.

[18] Johnson J. Trump order could affect energy prices, technology development US will likely miss Paris Agreement goal[J]. Chemical & Engineering News, 2017, 95(14): 20.

[19] Long J C S. Trump: Keep climate plans to boost jobs[J]. Nature, 2016, 539(7630): 495.

[20] 佘家豪. 特朗普上台后的全球气候治理变局[J]. 能源, 2016, (12): 14-15.

第 11 章　德国能源转型及其对中国的启示

11.1　德国能源转型的背景

2011 年 3 月 11 日，日本发生了 9.0 级地震，并引发海啸，造成福岛核电站一系列堆芯熔毁、辐射释放等灾害事件，成为自 1986 年前苏联切尔诺贝利核电站事故以来最严重的核事故。在日本福岛核电站事故发生后，德国的民众举行示威游行，抗议政府计划延长某些核电站的使用时间。在多数民众的反对之下，德国政府于 2011 年 3 月 12 日宣布在三个月内关闭 1980 年以前投入运营的 7 座核电站。6 月 30 日，德国政府正式决定永久关闭 8 座旧核电站，其余 9 座将在 2022 年之前逐步关闭。自此，德国政府正式提出将"能源转型"作为德国能源政策的主导方针，并在 2022 年前关闭所有核电站，此外 2050 年可再生能源要占到德国能源供应比例的 80%，并且 2020 年实现二氧化碳减排 40%的目标，将传统的以化石能源和核能为基础的能源供应体系转向以可再生能源为基础的能源体系。

早在 20 世纪六七十年代，大量使用化石燃料造成德国出现环境污染危机，核能在这时刚开始进入德国能源体系，就有专家开始研究德国的能源结构，并研究如何优化这样的能源结构；进入 80 年代，德国政府正式开始酝酿能源转型。2011 年，德国政府正式提出"能源转型"政策。可以说，德国能源转型是有历史沿革和群众基础的，它并不是凭空出现的。如今，纵观德国能源转型的过程，我们可以总结出驱动德国能源转型的四大背景条件。

11.1.1　环境污染

第二次世界大战后，德国迅速重振经济，尤其是以煤铁重工业为主的鲁尔工业区的快速发展给当地带来了巨大发展，这也为环境污染埋下了祸根。

20 世纪 60 年代，德国爆发了环境问题。大量的化石燃料燃烧造成的大气污染和逆温天气导致了持续不断的雾霾天气，最严重时白天宛如黑夜，连生活在鲁尔区的蝴蝶保护色都变成了黑色。随着环境问题的恶化，德国各大城市纷纷陷入雾霾的笼罩下，首都柏林也成为雾霾重灾区。

除了空气污染，化石燃料的大量使用也造成了德国森林大规模的枯萎。原西德有森林 740 万公顷，但是到 1983 年约有 34%染上枯死病。一年后，染上枯死病的比例飙升到 50%。德国森林枯死病事件期间，每年枯死的蓄积量占同年森林生长量的 21%多，先后有 80 多万公顷森林被毁。

　　巨大的环境压力使德国不得不思考治理之道。从 1974 年批准的《联邦污染防治法》、1979 年出台的《关于远距离跨境空气污染的日内瓦条约》到 1999 年的《哥德堡协议》以及 2000 年签署的《可再生能源法》，一系列政策法律的实施体现了德国对于环境污染治理的坚定决心和能源转型的迫切需求。

11.1.2　能源供需状况变化

　　德国煤炭资源丰富，但石油、天然气资源基本没有，能源资源的特点可以总结为"富煤缺油缺气"，所以德国长期依赖于进口的石油和天然气。

　　19 世纪 90 年代以来，德国石油和天然气的进口依存度居高不下，1998 年石油进口依存度达到 100%，最低的 1999 年也高达 94.6%。天然气进口依存度较石油进口依存度来说偏低，但是其增幅非常明显，从 1990 年的 75.6%逐步增长到 2011 年的 86.4%，增幅达 10.8%[1]。

　　长期居高不下的油气进口依存度，给德国能源安全带来很大压力，如何减少对油气进口的依赖，提高德国能源安全就成为其能源政策的长期主要目标，此外也使大力推动发展可再生能源、用可再生能源替代化石能源、推动能源转型的迫切性与日俱增。

　　其次，从德国的能源消费来看，煤炭消费呈逐年下降趋势，从 1965 年的 1.64 亿吨油当量降至 2011 年的 0.78 亿吨油当量。1979 年是能源消费趋势的分水岭。如图 11-1 所示，一次能源消费从 1965 年的 2.56 亿吨油当量增至 1979 年的 3.71 亿吨油当量，年均增幅 2.7%。石油消费从 1965 年 0.86 亿吨当量增至 1979 年的 1.63 亿吨当量，年均增幅 4.7%，超过一次能源增长速度。一次能源消费从 1979 年的 3.71 亿吨油当量减至 2011 年的 3.06 亿吨油当量，年均降幅为 0.6%，石油消费从 1979 年的 1.63 亿吨当量减至 2011 年的 1.12 亿吨当量，年均降幅为 1.2%，递减速度超过同期一次能源。然而，从 1979 年以来德国天然气消费增速放缓，但一直处于增长趋势。德国天然气消费 1965 年的 0.026 亿吨油当量增至 1979 年的 0.52 亿吨油当量，年均递增 23.9%；德国天然气消费从 1979 年的 0.52 亿吨油当量增至 2011 年的 0.65 亿吨油当量，年均递增 0.7%。据预测，考虑到德国可再生能源转型的推进，德国天然气消费会再次进入一个加速发展阶段。然而进入 21 世纪以来，德国的核能消费也呈现明显的下降趋势。同样，随着能源消费总量进入减量阶段，德国人均能源消费也在 1979 年步入下降通道，人均能源消费水平逐渐回落，下降到了德国 20 世纪 60 年代的水平。

　　总之，德国能源消费总量回落以及人均能源消费水平的递减，为推动可再生能源替代核能和化石能源提供了良好的外部条件，也是能源转型的主要背景之一。

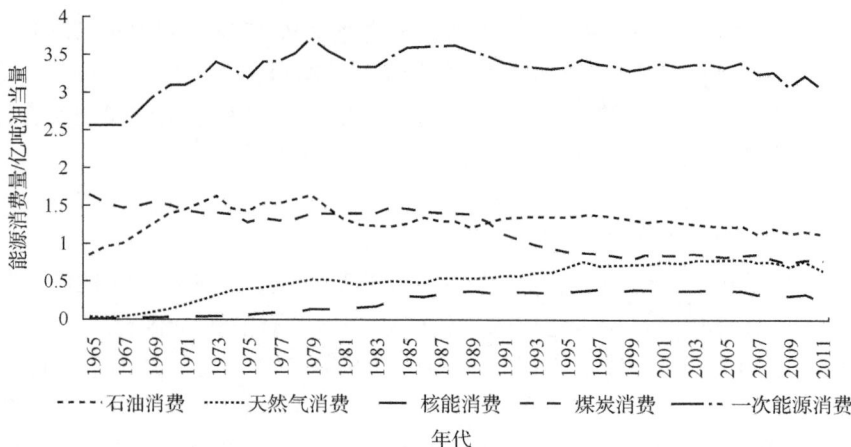

图 11-1　1965—2011 年德国能源消费量

数据来源：BP statistical review of world energy 2012

11.1.3　民众诉求

20 世纪 70 年代以来，核能在德国能源结构中一直占据着重要地位。伴随着核能的发展，德国民众的反核运动从未停息，超过 80% 的德国人反对核能，这个数字在福岛核电站事故之后变得更高。

首次反核运动发生在德国最西端黑森林的葡萄种植地区，参与者多是该地民众，他们组织起来制止了一个计划中的反应堆建设。此后，反核运动在德国各地此起彼伏，核电厂所在地的居民是主要的参与者和抗议者。在 20 世纪 70 年代，反对核能是德国环境运动的一个重要诉求，80 年代，德国的反核运动发展壮大，并在全国连成网络。1986 年发生的切尔诺贝利核事故严重污染了德国多瑙河以南地区，在风力作用下，德国各地不同程度地受到污染影响。民众挥之不去的切尔诺贝利阴影进一步激发了反核声势。进入 90 年代，德国呼吁能源体系转型的诉求不断高涨。21 世纪以来，反核运动又出现了一批新的支持者——"绿领"工人，他们来自可再生能源产业，穿着工作服，戴着工作徽章，参与反核游行。2011 年的福岛核电站事故将反核运动的浪潮推向极点。据推算一旦德国发生同等级别的核事故，12% 的德国居民将受到污染的影响。一石激起千层浪，在福岛核电站事故当天，德国各地就爆发了各种形式的示威游行。

德国民众的另一个诉求是"去中心化"。在德国，除了国家电网统一配电外，政府允许居民通过自发电的方式发电。20 世纪 90 年代末，可再生能源及分散发电的电力获准可以并入国家电网。2009 年官方能源价格飙升，而自发电力价格却持续降低，人们意识到可再生能源发电在技术和管理方面更有利于分权，支持扩张可再生能源电力的诉求也就不断壮大，越来越多的人变成"去中心化"支持者，自发电和配电的规模因此不断扩大，潜移默化中也促进了德国的能源转型。

自下而上的民众诉求驱动了德国的能源转型，可以说德国能源转型是应民众的需求和呼声，并不断采纳和调整来自民众的诉求的结果。早在政府制定能源转型方案前，德国各公民行动组织、非政府组织、当地政治活动团体就已开始展开一系列活动来促进能源转型。所以在德国的能源转型进程中，民众的诉求起到了重要的作用。

11.1.4　政治推动

1980 年德国绿党成立，自此环境问题就成了德国政治博弈中的重要议题。德国绿党明确将环境保护列入其党章，并将反对核能作为其重要的政策目标。德国绿党起源于 20 世纪 70 年代的西德新社会运动，之后逐步取代了在核能问题上产生分裂的社会民主党，成为德国较有影响力的政党之一。

绿党将民众对能源、环境问题的诉求带进了国家议会、众议院以及各个立法机关，并在 1998 年赢得大选，与社会党组成了 1998—2005 年的"红绿"联合政府。绿党执政期间，开始推行德国退出核能政策，并大力开发和使用可再生能源。在其推动下政府与各大能源公司表态在 30 年内将逐渐淘汰核能，以发电量和厂龄为依据，陆续关闭全国 19 座核电站。另一方面为了进一步激励可再生能源的投资，政府还提出了《可再生能源优先法》，规定了纯粹由水力、风力、太阳能、地热、垃圾、阴沟气、瓦斯和沼气获得的能源的收购和支付方面的条款。

虽说环境保护是绿党获得民众支持率的政治筹码，但不可否认绿党对德国的能源利用和环境保护作出了巨大的贡献，其一系列的能源政策客观上促进了德国能源转型的步伐。通过绿党的发展壮大到联合执政，我们可以看出政党的政治博弈在能源转型过程中也起到了巨大的推动作用。

11.2　德国能源转型的目标

11.2.1　战略目标分析

1)改善能源结构，保障国家能源安全

根据德国政府可再生能源发展的目标，2050 年可再生能源成为能源消耗为主体，占能源消耗总量的 60%左右，取代目前以化石能源为主导的能源体系。除煤炭以外，德国化石能源基本依赖进口，且目前德国化石能源消耗占总能源消耗比例超过半数，过多的能源依赖会影响能源的安全，处于被动的局面。按照德国能源转型的目标，化石能源消耗量中占比最大的煤炭发电也会逐渐减少甚至退出能源部门。德国的能源消费目标也极为严格，计划在 2020 年降低一次性能源消费 20%(以 2008 年为基准)，2050 年降低 50%，总用电量 2050 年减少 25%(表 11-1)。

随着经济的发展，传统能源和新能源的消耗会逐渐增加，为了实现能源消费目标，就需要德国提高技术水平，投入足够的科研经费用以提高能效。在切尔诺贝利核事故和福岛核事故的影响下，德国逐渐放弃了发展核能源，同时做出了放弃核能源的决定，预计在 2022 年之前关闭所有的核发电站。核能源目前在能源消耗中约占 15%比例，放弃核电就相当于要求可再生能源发展能够弥补放弃核能源发电所带来的损失。消除了核能源发电，也意味着提高了核发电站地区的地区安全程度。如果可再生能源目标实现，就意味着摆脱了对于化石资源的严重依赖，能够实现一定程度的能源独立。

表 11-1　德国可再生能源与能源消费目标

可再生能源目标	2020 年	2040 年	2050 年
最终能源消耗总量的份额	18%	45%	60%
占总电力消耗的份额	35%	65%	80%
热消耗量	14%		
能源消费目标			
一次能源消费(基准年 2008)	−20%		−50%
总用电量(2008 年基准年)	−10%		−25%
建筑物一次能源消耗(2008 年基准年)			−80%
建筑物热耗(2008 年基准年)	−20%		
运输的最终能源消耗(2005 年基准年)	−10%		−40%

数据来源："Energy Transition"Monitoring Report 联邦经济事务和能源部报告。

2)降低碳排放，完成气候目标，实现低碳环保

为实现2020年温室气体排放减少40%(以1990年为基准)的目标,德国在2014年 12 月制定了"气候行动计划 2020",这项计划最重要的部分是准备在 2020 年之前大幅削减电力部门排放量。为此，政府建议在 2016 年至 2020 年之间，将电力部门的排放量控制在 2200 万吨，即每年 440 万吨，由德国经济部向各能源部门分摊。如果能源公司排放量没有到达排放量的上限，就能够把盈余的排放量卖给其他能源公司。随后，德国为了实现低碳环保的目标继续推出了"气候行动计划 2050",计划以 1990 年为基准,到 2020 年减少温室气体排放 40%。在此基础上,每 10 年一个阶段性目标直至 2050 年减少温室气体排放 80%至 95%(表 11-2),以大幅降低碳排放，实现温室气体排放目标，减少经济发展对于气候的影响。

表 11-2　德国能源转型的气候目标

年份	2020 年	2030 年	2040 年	2050 年
温室气体排放目标(1990 年基准年)	−40%	−55%	−70%	−80%～−95%

数据来源：德国气候行动计划 2050。

3)促进就业与低碳发展，减少经济发展负担

随着德国能源转型的推进，将会扩大对于可再生能源的需求。现有的可再生能源设备和规模难以支持德国能源转型的继续发展，可以预见德国可再生能源扩张是势在必行。可再生能源扩张过程中需要大量的基础设施建设，带动原材料消费和劳动力就业，推动经济发展。清洁，稳定的可再生能源也会为经济增长提供一个稳定的推动力，促使经济低碳稳定发展。低能耗和较低水平的化石能源消耗，减少化石能源进口的费用，也会减轻经济发展的负担，促使经济低碳健康发展。

11.2.2　具体目标分析

德国能源转型过程开始较早，对于可再生能源的利用随着政策推进而逐步加深，致使德国能源结构多元化，由传统化石能源、核电与可再生能源三大支柱共同支撑德国能源消费(见图 11-2)。德国能源转型需要经历一个过程，虽然目前取得了一些成绩，但是距离德国能源转型 2050 年制定的能源消耗与温室气体排放目标仍然存在着巨大的差距。为了弥补这些差距，德国需要在已经取得部分转型成就的基础上，对各个能源阶段性目标进行细化，设立具体目标来促成总体目标的实现。

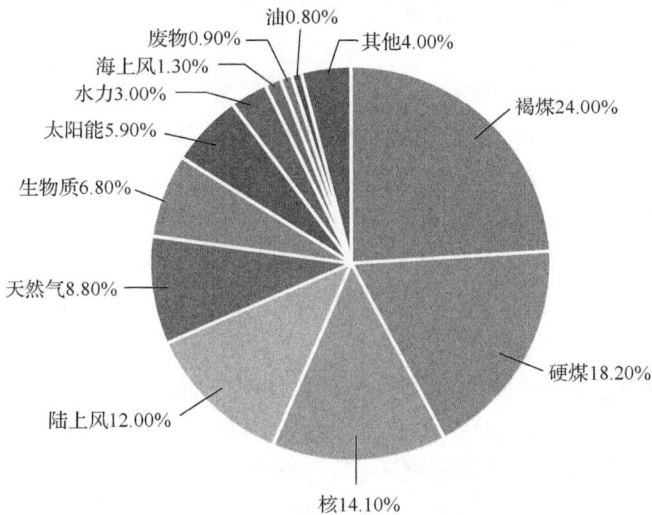

图 11-2　2015 年德国能源结构图

数据来源：Fraunhofer Institute for Solar Energy Systems ISE

1)逐步减少煤电在能源结构中的比例，将煤电作为平衡和后备能源

德国传统能源的特点是"富煤缺油缺气"。因此，煤电作为德国传统的电力能源，在德国的能源结构中占有重要地位，但是这种地位正在下降。在 2013 年，煤炭发电量占德国电力产量约 45%，其中硬煤发电占 19%，褐煤发电占 26%。2014

年德国煤炭消费量为 0.774 亿吨油当量，较 2013 年 8170 万吨油当量下降 5.3%，这是自 2009 年经济衰退以来的首次下降。在 2015 年德国的能源结构中，煤炭发电的比例已经下降到了 42.2%，其中硬煤发电占 18.2%，褐煤发电占 24%（图 11-2）。根据能源转型的气候目标实现 2050 年温室气体减少 80% 至 95%，火力发电未来目标除了减少消耗总量之外，还要提高煤炭能源利用效率，提高能效。因为可再生能源在发展之中，存在着储能与输送问题，所以煤电在能源转型过程中仍然扮演着比较重要的角色，作为后备和平衡能源来支持可再生能源的发展。

2）逐步淘汰核电，通过可再生能源替代核能

2000 年德国红绿联合政府和核电站运营商签署《核能协议》，为每个在运营的核电站规定了所谓的"剩余电量"，即自协议生效起，每个核电站最多还能生产的电量。根据核电站的平均发电量可以估算出最后一座核电站大致于 2021 年关闭[2]。这份协议的签订标志了德国的弃核决定。在 2015 年核电仍然占据能源消耗结构中 14.1% 的份额，依然是除煤炭发电之外最大的能源，如果按照协议淘汰核电能源，就需要加快可再生能源发展的进度，以可再生能源发展为主体，化石能源作为核电能源的阶段性补充，取代现有的核电能力。在完成弃核目标之后，长期考虑仍然要用可再生能源替代化石能源比例，彻底消除核电退出能源结构的不利影响。

3）多方面重点发展可再生能源，实现绿色发展

德国能源转型的重点在于发展可再生能源，减少对于不可再生能源的依赖。可再生能源以光伏、风力、生物能发电为主，在 2015 年风力与光伏发电占可再生能源消费的 62.85%，除此之外，生物能能源虽然分类众多，但是总体发电量不可小觑。德国可再生能源发展制定了高规格的目标，其中可再生能源消费占最终能源消耗总量的份额计划在 2020 年达到 18%，占总电力消耗的份额达到 35%，同气候的阶段性目标一样，在 2050 年这两个目标数字达到了 60% 与 80%。为了实现阶段性目标与可再生能源总目标，需要风力、光伏、生物能发电等各个部分的共同发展。

德国风力发电具有良好的地理条件，德国处于西风带，且北部波德平原面积广阔，适宜发展风电。自 2000 年开始，德国颁布《可再生能源法》，并且逐步改善该法律，这为德国风电发展提供了有利的政策保障。德国的风力发电分为陆上发电与海上发电两类，其中以海上风力发电为主，自 2000 年开始，风力发电的发展速度加快，发展趋势如表 11-3 和图 11-3 所示。在 2014 年，德国在海上风电场新增了 410 台涡轮机。由于还没有完成电网连接，在 2014 年的海上风力发电，仅比 2013 年新增了 553 兆瓦的电力。在 2015 年，海上风电安装容量是 2014 年的 3.3 倍，发电量是 2014 年的 5.63 倍，海上风电发展加速。海上风电是德国未来风电发展的重点，到 2020 年、2030 年海上风电装机规划目标分别达到 10 吉瓦和 25 吉瓦[3]。伴随着德国能源转型的不断深化，德国风电装机数量迅速增长，但是与

可再生能源总体目标相比，目前取得的成绩还远远不够。风力发电作为可再生能源的重要部分，未来发展不仅要考虑规模问题，而且要考虑效益问题。风电目前存在着发电峰值与谷值、地域间电量输送等问题，损害了风力发电的效益。改善与解决这些存在的问题也是风力发展的目标，只有兼顾了规模与解决问题，风力发展才能快速发展。

表 11-3　德国海上风力发电装机容量与发电量

年份	2010	2011	2012	2013	2014	2015	2020	2030
装机容量/兆瓦	80	188	268	622	994	3284	10000	25000
发电量/吉瓦时	176	577	732	918	1471	8284		

数据来源：德国联邦经济和能源部（BMWi）。

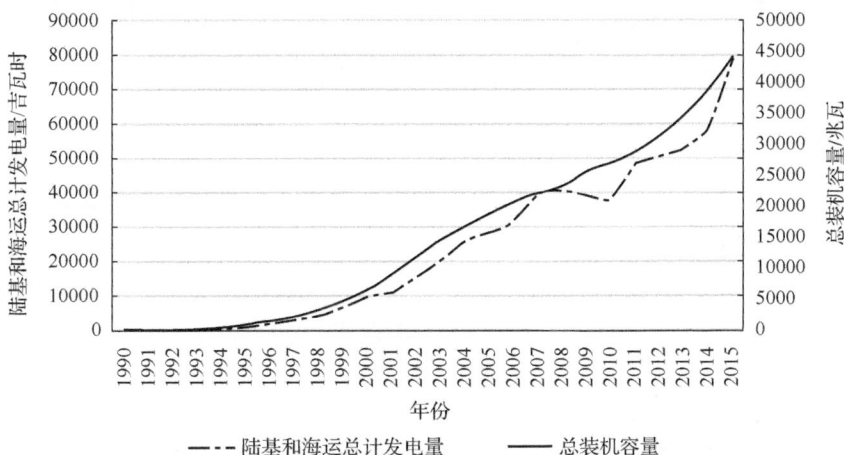

图 11-3　德国风电装机容量与发电量情况图
数据来源：德国联邦经济和能源部（BMWi）

可再生能源法为光伏发电的发展提供了很好的政策保障，德国光伏发展势头较好，拥有 140 万个光伏系统的德国在 2014 年 6 月 9 日中午的发电量达到了 23.1 吉瓦时的峰值，相当于其总电力需求 50.6%。同时，可再生能源法对德国光伏发电的建设提出了明确的规划，提出了在 2020 年光伏发电的总装机容量达到 51.75 吉瓦，2015 年德国光伏装机容量是 39.79 吉瓦，距离目标还有一定的差距。

除风力和光伏发电之外，德国还有其他类型众多的可再生能源，包括水力发电、生物燃料、沼气与生物甲烷、垃圾填埋气、生物废物发电等，这些可再生能源虽然没有明确给出发展目标，但是如果不继续进行发展，难以完成 2020 与 2050 年总体可再生能源目标。德国水力发电发展较早，每年稳定提供约 20000 亿千瓦时的电量，但是发展停滞，与其他可再生能源相比几乎没有发展，2015 年水力发电提供电量占可再生能源发电总量的 10.16%。生物质能源是德国的一项重要的可再生能源，其中包括各种生物废料、污泥、生物燃料和沼气，例如来自污水和垃圾填埋场的甲烷等。生物质能源主要来自于农业废物，通过对农业废物的处理，不但有利于环境保护，而且对德国能源结构有着很大改善。2000 年德国发布的《可再生能源法》，促进了生物质的发电与利用，生物质能源发电量大且仍有较大发展空间，是未来发展可再生能源不可忽视的发展目标之一。

11.3　德国能源转型的举措

德国能源转型是一个长期的过程，虽然目前取得了一些瞩目的阶段性成果，但是对于转型的战略目标来说，仍存在着较大的差距。无论是能源结构的改变、气候目标的实现还是技术水平的发展与经济增长，都需要德国政府给予足够的引导与支持，为实现战略目标提供经济与法律保障。在能源效率、技术创新、可再生能源领域等方面有所行动，促进战略目标的实现。

11.3.1　通过立法形式促进可再生能源领域发展

发展可再生能源不仅是改善能源结构的关键一步，也对实现气候目标有着重要意义。自 2000 年德国第一部《可再生能源法》颁布以来，该法律已经经过数次的更新，逐步趋于完善，为可再生能源发展提供了良好的法律保障。这部法律也明确了可再生能源的地位和能源转型未来的发展方向，以法律形式确定了德国能源转型的决心。其内容包括：确定可再生能源的上网电价制度，所发电量强制入网，可再生能源发电可以优先购买，保障了可再生能源的优先性；启动德国国内的可再生能源市场，将电力消耗分为发电、传输和配送三个环节，用户可以自由选择供电商，并且鼓励可再生能源消费，推动可再生能源消费的市场化；将可再生能源推广到电力、建筑和交通领域，通过向生态项目提供低息贷款，鼓励新能源汽车生产等方式推动可再生能源的应用，加快能源转型速度[4]。依据德国能源结构的目标，可再生能源在未来占据主导地位，取代化石能源和核能源的份额，改善能源结构，提高国家能源安全性。可再生能源是清洁能源，用以取代传统的火力发电，能够对建设低碳经济与实现气候目标起到促进作用。

11.3.2　提高能源使用效率，兼顾效率与效益

为了提高能源效率，德国联邦经济技术部提供了一系列的咨询、资金和信息服务，包括：德国复兴信贷银行的建筑装修计划、能效基金、低息贷款、修订《节能法》提高新建筑能效标准、为中小企业提供的节能资金计划等。在建筑领域，不断提高建筑物节能标准；在交通领域，大力发展电动汽车等新能源汽车，通过费税制度的调整，减少化石燃料在交通领域的使用；在工业领域，通过完善能源

管理体系以及为节能先进企业减税等方法，刺激企业为提高经济效益而主动采取节能措施[5]。在发展可再生能源的同时兼顾传统能源的使用效率问题，可以减少在转型过程中对传统能源的依赖与损耗，促进可再生能源在各个领域的应用。

11.3.3 刺激技术创新，提高可再生能源技术水平

德国能源转型进展快速，取得了瞩目的成就，虽然很大程度上可以归因于政策支持，但是技术创新也是德国能源转型中的关键一步。1977 年至今，德国联邦政府先后出台 6 期能源研究计划，其中 2011 年推出的第 6 期能源研究计划，联邦政府有 35 亿欧元用于可再生能源项目和机构研究。研究的重点领域集中在创新能源技术，包括能效、储能、可再生能源和电网技术等方面，重点项目包括更高效更灵活的储能基金计划项目，H 级燃气轮机，未来电网基金计划项目(智能电网、输配电技术优化、负荷管理创新、电网规划及管理新思路)等[6]。这些措施促进了德国可再生能源能源的快速发展，也使德国在全球可再生能源大国中占有重要一席。

11.4 德国能源转型的进展与问题

11.4.1 德国能源转型的进展

1) 可再生能源法律体系趋于完善

在 1991 年，德国颁布了《电力入网法》，第一次对可再生能源进行明确的立法。由于政策效果有限，2000 年德国出台了首部《可再生能源法》，为德国能源转型打下坚实的基础。根据可再生能源的实际发展状况以及政策的效果，德国于 2004、2009、2012、2014 和 2016 年对《可再生能源法》进行修改完善，2000 年颁布的《电力入网法》共有 12 项条款，2004 增加为 21 项条款，2009 进一步扩充为 66 项条款，在 2012、2014、2016 年，德国政府对其内容方面进行进一步的细化和改动[7]。以《可再生能源法》为核心，德国政府又相继出台了《可再生能源国家行动计划》、《能源方案》、《可再生能源市场刺激计划》、《可再生能源供热法》、《海上风电输电网络开发计划》等[8]。经过十几年的努力，德国已经拥有比较完整的可再生能源发展的法律体系。

2) 雄厚的资金投入推动可再生能源发展

可再生能源的发展离不开资金和技术的支持。自 20 世纪开始，德国在可再生能源领域投入了大量的人力、物力和财力。2005 年德国政府新批准了太阳能、风能、地热能等领域总计 102 个研究项目，投入金额为 9800 万欧元。2008 年，德国联邦教研部为 OPEG(有机光伏能源供给)项目投资 1600 万欧元。2009 年在德国第二个经济振兴规划的 500 亿欧元中，政府拿出 5 亿欧元用于电动汽车的研发[9]。到

2010 年，德国在可再生能源设备方面投资金额达到最高峰，总共投入约达 276 亿欧元的资金。2015 年德国在能源设备的投资略有下降，约投入了 150 亿欧元。

在雄厚的资金支持下，德国在可再生能源和能效领域都取得了显著的成绩。2015 年，德国可再生能源装机容量为 97.1 吉瓦，相比 2000 年增幅达到了 730%（图 11-4）。其中，风电装机总容量为 44946 千瓦，在欧盟国家中位居第一。从能源效率来看，2015 年一次能源消费比 2008 年下降了 8.3%。但离 2020 年 20%的目标还有相当大的距离。巨大的资金投入也为德国带来巨大的经济效益。2014 年，德国可再生能源的销售额为 333 亿欧元，在所有欧盟国家中位列第一。

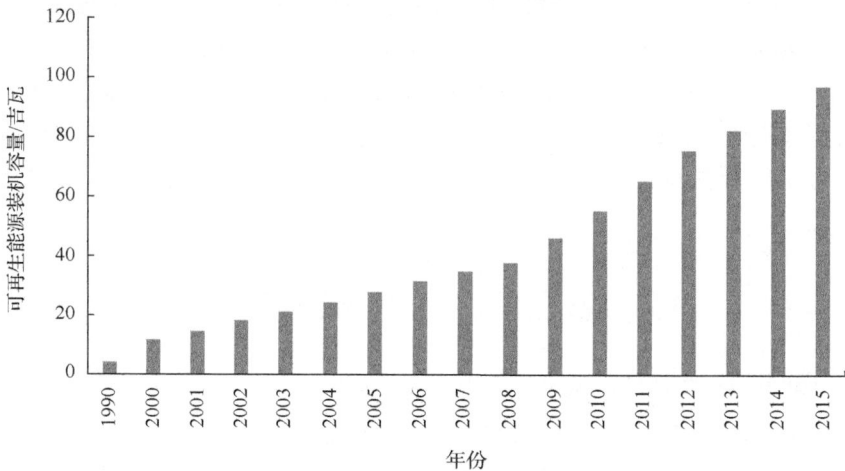

图 11-4　可再生能源装机容量

数据来源：Erneuerbare Energien in Zahlen, 2015

3）可再生能源在能源供给中的比例不断提高

德国从 2000 年以来可再生能源发展迅速，可再生能源在能源消费总量的比重不断上升（图 11-5）。2015 年，可再生能源消耗占总能源消耗的 15%，比 2014 年增长 1.3%。

在发电方面，随着风电、光伏、生物能能源规模的不断扩大，德国可再生能源发电量占总电量百分比由 1990 年不足 5%，成长到了 2015 年超过 30%（图 11-6），可再生能源逐渐由"配角"变为"主角"。可再生能源发电以风力、光伏、生物能为主（图 11-7），风力发电所产生的电能约占电力生产总数的 13.3%，占 2015 年可再生能源发电量的 42.3%，其中陆上风电占 37.78%，海上风电占比较少。2015 年光伏发电占可再生能源电力消费的 20.7%。德国生物质发电发展加速，生物质各类型加总发电量占可再生能源发电总量约 25%，是可再生能源重要的组成部分。地热能作为可再生能源的一种，在德国发展缓慢，虽然自 2012 年以来有所加速发展，但是发电总量与其他能源相比极小。

　　在热消耗方面，2015 年德国可再生能源热消费量达 157.8 亿千瓦时，在终端热消费量中占比达到了 13.2%（图 11-8），距离 2020 年 14% 的目标仅有 0.8% 的差距。其中，生物质能热消费量占总量的 87.8%，地热能次之，占 7.3%，太阳能仅占总消耗量的 4.9%。

　　德国计划，与 2005 年相比，2020 年交通运输最终能源消耗减少 10%。2015 年交通运输部门的最终能源消耗略有增长，比 2014 年增长 0.1%，与 2005 年的基准年相比增加了 1.3 个百分点。同时，自 2007 年以来，德国在能源运输消耗占终端交通能源消耗的比例也一直呈现下降的趋势。从这种情况来看，要达到 2020 年的目标，德国还要做更多的努力。

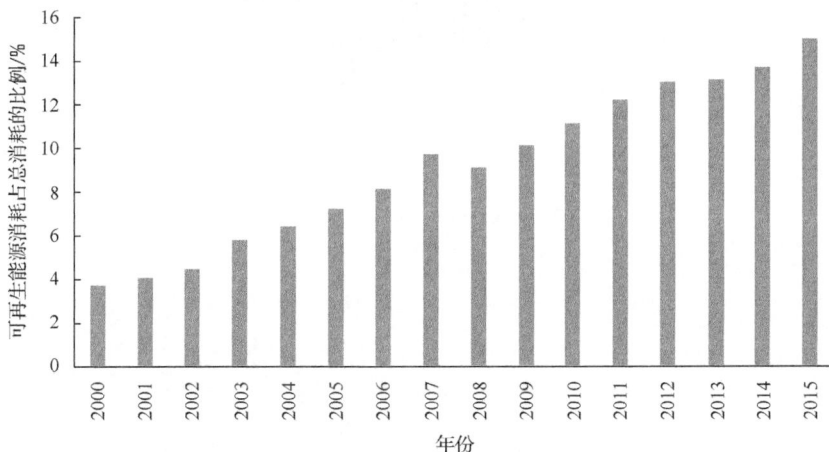

图 11-5　可再生能源消耗占总消耗量的比例

数据来源：Erneuerbare Energien in Zahlen, 2015

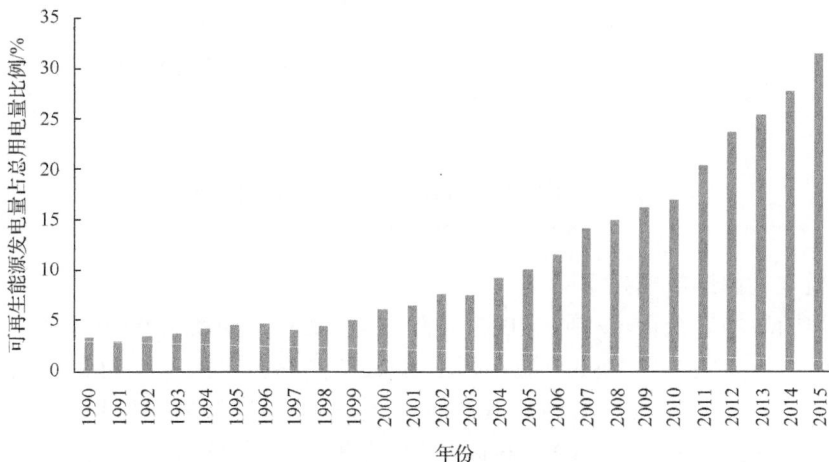

图 11-6　德国可再生能源发电量总用电量占比

数据来源：Erneuerbare Energien in Zahlen, 2015

生物废物3.17%

垃圾填埋气0.32%

地热能源0.06%

沼气0.63%

水电10.16%

沼气与生物甲烷16.83%

生物液体燃料0.32%

生物燃料&污泥6.03%

陆地风37.78%

光伏20.63%

海上风4.44%

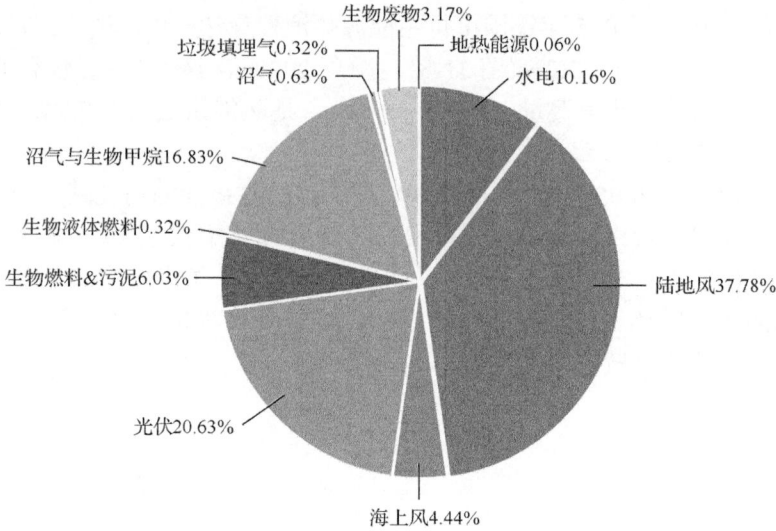

图 11-7　2015 年德国可再生能源消耗份额

数据来源：Erneuerbare Energien in Zahlen, 2015

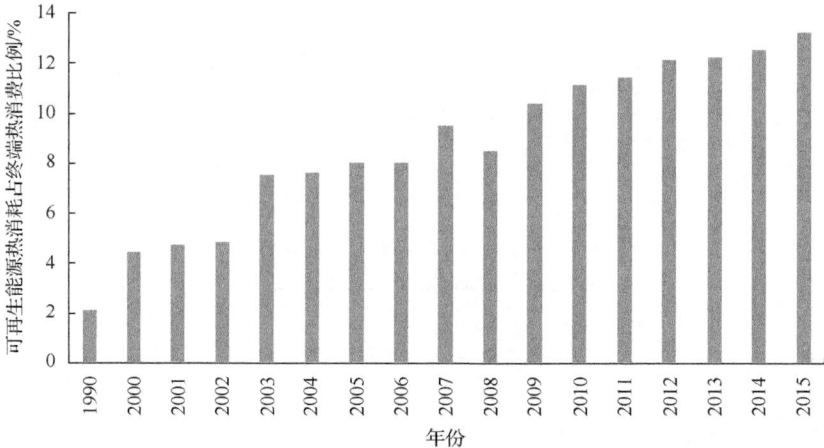

图 11-8　可再生能源热消耗占终端热消费的比重

数据来源：Erneuerbare Energien in Zahlen, 2015

4) 温室气体排放明显下降

据德国环境署统计,德国在 2015 年的二氧化碳排放总量为 9.019 亿吨,比 2014 年减少了 230 万吨,比 1990 年减少了 27.9%。德国在能源工业方面的二氧化碳减少量最大,共减少了 1180 万吨。相比之下,运输部门排放量略有上升,该部门在 2015 年的温室气体排放量为 1.680 亿吨,比上年多了近 70 万吨二氧化碳量。德国计划在 1990 年的基础上,到 2020 年减排 40%,从 2015 年的数据来看,实现这一目标有一定的难度。

11.4.2　面临的挑战

1) 技术层面

德国可再生能源的发展面临着最重要的技术问题：电网的建设。风能和太阳能是德国最有潜力的可再生能源，事实上，风能和太阳能的发电量也一直名列前茅。然而风能和太阳能的不稳定性以及南北分布的差异性制约着可再生能源的发展。从电网稳定运行角度看，风电、太阳能发电有着与生俱来的弱点，主要包括：白天日升、晚上日落导致的发电间歇性；不确定的天气影响导致发电的随机性和波动性。这种不利影响随着装电规模的扩大而增长，风能和太阳能发电量越大时，出现供给大于需求的概率越大。据德国能源署的分析，到 2050 年德国大概 40%的时间是电力过剩的。在无风或者无太阳的情况下，传统能源必须全力开机来填补电力供应的缺口，这又造成发电成本的提高和二氧化碳排放量的增加。另一方面，资源的地域分布特征对电网提出了新的要求。德国北部风大，资源丰富，但是人员稀少，对电力的需求量小，有些地方都出现了弃风、弃光的现象；南部人口密集，对电力的需求量大。南北大电网的建设刻不容缓，特别是对于一些工商业发达的国际大都市而言。这些大城市在城市垃圾、生物质能和水电的资源潜力已基本完成开发，能够用于可再生能源和新能源利用的土地和屋顶资源有限，但它们对能源仍有很大的需求。然而"北电南调"高空高压输电线路在德国遭到了民众的反对，项目进行缓慢，使得大量的风电、光伏浪费。总而言之，电力系统的转型对德国可再生能源转型至关重要。

2) 政治层面

(1) 不同利益主体的目标冲突。

德国本身是一个联邦制国家，联邦中央政府和联邦州政府分享权力。除联邦中央政府外，基层社区和联邦州政府也是能源转型进程中的主要参与者。它们在能源转型总目标上存在着广泛的共识，但在如何抵达目标的路径设计方面却存在着极大的争议。平衡联邦中央政府必要的计划与干预以及联邦州政府重要的分散化行动是当前面临的主要挑战。一方面，要实现雄心勃勃的可再生能源政策，鼓励分散化的自下而上行动是至关重要的。另一方面，在当前的局势中，联邦州政府正冒着损害整个能源体系最优化的风险，去追逐它们的局部性目标[10]。德国工业联邦协认为，联邦中央政府和各联邦州对可再生能源目标应进行调整，使之保持一致。协会希望在联邦层面上成立统一规划部门，各联邦州的发展目标应该被纳入到统一规划中。德国可再生能源协会也指出，德国能源供应的成功转型离不开各联邦州的坚定努力[10]。

(2) 与欧盟政策不协调。

随着能源成本的不断提高，为了保障工业企业的竞争力，德国法律允许工业用户不承担分摊绿色电力附加费，高耗能大企业也获得减少缴纳绿色电力附加费的"豁免权"。此外，为加快光伏发电发展，自发自用的屋顶光伏也可以免交绿色电力附加费。欧盟认为，该补贴政策违反了欧盟反不正当竞争法，而德国政府认为，对能耗大的企业的特别规定并不是补助金，德国的规定不违反欧盟法律[11]。

从 2011 年开始，德国逐步关闭核电站，并计划于 2022 年全面弃核。而在欧盟 2050 能源发展路线图中，核能在未来的能源版图中仍占据重要的角色。

3）经济层面

（1）能源成本增加。

德国可再生能源发展迅速依赖于政府的大力扶持。在电价方面，德国实行上网电价政策，它促进了可再生能源的发展，但也带来许多问题。《可再生能源法》规定，电力消费者在承担普通电费的基础上，还要另外支付一定比例的"绿色电力附加费"。随着可再生能源发电量的不断增加，绿色附加费也不断增加，直接导致电价的大幅度上涨。绿色电力附加费从 2000 年的 0.2 欧分/千瓦时增长到 2015 年的 6.17 欧分/千瓦时（图 11-9）。虽然政府在 2012 年和 2013 年对补贴政策都有所修改，但德国民众对这项政策持不赞成态度，要求对《可再生能源法》全面修改。与上网电价不同，不断增加的可再生能源电力参与德国电力市场竞价，使德国电力批发价格一再下降。2008 年以来，德国电力批发价格从 90 欧元/兆瓦时左右下降到 2014 年中不到 40 欧元/兆瓦时[12]。批发价格的下降直接导致电力公司的盈利。

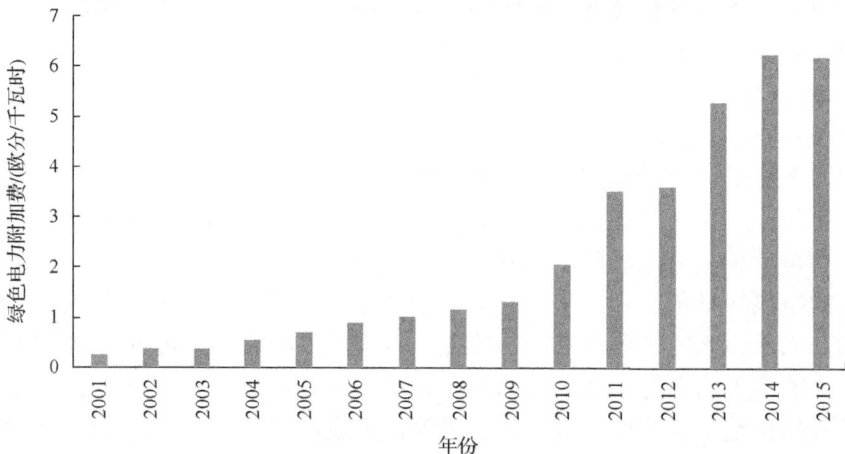

图 11-9　绿色电力附加费

数据来源：Erneuerbare Energien in Zahlen, 2015

（2）核能利用问题。

2010 年德国在政府出台的"能源设想"中提出在 2036 年全面"弃核"，然而由于德国民众的反核运动、政党政治的推动以及日本福岛核事件的发生，2011 年德国政府决定于 2022 年全面退出核能，成为全球首个退出核能的国家。这一政策受到德国各界民众的赞同，然而也带来一系列问题。

核能发电在德国发电量中占很大的部分，2010 年核能就提供了德国 22.6% 的电力需求，而在 2011 年德国政府宣布淘汰核能之后，一些核电站陆续关闭。为了弥补"弃核"所带来的供电缺口，德国不得不加大传统能源的发电量，这使得二氧化碳的排放量不降反增。

另一方面，伴随着核能退出，与核电相关的企业不再受到政府的支持。2011 年起，德国政府开始对国内核电运营商征收核燃料税，国内四大核电运营商——莱茵集团、意昂集团、瓦腾福电力集团、巴登—符腾堡能源公司 4 家公司每年总计需要上缴的税额定在 23 亿欧元，持续到 2016 年。德国政府将税额降低为 13 亿欧元，但对于德国核能企业来说仍然是"天价"。各个企业都出现了不同程度的亏损，相关就业岗位和专业技术人才的流失问题也不可避免。

11.5　德国能源转型对中国的启示

11.5.1　中国与德国共同面临的问题

虽然中国与德国政治体制、经济体制均不同，但所面临的传统能源所带来的问题基本一致，主要包括三方面。

1) 能源危机

一方面，现阶段我国仍以传统化石能源消费为主，包括煤炭、石油、天然气等。尽管我国化石能源存量较多，但由于其具有不可再生性，据专家预测，以目前的开采速度，中国石油储量将于 2050 年左右枯竭，煤炭储量也仅够开采 150 年。另一方面，我国人口众多，生态环境承载能力弱，人均资源相对不足，因此，能源消费多依赖进口，统计资料显示：2006 年煤炭进口量为 3811 万吨，原油进口量为 14517 万吨，到 2015 年煤炭进口量达到了 20406 万吨，原油进口量达到 33550 万吨，增幅分别为 435.45% 和 131.11%。所以，中国也面临着严峻的能源危机。

2) 生态环境恶化

作为工业企业的物质基础，化石能源无疑是一国经济增长的重要助推器。然而，化石能源的消耗往往伴随着大量 CO_2、SO_2、甲烷等温室污染气体的排放，从而引发了全球的温室效应和雾霾现象。如 20 世纪 60 年代德国爆发的持续雾霾污染情况以及现今我国频繁发生的雾霾天气问题[13]。

3) 民众的环境诉求

化石能源的不可再生性决定了其未来终将被取代的命运，而 1973 年爆发的石油危机，进一步使人们认识到开发新能源的重要性。近年来，随着化石能源消费所带来的大量环境污染问题的出现，人们更加深刻的感受到开发环境污染低，可永续利用的新能源，达到保护环境目的的必要性，并开始积极呼吁社会为保护环境而采取有效的措施。我国能源战略发展目标是"到 2050 年，化石能源消耗总量与 2005 年相比增加不超过 50%；单位 GDP 能耗届时相当于中等发达国家水平；发展水电和核电，使之占发电总量的 20%以上；大力开发非水力可再生能源，力争使其占一次能源总量的 25%左右"[14]。

11.5.2　政策建议

德国作为一个传统的工业大国，其过去化石能源消耗量巨大。为了减少化石能源消耗，实现经济的可持续发展，德国较早就开始布局能源转型，并取得了丰富成果。与二十世纪六七十年代的德国相比，我国也是工业大国，化石能源消费量巨大，然而，相比于德国的能源储量短缺，我国具有较丰富的可再生能源资源和新能源，立足我国现实并借鉴德国能源转型成功经验，对实现我国经济增长的"新常态"具有重要现实意义。

1) 充分利用我国丰富的新能源和可再生能源资源

目前，中国的新能源业务主要包括油页岩、页岩气、煤层气、油砂等非常规能源及太阳能、风能、生物能、地热能等可再生能源两大类。我国煤层气资源居世界第三，其属于非常规天然气，热值高、无污染，可以用作工业燃料、化工染料、居民生活燃料和用来发电。煤层气、油页岩、页岩气、油砂等非常规能源开发利用主要是为了代替我国对石油能源的使用。我国风能与太阳能资源丰富：陆地与海上可开发利用风能多达十亿瓦；从局部来看，我国宁夏北部、甘肃北部、新疆东部、青海西部和西藏西部等地年太阳辐射总量 6680～8400 兆焦/平方米，尤以西藏为最，高达 2333 千瓦时/平方米，仅次于撒哈拉大沙漠，居世界第二位。从全国来看，我国绝大多数地区年平均日辐射量在 4 千瓦时/平方米以上，太阳能资源相当丰富。因此，针对我国丰富的新能源和可再生能源资源现状，主要提出以下几点建议：

第一，尽管当前我国煤层气、油页岩、页岩气等资源的开发已经初具规模，但仍存在利用效率不足等相关问题，因此，需要在借鉴德国能源转型经验的同时充分发挥我国技术、市场、资源和资金优势，积极推进页岩气、油砂和油页岩等其他非常规能源的规模开发，并对这些资源加以节约利用，增强可持续性。

第二，对于太阳能、风能等可再生能源，据智研咨询发布的公告显示：截至 2015 年底，我国累计光伏发电量为 4318 万千瓦，已成为全球最大的光伏发电装机容量国家；到 2016 年底，我国风电累计并网装机容量达 1.49 亿千瓦，占全国发电总装机的 9%。虽然我国不断提高对可再生能源利用的比率，但其开发利用率仍非常低，仍远远落后于相关西方发达国家对其的应用。因此，我国应充分利用资源优势，加大风能和太阳能的利用率，在具体做法上可以为：为国内相关可再生能源公司提供政策优惠，加速其发展；引入国外先进技术，提高可再生能源利用率；有针对性的为风能和太阳能资源丰富的地区提供价格补贴等措施，加大对其开发。

第三，除了较为普遍、发展较为成熟的风能与太阳能，根据我国的国情，可以发展别具特色的碳汇林业和生物质能。碳汇林业是指利用森林的储碳功能，通过植树造林、加强森林经营管理、减少毁林、保护和恢复森林植被等活动，吸收和固定大气中的二氧化碳，并按照相关规则与碳汇交易相结合的过程、活动或机制[15]。中国目前是温室气体排放大国，二氧化碳排放总量约占世界碳排放总量的20%，因此碳汇林业的实施已箭在弦上。生物质能是仅次于煤炭、石油、天然气的世界上第四大能源，其是太阳能以化学能形式贮存在生物质中的能量形式，即以生物能为载体的能量，不仅是一种可再生能源，同时也是唯一一种可再生的碳源。生物质能源可以以沼气、压缩成型固体燃料、气化生产燃气、气化发电、生产燃料酒精、热裂解生产生物柴油等形式存在。近年来，中国政府高度重视对碳汇林业和生物质能的应用，如中国的森林覆盖率已提前两年达到 20%；从 2001 年开始发展乙醇汽油领域，到 2007 年进军生物质能源林领域，打通了替代能源产业链。尽管我国对碳汇林业及生物质能的应用取得了丰硕成果，但仍存在巨大的开发利用空间。一方面，政府需要进一步加强对碳汇林业及生物质能的保护；另一方面，需要在完善相关机制的前提下加大对该资源的开发利用，进而实现节能减排和放大经济效益的双赢局面。

2) 发展核电

2011 年 3 月 11 日，日本福岛核电站发生事故后，德国公众开始抗议政府对核电站延长使用的政策，而为了回应公众的要求以及社会的需要，德国政府提出"弃核"的政策，并承诺到 2022 年完成，同时指出"能源转型"为其能源政策的主导方针。但是德国短时间内的"弃核"政策却带来了一系列的社会问题，如电力短缺等。相比德国，我国不仅是人口以及工业大国，更是最大的发展中国家，因此，能源需求量巨大。考虑到核电站不会产生二氧化碳以及其他有害气体的现实，以及我国的新能源发展还处于试点阶段，不能大范围推广的事实，所以，为了保证人民生活质量的提高和经济的持续增长，盲目"弃核"是不理智的选择。基于此，主要提出以下三点建议：

第一，在大力发展新能源的基础上，引进德国等国家在能源转型中的先进核电技术，并进行自主创新，同时调整产业布局，先试点后推广。

第二，有针对性的在西部等人少、环境承载力较强的地方发展核电技术，重点在于加强核电安全管理，依法强化核电安全监督，推进核安全文化建设，积极扩展核电安全科技研发。

第三，各相关部门要做好各方面的政策建设，特别是要坚持"安全第一，质量第一"的方针[16]。

3) 完善政策法规，确定具体目标

目前我国在能源转型方面的政策法规还不够完善，很多政策仅限于纸上谈兵，没有全面的考虑到政策实施的条件以及我国的现状。同时关于新能源建设的目标比较宽泛，只限于几个大范围的目标，而没有具体到每一阶段的目标，以至各个有关部门在实现总目标时各行其是，没有统一的规划，从而在一定程度上拖慢了能源转型的步伐。德国可再生能源转型取得重大进展，因此关注其可再生能源政策变化，可以为我国可再生能源健康发展提供有益借鉴。以德国可再生能源发电市场为例，在其启动初期，固定上网电价，对可再生能源进行补偿及激励。当其发展到一定阶段，启动固定上网电价调减机制，鼓励自发自用，并及时提出市场化方面的条款，严格控制可再生能源发电补贴，分阶段、有重点推动光伏发电市场化。到2017年，全面引入发电招标制度，正式结束基于固定上网电价的政府定价机制，全面推进可再生能源发电市场化。德国可再生能源制定时全局考虑了当时国内的情况，把能源转型这个终极目标分成了几个小的目标，按部就班的进行，既高效又可以保证质量。基于此，我国政府可以在以下两个方面进行完善：

第一，完善政策法规。由于我国是大陆法系且国家成立较晚，因此缺乏在能源转型相关方面的政策法规，所以政府应在参考德国等国家能源转型过程中制定的相关法律法规的基础上，组织专家完善政策法规。

第二，合理规划阶段目标。虽然我国经济发展属于市场经济，但长期受计划经济体制的影响，在能源方面通常是政府直接领导规划，而政府往往具有"官僚作风"，缺乏适应市场的细致安排。基于此，政府应在完善法律法规的基础上，引入市场机制，合理规划阶段目标，实现对资源的节约可持续利用。

4) 提高化石能源使用效率，调整能源消费结构

首先，我国可再生能源发展还处于初级阶段，应该一步一个脚印的进行，不要好高骛远。在竭力发展新能源的同时，有效的提高现有化石能源的利用效率，推进节能降耗工作，如全面实现车用乙醇汽油的推广。其次，大力发展煤电掺烧新能源等技术，其在节约能源的同时，成本也远远低于建设新机组所需成本。新能源与化石能源掺烧技术为我国能源转型提供了有效的示范与带动，在传统化石能源到新能源的转型过程中，要掌握好两者的比重，保证质量与效率，直到达到化石能源到可再生能源的整体转型。最后，进一步调整能源消费结构，即继续发展可再生能源，降低化石能源消费比重。在具体实施中，可以通过逐步淘汰钢铁、煤炭、水泥等重工业落后产能的方式实现减少化石能源的利用；通过鼓励新能源公司发展，引入先进技术等方式达到提高可再生能源利用率的目的。

5）市场与计划手段相结合

现阶段我国资源产品多采用成本定价的方法，虽然简单有效，但这种非市场化的定价方法存在诸多弊端。其不仅忽视了市场供求与竞争等其他因素的影响，也有悖于市场在资源配置中起决定性作用的改革方向，不利于资源的节约利用与环境保护，甚至会制约经济结构调整的步伐。因此，未来的资源产品价格改革需从市场供求关系、环境损害成本的价格形成机制等方面进行不断深化，充分发挥市场的调节作用。此外，我国当前正处于经济结构转型期，去产能，调结构，迎接经济增长的新常态，成为当前经济发展的新潮流。而产能的调整，依靠市场自发调整则会进展缓慢，从而拖慢中国发展的步伐，所以，通过政府的宏观调控进行经济干预显得尤为重要。故此，有序协调的推进市场改革与有效监管，理顺政府"有形之手"与市场"无形之手"的关系，有助于实现能源市场与能源行业的健康发展。

参 考 文 献

[1] 朱彤. 如何消化能源转型带来的矛盾——以德国能源转型背景、目标与进展评估[J]. 中国石油企业, 2016, (5): 9-23.

[2] 孙宁鸿, Thomas, Schmitz. 德国实现能源转型的措施与挑战[J]. 中国能源, 2012, 34(3):11-14.

[3] 曹石亚, 王乾坤. 德国《能源战略2050》要点[J]. 中国电力, 2011, 44(9):65-67.

[4] 金乐琴. 德国能源转型战略及启示[J]. 调研世界, 2014, (11):61-64.

[5] 王卓宇. 德国能源转型:政策及成效[J]. 国际论坛, 2016, (2):74-78.

[6] 张斌. 德国能源转型战略及启示[J]. 中国电力企业管理, 2014, (8):50-53.

[7] 黄玲, 张映红. 德国新能源发展对中国的战略启示[J]. 资源与产业, 2010, 12(3):48-53.

[8] 多尔特·欧豪斯特, 王聪聪. 德国能源转型:民主与和谐维度下的多重管治[J]. 南京工业大学学报(社会科学版), 2015, (2):19-25.

[9] 徐庭娅. 德国能源转型的进展、挑战及前景[J]. 宏观经济管理, 2014, (3):85-87.

[10] 金乐琴. 能源结构转型的目标与路径:美国、德国的比较及启示[J]. 经济问题探索, 2016, (2):166-172.

[11] 刘明德, 杨玉华. 德国能源转型关键项目对我国能源政策的借鉴意义[J]. 华北电力大学学报(社会科学版), 2015, 98(6):1-8.

[12] 朱彤. 德国能源转型再思考: 问题与挑战[J]. 财经智库, 2016,1(4):51-68

[13] 齐晔. 中国低碳发展报告(2014)[M]. 北京: 社会科学文献出版社,2014.

[14] 中国科学院. 应对挑战—构建可持续能源体系[R]. 2007.

[15] 梅园, 綦久竑, 马骏. 发展林业碳汇交易市场[J]. 中国金融, 2016(23):65-66.

[16] 王芷. 中国的核电发展[J]. 科技导报, 2010, 28(11):8-8.

第12章　印度能源发展趋势及对中国的影响

12.1　印度宏观经济及能源发展概况

12.1.1　印度宏观经济发展概况

印度经济腾飞于 20 世纪八九十年代，经过多年的发展，印度已经成为了世界经济不可忽视的一股重大力量。世界银行的国际比较计划显示，2015 年印度 GDP 为 2.29 万亿美元（2010 年不变价），全球排名第八。印度独立后经济发展基本可以分为三个阶段（图 12-1），第一阶段即独立后前三十年，主要施行政府主导的工业化战略，重点发展重工业，同时政府各项管制严格复杂，经济整体效率不高。根据世界银行的统计数据，1961—1980 年印度国内生产总值年平均增长率为 3.48%，人均 GDP 年均增长 1.21%。由图 12-2 可以看出，印度在 1979 年的 GDP 增长速度为−5.24%，达到一个历史最低点。

第二个阶段，20 世纪 80 年代初，印度开始进行一系列的经济改革，放松对工业、贸易等方面的管制，施行扩张性财政政策，政府投资的力度加大，1981 年至 1990 年国内生产总值年平均增长率增至 5.5%。由于财政制度的不健全，以及贸易逆差的加剧，90 年代初海湾战争带来的油价飙升导致了印度支付危机的产生。印度经济的增长速度急剧下降，1991 年印度 GDP 的值为 3539.4 亿美元，1990—1991 财年印度 GDP 增长速度又达到一个最低点 1.06%。

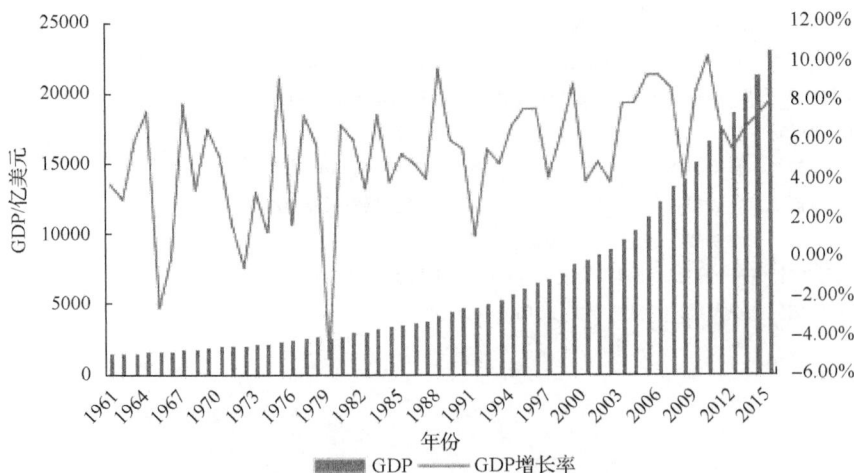

图 12-1　印度 1961—2015 年 GDP 趋势图

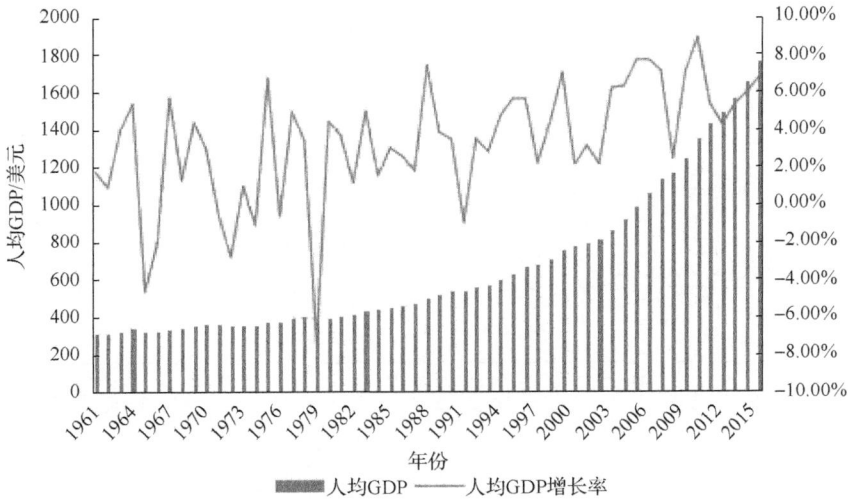

图 12-2　印度 1961—2015 年人均 GDP 及增长率趋势图

　　第三个阶段，1991 年至今，新一届政府开始了全面的市场化改革，采取了推动卢比汇率贬值、降低财政赤字、废除工业许可证制度、放松进出口管制、给予国有企业更大自主经营权等一系列有效手段，印度的经济得到了持续的增长，1990—2015 年间经济年平均增长 6.4%，人均 GDP 年均增长 3.4%。

　　与中国、印度尼西亚、马来西亚、泰国等新兴经济体不同，印度采取了服务业主导的经济发展模式，服务业增速长期高于工业和农业，2015 年服务业占 GDP 的比重 52.97% 左右，同期中国服务业占 GDP 的比重为 50.24%，工业占 40.93%，农业占 8.83%。这种经济结构对能源消费结构和能源强度有重要影响。印度的发展历程相较于其他处于相似发展过程中的国家存在着些许差异，主要表现在其从农业生产过渡到制造业生产的转化过程相对要慢一些，这种现状可能代表着印度的"工业革命"还未到来。印度的制造业在国民生产总值中的份额目前看起来并不正常。作为一个人口众多的国家，制造业份额只占印度尼西亚、马来西亚、泰国以及韩国等国的一半。相较于东亚国家，印度的制造业正经历产出和就业的疲软时期。

　　与许多发达国家放缓农业发展以全力以赴发展制造业的发展历程相比，印度自 20 世纪 80 年代可被看为将发展资源直接从农业转向了服务业(图 12-3)。由于其非农业产值份额相对较小，制造业对于整体产量增长的贡献在过去十年中不到全国的三分之一。相对来看，印度的服务业则发展势头迅猛，无论如何，与中国和其他市场相反，印度的制造业在过去几十年也失去了发展的契机。印度的经济支柱是服务业，许多世界知名企业的客服中心也都选择设在了印度，这也与其国内廉价劳动力充足的现状直接相关。制造业发展缓慢的现状由众多因素共同影响，其中一个比较重要的因素就是矿业能源产业发展的限制。

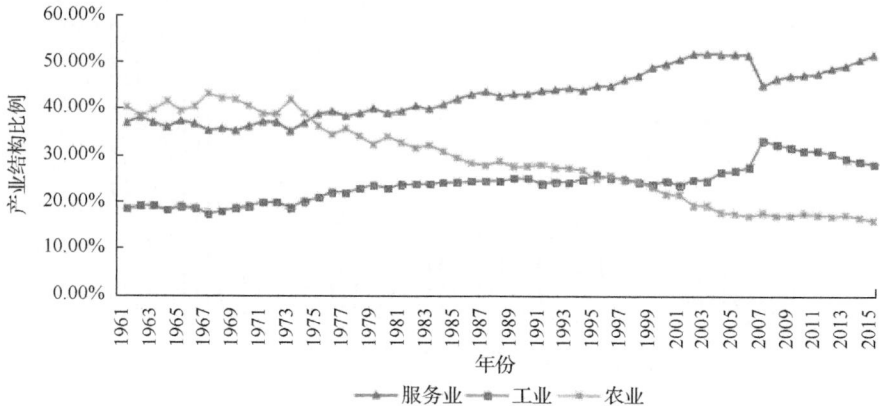

图 12-3 印度 1960—2015 产业结构演变过程

数据来源：印度统计局，世界银行

12.1.2 印度能源发展概况

1) 印度能源资源概况

（1）煤炭资源。

与中国相类似，印度能源资源以煤炭为主，石油天然气资源匮乏。根据 BP 统计数据[1]，截止到 2015 年末，印度煤炭储量占全球总储量的 6.8%，仅次于美国、俄罗斯、中国和澳大利亚，位世界第四，约可以开采 100 年。印度煤炭主要分布在东部和东南部地区，西孟加拉邦、恰尔肯德邦、奥里萨邦、恰蒂斯加尔邦、安得拉邦、马哈拉施特拉邦和中央邦占煤炭总储量的 97% 以上。根据印度煤炭部公布的数据[2]，截至 2016 年 3 月 31 日累计有 3088 亿吨煤炭储量，详细数据如表 12-1、表 12-2 所示。

表 12-1 印度煤炭赋存情况表（亿吨）（截至 2016 年 3 月 31 日）

区域	证实储量	推定储量	推测储量	合计
孟加拉邦	136.0	130.2	49.1	315.3
贾坎德邦	423.2	323.0	65.5	811.7
比哈尔邦	0	0	160	160
中央邦	109.2	127.0	32.9	269.1
恰蒂斯加尔邦	191.4	346.1	22.9	560.4
北方邦	8.8	1.8	0	10.6
马哈拉施特拉邦	62.1	31.5	20.8	114.4

续表

区域	证实储量	推定储量	推测储量	合计
奥丽萨邦	342.9	332.8	83.2	759.0
安德拉邦	0.3	0.4	0.2	0.9
阿萨姆邦	4.7	0.6	0	5.2
锡金	0	0.6	0.4	1
梅加拉亚邦	0.9	0.2	4.7	5.8
那加兰邦	0.1	0	3.1	3.2
印度	1380.9	1391.5	315.6	3088

表 12-2　印度褐煤预计储量(截至 2016 年 3 月 31 日) 　　(单位：亿吨)

	证实储量	推定储量	推测储量	合计	分布
古吉拉特邦	12.80	2.80	11.60	27.20	6.49%
查谟和克什米尔	0.00	0.20	0.10	0.30	0.06%
喀拉拉邦	0.00	0.00	0.10	0.10	0.02%
旁迪切里	0.00	4.10	0.10	4.20	0.99%
拉贾斯坦邦	11.70	26.70	19.00	57.30	11.69%
泰米尔纳德邦	37.40	229.00	72.40	338.80	80.73%
孟加拉邦	0.00	0.00	0.00	0.00	0.00%
印度	61.80	262.80	120.40	445.90	100.00%

数据来源：印度煤炭部, 印度 2017 能源统计年鉴。

(2)油气资源。

印度石油储量十分匮乏，根据 BP 统计数据，截止到 2015 年底，印度探明石油储量仅为 0.8 百万吨，占全球储量的 0.3%，位列世界第 23，按当年的生产速度印度石油仅可开采至 2026 年。根据 BP 统计数据，截止到 2015 年末，印度天然气储量为 1.3 万亿立方米，占世界储量的 0.8%，位列世界第 20 位，可以开采至 2045 年。资源的地理分布情况表明，西部近海的原油储备量为 39.79%，为印度国内最高，其次是阿萨姆邦，占 25.89%。最大的天然气储存地在东部近海的 36.79%，其次是西部近海的 23.95%(表 12-3)。

表 12-3　印度油气储量情况表(截至 2016 年 3 月 31 日)

区域	原油/百万吨		天然气/十亿立方米	
	预计储量	占比/%	预计储量	占比/%
安得拉邦	1.57	0.25	0.76	0.06
阿鲁纳恰尔邦	10.9	1.75	42.03	3.42
阿萨姆邦	160.79	25.89	153.76	12.53
煤层气	0	0	153.76	12.53
东部近海①	36.39	5.86	451.46	36.79
古吉拉特邦	121.16	19.51	63.06	5.14
那加兰邦	2.38	0.38	0.09	0.01
拉贾斯坦邦	31.72	5.11	35.66	2.91
泰米尔纳德邦	8.99	1.45	31.68	2.58
特里普拉邦	0.07	0.01	28.28	2.3
西部近海②	247.13	39.79	293.96	23.95
合计	621.10	100	1227.23	100

① 证实和推定的可采储量。
② 包括孟买高离岸，拉贾斯坦邦和 JVC 离岸原油及孟买高离岸；拉贾斯坦邦和中央邦(煤层甲烷)天然气
数据来源：印度原油天然气部。

2)印度能源生产概况

印度 2015-2016 年度硬煤生产量为 6.39 亿吨，褐煤产量 0.44 亿吨，原油 0.37 亿吨，天然气 322.5 亿立方米，水电及核电 224571 百万千瓦时。从 1970—1971 年度到 2015—2016 年度，硬煤生产年均增长率 4.94%，褐煤 5.85%，原油 3.83%，天然气 7.14%(表 12-4)。

表 12-4　印度能源生产概况

年份	硬煤/百万吨	褐煤/百万吨	原油/百万吨	天然气/十亿立方米	电力*、水电及核电/百万千瓦时
1970—1971	72.95	3.39	6.82	1.45	27,666
1975—1976	99.63	3.03	8.45	2.37	35,928
1980—1981	113.91	5.11	10.51	2.36	49,543
1985—1986	154.3	8.04	30.17	8.13	56,003
1990—1991	214.06	14.07	33.02	18	77,782
1995—1996	273.42	22.15	35.17	22.64	80,561
2000—2001	313.7	24.25	32.43	29.48	91,264
2005—2006	407.01	30.23	32.19	32.2	118,818
2010—2011	532.69	37.73	37.71	52.22	140,524
2011—2012	539.94	42.33	38.09	47.56	163.796

续表

年份	硬煤/百万吨	褐煤/百万吨	原油/百万吨	天然气/十亿立方米	电力*、水电及核电/百万千瓦时
2012-2013	539.95	42.33	38.09	47.56	214,024
2013-2014	556.4	46.45	37.86	39.83	204,035
2014-2015	609.18	48.27	37.46	33.66	238,908
2015-2016	639.23	43.84	36.95	32.25	224,571
增长率	4.94%	5.85%	3.83%	7.14%	4.76%

*热电不在主要能源之内。

数据来源：印度煤炭部；印度石油天然气部；印度中央电力管理局。

3）印度能源进出口概况

随着经济发展对能源需求的增加，近年来印度能源自给率在不断下降。在 20 世纪 80 年代以前，印度一直保持着 100%的煤炭自给水平。随着时间的推移，印度煤炭的自给率也始终保持在 80%的水平之上，近年来略有下滑。相比之下，印度原油的自给水平则一直较低，在 80 年代前中期原油自给水平曾经短暂提高，随后便逐年降低，最终停留在了 20%的水平上下，这也是与印度原油储量不足的现实情况相匹配的。天然气在 2003 年前基本是自给，随后进口量迅速增加，到 2015 年天然气自给率下降到 57.8%（图 12-4）。

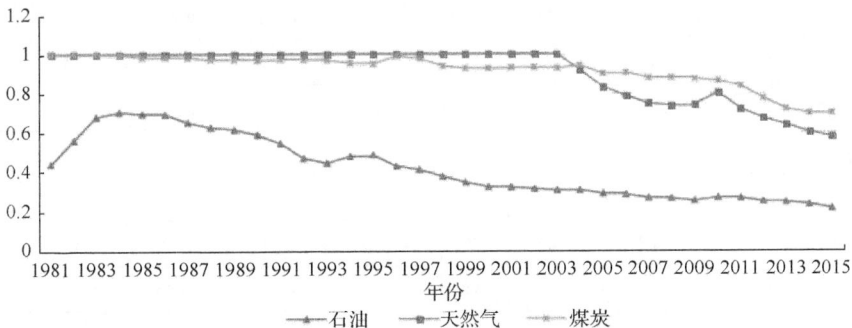

图 12-4　印度 1981—2015 年三种能源自给率历史演变

煤炭资源是印度国内储量最为充足的传统资源。然而，印度煤炭的平均质量与可获得的澳大利亚和加拿大煤炭相比却要低。同时，印度国内煤炭的洗选能力并未得到充分提高，综合多种原因，进口高质的洗选煤以满足以炼钢业为主的工业需求是十分必要的。以焦煤为例，在 2000 年中印度的主要焦炭进口国就有澳大利亚、中国、加拿大和美国，分别进口了 1000 万吨、36 万吨、4.5 万吨和 2.2 万吨。主要的焦煤进口者就是国有的炼钢公司。动力煤的进口主要为了满足印度国内发电和水泥工业的需要。其进口量从 1990—2000 年的十年间也从 10 万吨提升到了 900 万吨，主要的提供者是南非、澳大利亚和中国。印度在进口煤炭的问题上有着加速的趋势，总进口量正在稳定提高，已经从 1980—1981 年度的 0.55 百万吨提升到了 2015—2016 年度的 199.88 百万吨。在同一时间段内，印度的煤炭出口额也从 0.11 百万吨提升到了 1.25 百万吨。

印度国内十分依靠原油的进口，近年来原油的进口量一直在稳步提升。由于资源赋存以及技术等多方面原因，印度几乎没有原油出口。因此印度原油的总进口量和净进口量一直保持着稳定上升趋势，从 1980—1981 年度的 16.25 百万吨提升到了 2015—2016 年度的 202.85 百万吨。虽然印度高达 70% 的原油需求及石油产品需求由进口满足，但是随着印度国内近年来生产多种石油产品能力的提高，印度有望在未来成为石油产品的净出口国。石油产品的出口量已经从 1980—1981 年度的 0.04 百万吨提升到了 2015—2016 年度的 60.53 百万吨。石油产品的进口量从 1980—1981 年度至 2015—2016 年度仅从 7.29 百万吨提升到了 28.3 百万吨，但是在这段时间内其趋势并非缓和而是有起伏的(表 12-5)。

表 12-5　印度煤炭、原油及石油产品进出口概况　（单位：百万吨）

年份	煤炭			原油			石油产品		
	总进口量	出口量	净进口量	总进口量	出口量	净进口量	总进口量	出口量	净进口量
1970—1971	0	0.47	−0.47	11.68	0	11.68	1.08	0.33	0.75
1975—1976	0	0.44	−0.44	13.62	0	13.62	2.22	0.17	2.05
1980—1981	0.55	0.11	0.44	16.25	0	16.25	7.29	0.04	7.25
1985—1986	2.03	0.21	1.82	15.14	0.53	14.62	3.87	1.96	1.9
1990—1991	4.9	0.1	4.8	20.7	0	20.7	8.66	2.65	6.01
1995—1996	8.87	0.09	8.78	27.34	0	27.34	20.34	3.44	16.9
2000—2001	20.93	1.29	19.64	74.1	0	74.1	9.27	8.39	0.9
2005—2006	38.59	1.99	36.6	99.41	0	99.41	13.44	23.46	−10.02
2010—2011	68.92	4.41	64.51	163.6	0	163.6	16.82	59.08	−42.26
2011—2012	102.85	2.03	100.82	171.73	0	171.73	15.85	60.84	−45.84
2012—2013	145.79	2.44	143.34	184.8	0	184.8	15.77	63.41	−47.63
2013—2014	166.86	2.19	164.67	189.24	0	189.24	16.72	67.86	−51.15
2014—2015	217.78	1.24	216.54	189.43	0	189.43	21.3	63.93	−42.63
2015—2016	199.88	1.25	198.63	202.85	0	202.85	28.3	60.53	−32.23
年增长率	18.35%	2.20%	19.08%	6.55%	—	6.55%	7.53%	12.28%	−208.72%

数据来源：印度统计局，energy statistics (2012—2017)。

12.2　印度能源需求演变及中印能源结构对比分析

12.2.1　印度能源需求演变

1) 能源需求总量演变

印度的能源消费总量从 1980 年到 2015 年总体上是增长的，能源消费总量由 1980 年的 102.50 百万吨油当量增加到 2015 年的 700.5 百万吨油当量，年增长率为 5.64%。煤炭消费总量由 56.71 百万吨油当量增加到 2015 年的 407.2 百万吨油当量，年增长率为 5.79%，石油消费总量由 31.63 百万吨油当量增加到 2015 年的 195.5 百万吨油当量，年增长率为 5.34%。天然气消费总量由 1.06 百万吨油当量增加到 2015 年的 45.5 百万吨油当量，年增长率为 11.3%。天然气的消费量增长速度较快。核电、水电和可再生能源的消费总量年增长率分别为 8.15%、2.34% 和 21.85%。由于可再生能源的发展起步晚，起点低，年增长率很高。

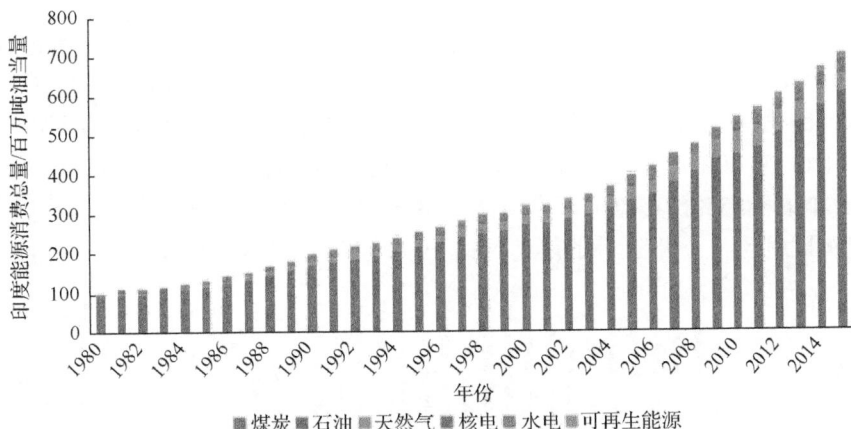

图 12-5　印度能源消费总量趋势图

数据来源：BP 世界能源统计年鉴 2016

根据图 12-5，印度能源消费总量的趋势图可以大致将印度 1980 年到 2012 年的能源消费情况划分为 3 个阶段。第一个阶段 1980—1989 年，这一阶段能源消费增长速较快，年均增长率为 5.80%。煤炭和石油的消费量增长迅速，可再生能源的消费量很少，几乎为零。第二个阶段为 1990—2002 年，这一阶段，能源消费量总体上升，但年均增长率有所下降，下降为 4.26%。煤炭消费量在 1990 年为 95.46 万吨油当量，比 1989 年的消费量下降了 4.5 百万吨油当量，从 1991 年开始，又继续上升。第三个阶段为 2003—2015 年，这一阶段能源的消费量增长速度较前一阶段有所加快，能源消费总量的年增长率为 5.79%，由图 12-5 可以看出，这一阶段煤炭消费量和天然气的消费量增长较为明显，石油的消费量增长速度减慢，煤炭、天然气和石油的年均增长率分别为 6.64%、6.33% 和 3.95%。出现这一现象的一个原因是，2005 年印度制订了新的能源政策，对内用天然气替代石油，扩大核能和非常规能源的使用，并建立石油储备。

2）印度能源消费结构演变

从图 12-6 可以看出，煤炭一直在印度能源中占据着 50% 左右的比例，从 1980—2015 年，比例最高时达到 2014 年的 58.34%，最低时为 1999 年的 51.58%。1980—1997 年煤炭的消费量一直持续在 55% 以上，总体上趋于平稳，但有下降的趋势。1998 —2004 年煤炭的消费量下降到 55% 以下，从 2005 年开始，煤炭的消费量上升到 53.67%，以后又呈略微上升的趋势。

印度石油的消费量较为稳定，基本维持在 25%～35% 之间，从 1980 至 2015 年，石油消费量所占能源消费总量的比例最低时为 2014 年的 27.14%，最高时为 2002 年的 34.10%。石油消费量所占比例较高的一段时间为 1999—2004 年，这段时间内石油消费量的比例高于 32%，而其他年份都低于 32%。

印度天然气资源的消费量逐年升高，在能源消费总量中占据的比例也逐年增加，从 1980 年的 1.03% 增加到 2015 年的 6.5%，消费比例的年增长率为 5.4%。相对应水电的消费量所占比例呈下降趋势，1980—2015 年，水电消费量所占比例由 12.24% 下降到 4.02%。核电的消费量所占比例一直较小，由 1980 年的 0.54% 增加到 2015 年的 1.23%。其他可再生能源，主要是风能、太阳能、地热能和生物质能等的消费比例也呈逐年上升的趋势。由 1990 年的 0.01% 上升到 2015 年的 2.21%。

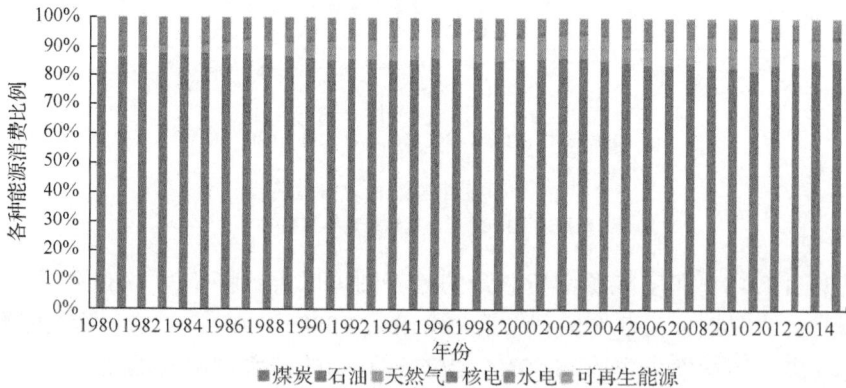

图 12-6　印度 1980—2015 年各种能源消费比例趋势图

数据来源：BP 世界能源统计年鉴 2016

3）印度能源消费强度演变

印度的能源消费强度从 1980 年至 2015 年，总体上以 1991 年为界呈现出先上升后下降的趋势，其间略有波动。1980 年能源消费强度为 3.73 吨油当量/万美元，

2015 年为 3.05 吨油当量/万美元, 32 年间平均年下降率为 0.57%。1991 年达到最高点为 4.31 吨油当量/万美元,之后能源消费强度值变化呈现较为持续稳定的下降趋势。

4)印度能源消费弹性系数变化趋势

能源消费弹性系数反映一个国家或地区在某一个时期内经济发展与能源消费增长之间依赖关系的一个综合性指标,是能源消费平均增长速度与同期内国民经济平均增长速度之间的比值。根据图 12-8 所示,印度能源消费弹性系数以 1991 年为界划分为两个阶段。1991 年之前能源消费弹性系数整体上大于 1,说明在这一阶段能源消费增长速度高于 GDP 的增长速度;1991 年之后,能源消费弹性系数整体上小于 1,即在这一阶段中,能源消费增长速度低于 GDP 的增长速度。

结合图 12-7～图 12-9 分析,印度能源消费弹性系数整体变化反映了印度在 20 世纪 90 年代初的经济改革前后经济发展效率的变化。1991 年之前,印度经济发展速度缓慢,整体上低于能源消费增长的速度,在 1991 年经济增长的速度下降到最低点,增速仅为 1.06%,能源消费弹性系数达到最高点 5.21。1991 年以后印度进行一系列的经济改革,能源消费的增速有所下降,经济增长的速度提高,能源消费弹性系数整体上小于 1。2003 年以后,经济增长速度和能源消费增长速度都有所提高。2008 年由于受到金融危机的影响,经济增速放缓,能源消费增速也有一定的下降,但下降的幅度小于经济增速的下降,能源消费弹性系数在 2008 年升高到 1.46。2009 年能源消费增速和经济增速基本持平,能源消费弹性系数为 0.99。整体上看,印度经济改革中,优先发展服务业尤其是信息产业的发展战略极大提高了经济的发展效率,在很大程度上促进了印度经济在过去 20 年间保持的持续高速的经济增长。

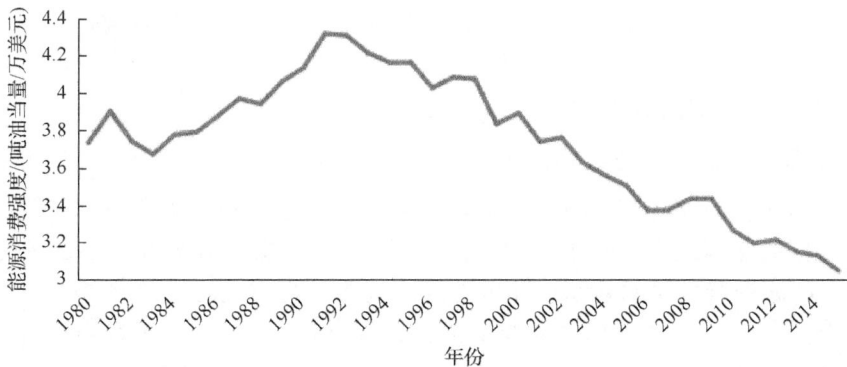

图 12-7　印度 1980—2015 年能源消费强度变化趋势图

数据来源:能源数据来自 BP2016 统计年鉴,经济数据来自世界银行统计数据。

图 12-8　印度 1980—2015 年能源消费弹性系数变化

数据来源：能源数据来自 BP2016 统计年鉴，经济数据来自世界银行统计数据。

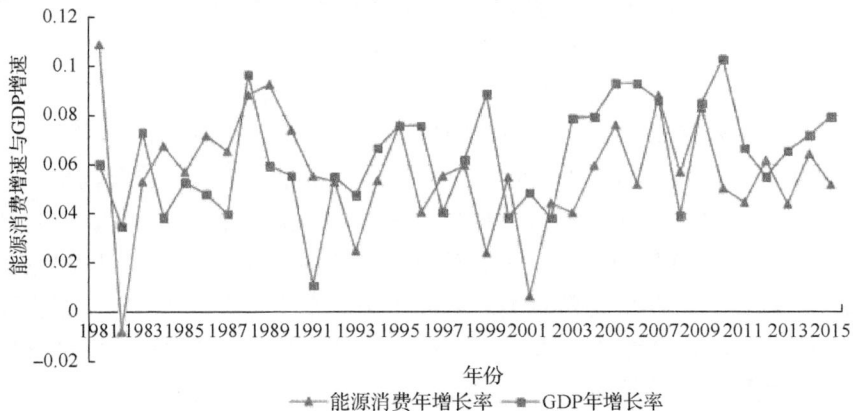

图 12-9　印度 1981—2015 年能源消费增长速度和 GDP 增长速度比较图

数据来源：能源数据来自 BP2016 统计年鉴，经济数据来自世界银行统计数据。

12.2.2　中印能源结构对比

1. 中印两国能源消费结构对比分析

中国和印度的能源结构较为相似，煤炭都是其主要的能源来源，在能源消费总量中占据的比例最大。2015 年的数据显示，中国的煤炭消费量为 1920.4 万吨油当量，占能源消费总量的 64%；印度的煤炭消费量为 407.22 万吨油当量，占本国能源消费总量的 52.93%。但是从煤炭消费总量上差距较大，中国煤炭消费量是印度煤炭消费量的 4.7 倍。位居第二位的是石油，中国的石油消费量是 559.73 万吨，占能源消费总量的 6%；印度的石油消费量为 195.51 万吨，占本国能源消费总量的 28%。印度的石油消费量占能源消费总量的比例要大于中国。

中国的水电消费量及比例高于印度，2015 年中国水电消费量为 254.88 万吨油当量，占能源消费总量的 8%，位居第三。而印度的水电消费量为 28.14 万吨油当量，仅占本国能源消费总量的 4%，为第四。印度的天然气消费量占据的比例高于中国，处于第三位，2015 年印度天然气消费量为 45.53 万吨油当量，占能源消费总量的比例为 7%，而中国 2015 年天然气的消费量为 177.59 万吨油当量，比例为6%。其他几种能源，主要为核电和其他可再生能源所占的比例都较小(图 12-10)。

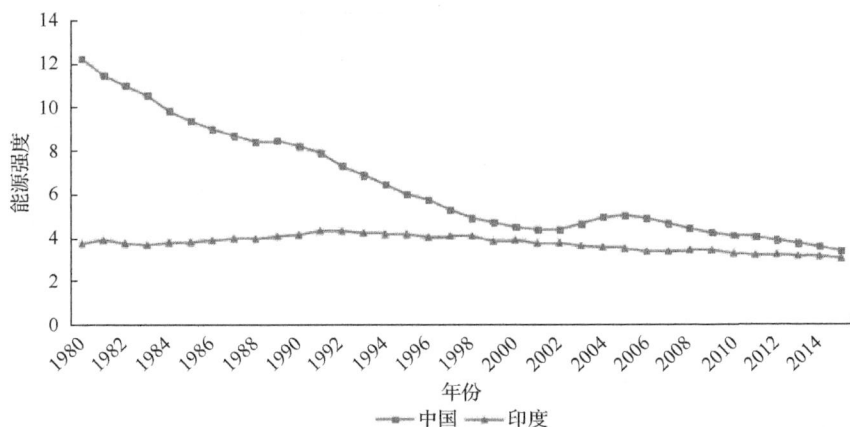

图 12-10　中国和印度 1990—2015 年能源强度比较
数据来源：世界银行数据

2. 中印两国能源强度对比分析

根据世界银行的统计数据，在 1980—2015 年间，中国的能源强度总体上大于印度，且呈现出能源强度差值逐渐减小的趋势。1980 年印度的能源强度为 3.73吨油当量/万美元，中国的能源强度为 12.22 吨油当量/万美元。至 2000 年，中印两国的能源强度值接近相等，分别为 4.48 吨油当量/万美元和 3.89 吨油当量/万美元。2000—2015 年，两国的能源强度值基本相近，中国的能源强度略大于印度的能源强度。

12.3　印度能源及煤炭需求预测

12.3.1　预测方法与情景设定

综合印度社会、经济、产业结构、技术进步、污染物排放等因素对印度一次能源需求量的影响及其经济、社会、能源发展实际，采用系统动力学方法建立分析模型，并设置不同情景对印度未来能源和煤炭需求进行了预测。与其他新兴经济体相比，印度的工业化程度总体偏低，通过工业化提高人民生活水平、完善基础设施将是未来印度经济发展的重要战略选择，工业化模式将对其能源和煤炭需求产生重要影响。本章将印度产业结构设置为延续当前、弱工业化道路、强工业化道路和服务业主导四种模式，对应能源消费结构分别为煤炭占比略有下降、煤炭占比略有增加、煤炭占比增加和煤炭占比下降。人口增长和 GDP 年增长率分别设置高、中和低三种情景。具体情景设置如表 12-6 所示。

表 12-6　预测情景设置

	人口增长	GDP 年增速	产业结构	能源消费结构
情景 1	中等	中等	延续当前	煤炭占比略有下降
情景 2	中等	高增长	延续当前	煤炭占比略有下降
情景 3	中等	低增长	延续当前	煤炭占比略有下降
情景 4	中等	中等	弱工业化道路	煤炭占比略有增加
情景 5	中等	中等	服务业主导	煤炭占比下降
情景 6	高增长	高增长	强工业化道路	煤炭占比增加
情景 7	低增长	低增长	服务业主导	煤炭占比下降

12.3.2　预测结果及与其他研究机构对比

基准情景下 2035 年印度一次能源需求量的预测值为 16.67 亿吨油当量。预测结果最高值是情景 6，2035 年一次能源需求量为 30.39 亿吨油当量。最低值是情景 7，2035 年一次能源需求量为 9.43 亿吨油当量。情景 2、情景 3、情景 4 和情景 5 的预测值分别是 24.61 亿吨、12.52 亿吨、18.21 亿吨、12.56 亿吨油当量。基准情景下印度 2035 年煤炭需求量为 8.75 亿吨油当量，最高值为情景 6，为 16.71 亿吨油当量，最小值为情景 7，为 4.71 亿吨油当量，情景 2、情景 3、情景 4 和情景 5 的预测结果分别为 12.92 亿吨、6.57 亿吨、9.83 亿吨、6.28 亿吨油当量。

根据当前印度经济、社会发展现状和发展趋势，在未来 20 多年人口和经济仍然会持续增长，加强国内基础设施建设、提高人民生活水平的诉求可能会大力发展工业，但是采取类似中国的强工业化模式又受到资源和市场的限制(尤其是出口导向的模式会有来自其他发展中国家的竞争)，因此人口中等增速、GDP 中等增速、弱工业化模式的情景 4 比情景 6 更具可能性。在和其他研究机构的预测结果[3-6]对比分析(表 12-7)后，认为情景 1 和情景 4 是较为可能的情景，能源需求预测值分别为 16.67 亿吨油当量和 18.21 亿吨油当量，本研究最终将 2035 年能源需求预测结果确定为 17～19 亿吨油当量。相应地，2035 年煤炭需求量为 9～10 亿吨油当量。

表 12-7　不同能源研究机构的预测结果比较

研究机构	情景	能源需求总量 (亿吨油当量)	煤炭需求总量(亿吨油当量)
国际能源署(2035)	当前政策情景	16.47	8.14
	新政情景	15.40	6.81
	450 情景	12.58	3.61
美国能源信息署(2035)			5.24
世界能源理事会(2031—2032)			8.35
印度能源资源研究所(2031—2032)	BAU	21.23	11.76
	REN	20.97	
	NUC	20.61	
	EFF	15.42	
	HYB	15.03	7.67
	LG	15.79	
	HG	33.51	20.08
	HHYB	23.20	13.64
本研究	情景一	16.67	8.75
	情景二	24.61	12.92
	情景三	12.52	6.57
	情景四	18.21	9.83
	情景五	12.56	6.28
	情景六	30.39	16.71
	情景七	9.43	4.71

注：BAU，基准情景；REN，可再生能源情景；NUC，核能情景；EFF，高能效情景；HYB，综合情景；LG，GDP 低增速情景；HG，GDP 高增速情景；HHYB，GDP 高增速综合情景。

12.4　中印能源竞争与合作

印度和中国能源发展具有相似性，两国都为世界能源消费大国，能源消费结构都以煤炭为主。两国油气资源比较短缺，为了满足油气供应，两国的相关能源政策相似，一方面从油气资源丰富的国家直接进口油气，另一方面参与国际油气项目的招标，促使本国的油气公司走出去。

12.4.1　中印油气资源的竞争

中国和印度的原油进口国存在高度的重叠性。沙特阿拉伯、伊拉克、委内瑞拉、阿联酋、科威特、伊朗和巴西等国都是两国原油进口的主要来源国。印度原油进口来源国比中国更加集中。从沙特阿拉伯、伊拉克和委内瑞拉三国的进口总量占进口总量的将近一半。中国除了从中东和非洲进口原油外，从俄罗斯的进口量大约占到 10% 左右。

2015 年，印度从沙特阿拉伯进口原油 38.43 百万吨，占印度原油进口总量的19.34%；从伊拉克进口原油 32.35 百万吨，占印度进口原油总量的 16.28%；从委内瑞拉进口原油 22.40 百万吨，占印度原油进口总量的 11.27%；从阿联酋进口原油 14.15 百万吨，占印度原油进口总量的 7.12%；从科威特进口原油 12.58 百万吨，占印度原油进口的 6.33%；从巴西进口原油 4.14 百万吨，占印度进口原油总量的2.09%（表 12-8）。

2015 年中国从沙特阿拉伯进口原油 50.54 百万吨，占中国原油进口总量的13.84%；从伊拉克进口原油 32.11 百万吨，占中国进口原油总量的 8.79%；从伊朗进口原油 26.62 百万吨，占中国原油进口总量的 7.29%；从委内瑞拉进口原油 16.01百万吨，占中国进口原油总量的 4.38%；从科威特进口原油 14.43 百万吨，占中国原油进口总量的 3.95%；从巴西进口原油 13.68 百万吨，占中国原油进口总量的3.74%；从阿联酋进口原油 12.57 百万吨，占中国进口原油总量的 3.44%（表 12-9）。

表 12-8　印度原油进口主要来源国　　　　　　　（单位：百万吨）

来源国	2015 进口量	比例	来源国	2014 进口量	比例	来源国	2013 进口量	比例
沙特阿拉伯	38.43	19.34%	沙特阿拉伯	35.43	18.61%	沙特阿拉伯	39.23	19.99%
伊拉克	32.35	16.28%	伊拉克	22.79	11.97%	伊拉克	26.67	13.59%
委内瑞拉	22.40	11.27%	委内瑞拉	21.60	11.34%	委内瑞拉	22.52	11.47%
尼日利亚	21.14	10.64%	科威特	18.33	9.63%	科威特	20.47	10.43%
阿联酋	14.15	7.12%	尼日利亚	17.50	9.19%	尼日利亚	15.26	7.78%
科威特	12.58	6.33%	伊朗	13.55	7.12%	阿联酋	14.82	7.55%
伊朗	11.42	5.75%	阿联酋	13.43	7.06%	伊朗	10.66	5.43%
安哥拉	7.79	3.92%	安哥拉	7.28	3.82%	安哥拉	8.86	4.51%
墨西哥	5.88	2.96%	哥伦比亚	4.83	2.54%	哥伦比亚	5.05	2.57%
巴西	4.14	2.09%	巴西	4.68	2.46%	墨西哥	5.02	2.56%

数据来源：https://resourcetrade.earth。

表 12-9　中国原油进口主要来源国　　　　　　（单位：百万吨）

来源国	2015进口量	比例	进口国	2014进口量	比例	进口国	2013进口量	比例
沙特阿拉伯	50.54	13.84%	沙特阿拉伯	49.67	14.83%	沙特阿拉伯	53.90	16.79%
俄罗斯联邦	40.83	11.18%	安哥拉	41.42	12.37%	安哥拉	41.44	12.91%
安哥拉	40.04	10.96%	俄罗斯联邦	31.86	9.51%	阿曼	25.47	7.93%
伊拉克	32.11	8.79%	伊拉克	28.58	8.53%	俄罗斯联邦	23.75	7.40%
阿曼	32.06	8.78%	阿曼	27.89	8.33%	伊拉克	23.51	7.32%
伊朗	26.62	7.29%	伊朗	27.46	8.20%	伊朗	21.41	6.67%
委内瑞拉	16.01	4.38%	委内瑞拉	13.79	4.12%	委内瑞拉	15.55	4.84%
科威特	14.43	3.95%	阿联酋	11.65	3.48%	哈萨克斯坦	11.59	3.61%
巴西	13.68	3.74%	科威特	10.62	3.17%	阿联酋	10.28	3.20%
阿联酋	12.57	3.44%	哥伦比亚	9.42	2.81%	科威特	9.34	2.91%

数据来源：https://resourcetrade.earth。

印度与中国的天然气和液化石油气的进口来源国有重叠的部分。其中，卡塔尔、尼日利亚、澳大利亚、也门和印度尼西亚是两国主要的共同的天然气和液化石油气的进口国。印度的天然气进口国比较集中，从卡塔尔的进口量 2013 年占到全国进口总量的 88%，2014 年为 89%，2015 年为 67%（表 12-10）。中国的天然气最大进口国为土库曼斯坦，大约占全国进口量的 45% 左右（表 12-11）。

表 12-10　印度天然气和液化石油气进口来源国数据（单位：百万吨）

来源国	2015进口量	比例	来源国	2014进口量	比例	来源国	2013进口量	比例
卡塔尔	9.79	67.17%	卡塔尔	14.90	88.70%	卡塔尔	13.72	88.05%
尼日利亚	1.60	10.98%	尼日利亚	0.74	4.40%	尼日利亚	0.68	4.35%
澳大利亚	0.71	4.89%	也门	0.43	2.54%	也门	0.54	3.47%
南非	0.41	2.84%	西班牙	0.17	1.04%	埃及	0.32	2.06%
阿曼	0.41	2.84%	阿尔及利亚	0.15	0.91%	阿尔及利亚	0.13	0.86%
也门	0.25	1.74%	阿联酋	0.08	0.47%	挪威	0.06	0.42%
印度尼西亚	0.23	1.56%	阿曼	0.07	0.44%	文莱	0.06	0.40%
赤道几内亚	0.20	1.39%	马来西亚	0.07	0.41%	法国	0.06	0.39%
特立尼达和多巴哥	0.15	1.06%	挪威	0.07	0.39%			
比利时	0.15	1.05%	特立尼达和多巴哥	0.06	0.34%			

数据来源：https://resourcetrade.earth。

表 12-11　中国天然气和液化石油气进口主要来源国　（单位：百万吨）

来源国	2015进口量	比例	来源国	2014进口量	比例	来源国	2013进口量	比例
土库曼斯坦	20.40	44.98%	土库曼斯坦	18.74	43.17%	土库曼斯坦	17.71	45.61%
卡塔尔	6.08	13.41%	卡塔尔	7.75	17.85%	卡塔尔	7.33	18.87%
澳大利亚	5.55	12.23%	澳大利亚	3.81	8.78%	澳大利亚	3.56	9.16%
马来西亚	3.16	6.98%	马来西亚	2.91	6.71%	马来西亚	2.72	7.00%
缅甸	2.88	6.36%	印度尼西亚	2.56	5.90%	印度尼西亚	2.53	6.52%
印度尼西亚	2.85	6.28%	缅甸	2.20	5.07%	乌兹别克斯坦	2.10	5.40%
巴布亚新几内亚	1.59	3.50%	乌兹别克斯坦	1.79	4.12%	也门	1.12	2.88%
乌兹别克斯坦	1.13	2.50%	赤道几内亚	0.71	1.65%	赤道几内亚	0.40	1.03%
阿尔及利亚	0.32	0.70%	也门	0.67	1.54%	埃及	0.39	1.02%
尼日利亚	0.31	0.69%	尼日利亚	0.43	0.99%	尼日利亚	0.37	0.94%

数据来源：https://resourcetrade.earth。

随着中国经济增速的放缓，中国成品油和石化产品的出口量逐渐增大。主要出口地集中在东南亚地区，也逐渐涉及澳大利亚和美洲地区。新加坡是中国最大的出口地区，其次是香港，分别占中国出口总量的 26.41%和 18.21%（表 12-12）。印度的成品油供过于求，是成品油的净出口国。2015 年，印度的成品油及石化产品出口总量为 46.2 百万吨，其中，新加坡也是印度成品油最大的出口地区。2015年,印度向新加坡出口成品油和石化产品 5.99 百万吨,占全国总出口量的 12.96%,向美国出口成品油和石化产品 4 百万吨,占全国总出口量的 8.65%（表 12-13）。

表 12-12　中国成品油和石化产品出口地区　（单位：百万吨）

出口国	2015出口量	比例	出口国	2014出口量	比例	出口国	2013出口量	比例
新加坡	6.92	26.41%	新加坡	4.64	21.29%	新加坡	4.04	21.34%
香港	4.77	18.21%	香港	3.17	14.55%	香港	2.38	12.58%
越南	1.83	6.99%	巴拿马	2.34	10.74%	巴拿马	1.57	8.32%
韩国	1.40	5.34%	越南	1.88	8.62%	越南	1.41	7.44%
澳大利亚	1.37	5.22%	韩国	1.19	5.45%	印度尼西亚	1.24	6.57%
马来西亚	0.89	3.40%	印度尼西亚	1.11	5.09%	韩国	1.08	5.69%
利比里亚	0.89	3.40%	利比里亚	0.79	3.61%	利比里亚	0.93	4.90%
美国	0.89	3.39%	马来西亚	0.67	3.09%	马来西亚	0.80	4.25%
菲律宾	0.70	2.68%	菲律宾	0.66	3.04%	美国	0.55	2.89%
印度尼西亚	0.68	2.60%	澳大利亚	0.57	2.62%	菲律宾	0.53	2.82%

数据来源：https://resourcetrade.earth。

表 12-13 印度成品油和石化产品出口国 （单位：百万吨）

出口国	2015 出口量	比例	出口国	2014 出口量	比例	出口国	2013 出口量	比例
新加坡	5.99	12.96%	新加坡	6.53	11.87%	新加坡	8.09	13.17%
美国	4.00	8.65%	巴西	4.36	7.92%	沙特阿拉伯	5.65	9.20%
肯尼亚	3.29	7.12%	阿联酋	3.90	7.09%	美国	3.95	6.43%
土耳其	2.73	5.91%	美国	3.89	7.08%	荷兰	3.62	5.90%
日本	2.18	4.71%	沙特阿拉伯	3.81	6.93%	巴西	3.34	5.44%
巴西	2.18	4.71%	肯尼亚	3.44	6.24%	日本	3.19	5.18%
直布罗陀	2.12	4.60%	日本	2.67	4.86%	阿联酋	2.58	4.20%
澳大利亚	2.09	4.52%	土耳其	2.40	4.36%	坦桑尼亚	2.01	3.27%
荷兰	1.91	4.12%	坦桑尼亚	2.39	4.34%	南非	1.89	3.08%
法国	1.72	3.72%	韩国	1.91	3.48%	韩国	1.85	3.01%

数据来源：https://resourcetrade.earth。

12.4.2 中印油气资源的合作

中印在能源领域中面临的许多挑战是相同的，两国能源进口高度依赖中东及非洲地区，并开始从里海、西伯利亚地区大量进口；海上能源通道面临海盗与自然灾害等非传统安全威胁；陆上油气管线维护困难；能源结构单一且均以煤炭为主。中印选择能源安全保障、能源技术利用等关键领域开展合作，并将这些合作充实到"一带一路"框架之中，将有利于扩大中印共同利益，也有益于提升印度能源自给水平。两国在国际油气市场的主要合作体现在以下两方面。

(1)中印两国在海外油气资源的联合竞购和联合开发。中印两国的石油公司与国际大型石油公司相比，在管理、技术和资金等方面还存在差距，两国石油公司间的合作，有利于提高双方在国际油气市场的谈判力和购买力。

(2)管道建设方面，中印两国从俄罗斯、中亚及中东地区进口油气，均需要安全、便捷的运输管道来确保能源运输安全。目前，中国已经构建了与北部、西部邻国的油气运输管道体系，而印度也在努力构建几条能源管道路线，但困难重重，如伊朗-巴基斯坦-印度，哈萨克斯坦、土库曼斯坦-阿富汗-巴基斯坦-印度等，皆因印巴冲突等问题难以实现。对印度而言，其迫切需要中国的加入来推动管道建设；对中国来说，西线和西南线陆上能源通道绕不开南亚国家，而印度在南亚国家中的地位决定了积极推动中印陆上能源通道合作的重要性，这将有利于降低中国能源运输的安全成本。

12.5　印度能源需求增长的全球影响

当前，印度是全球第四大能源消费国和第三大煤炭生产、消费和进口国。通过上节预测可以看出，未来印度能源需求会不断增加，对全球能源消费总量、消费结构和全球能源贸易格局、能源影响力不断加大。结合全球及主要能源消费国（中国、美国等）预测结果[7, 8]，进一步分析发现，印度在未来 20 余年中可能成为全球能源消费增长最快的地区，2035 年将成为仅次于中国、美国的第三大能源消费国，占全球能源消费量的比例将达到 10%以上。

油气资源的匮乏以及进口国的高度重叠性使两国在油气进口和能源项目招标中存在竞争，同时两国可以在油气资源的联合竞购和管道建设方面展开合作。印度以煤为主的能源消费结构在未来 20 年很难改变，煤炭需求的持续快速增长将助推全球煤炭消费总量居高不下，推迟世界煤炭消费峰值的到来，与 2010 年相比，2035 年全球煤炭消费增量的 50%将来源于印度，同时印度将成为仅次于中国的第二大煤炭消费国和进口国，中印两国在国际煤炭市场上的贸易竞争也将趋于激烈。

参 考 文 献

[1] BP Statistical Review of World Energy 2016 [EB/OL].（2016-06）. www.bp.com/content/dam/bp/pdf/Energy-economics/statistical-review-2016/BP-statistical-review-of-world-energy-2016-full-report.pdf.

[2] Central Statistics Office, Ministry of Statistics and Programme Implementation [R]. Energy Statistics 2017. India: Government of India 2017.

[3] Trudeau N, Tam C, Graczyk D, et al. Energy Transition for Industry: India and the Global Context[R].Paris: International Energy Agency, 2011.

[4] World Energy Council - Indian Member Committee. India energy book 2012[R]. New Delhi, 2012.

[5] International Energy Outlook 2013[EB/OL].（2013-7）www.eia.gov/forecasts/ieo/pdf/0484（2013）.pdf.

[6] TERI. National Energy Map for India: Technology Vision 2030[R].New Delhi: The Energy and Resource Institute, 2006.

[7] Birol F. World Energy Outlook[R]. Paris: International Energy Agency, 2013.

[8] BP Energy Outlook 2035[EB/OL].（2015-2）. www.bp.com/content/dam/bp/pdf/Energy-economics/energy-outlook-2015/Energy_Outlook_2035_booklet.pdf.

第 13 章 "一带一路"背景下的国际能源合作潜力评价

在国际金融危机的影响下,世界经济继续呈现复苏缓慢、发展分化的现象,各国面临的发展问题依旧严峻。2013 年 9 月和 10 月,习近平总书记在出访中亚和东南亚期间分别提出了建设"一带一路"的重大倡议,即"丝绸之路经济带"和"21 世纪海上丝绸之路",实现了空间走向上海陆交通的闭环。"陆上丝绸之路"从中国向西途经中亚、俄罗斯到达欧洲(波罗的海),"海上丝绸之路"从中国沿海港口途经东南亚、南亚、西亚到达中东欧,沿线国家已经达到 65 个,从东到西将东亚和西欧紧密连接起来。

其中,能源作为经济发展的重要物质基础,对于保障世界各国的安全与稳定都具有一定的战略地位。现阶段全球能源供求关系依旧严峻,环境污染问题也越来越严重;我国石油对外依存度也已经超过 60%,能源安全受到了严峻的挑战。在这样的时代背景下,加强"一带一路"能源合作,有助于提高中国及沿线各国能源安全保障水平和资源优化配置能力,推动区域能源绿色低碳发展。能源合作主要包括以下几个方面:①政策沟通,协商制定能源发展政策和合作规划,营造良好的政策环境。②贸易畅通,积极推动能源贸易便利化,加强能源投资和产能合作,消除贸易壁垒,建立开放稳定的能源市场。③设施联通,完善油气互联通道规模,畅通海铁管等主要运输通道,共同维护油气管道安全。④资金融通,推进亚洲基础设施投资银行的筹建,扩大沿线国家双边本币互换、结算的范围,提高人民币结算的便利度。⑤民心相通,促进清洁能源投资与开发,减少可再生能源消耗,保护生态环境是各国人民的共识。

加快"一带一路"能源合作,评价中国同丝绸之路国家的能源合作潜力,有助于加强成员国之间的贸易往来,充分发挥沿线各国的资源优势和区位优势,促进能源资源的优化配置,保障各国社会经济的平稳发展。

13.1 文 献 综 述

诸多学者从定性分析的角度,对中国与"一带一路"沿线国家的能源合作机遇与挑战进行了梳理,杨宇以多元角力为新特征的能源地缘政治格局下研究了中俄两国的能源合作模式,旨在降低能源合作风险[1]。潜旭明梳理了改革开放以来中国与中东的能源关系历程,通过地缘政治、国际关系和能源竞争等风险因素提出了中国与中东的能源合作[2]。郑腊香等揭示了"一带一路"给中欧基础设施、资金技术等带来便利，同时，阐述了"双反问题"，以及技术壁垒和大国压力等现实问题[3]。

随着"一带一路"战略的深入推进，中国油气企业逐渐走出国门，加强能源贸易合作。因此也有部分学者开始从定量的角度测算能源贸易潜力，主要集中在以下三个方面：①投资环境评价。郭思佳等采用了层次分析法从政治、经济和基础设施的角度对中东地区油气资源投资环境进行了评价[4]。何波等采用了层次分析法和熵权法对全球57个国家的油气资源投资环境进行评价和优选[5]。安海忠等梳理了已有的能源资源国际合作投资环境指标体系，并从国家和企业层面建立了不同的评价指标体系[6]。②贸易水平评价。孔庆峰、董虹蔚构建了贸易便利化指标体系，对沿线69个亚欧国家的贸易便利化程度进行测算，同时也反映出能源贸易的便捷水平[7]。林珏构建了中加贸易互补性指数，分析发现贸易壁垒的限制使得中加贸易互补性呈现波动，但未来能源合作潜力较大[8]。谭秀杰和周茂荣采用了随机前沿引力模型分析"海上丝绸之路"各国的贸易潜力和贸易效率，提出了加强基础设施互联互通的政策建议[9]。③合作风险评估。常雅楠和王松江研究了基础设施PPP项目的风险分担，实现最优风险策略的组合[10]。许勤华、蔡林和刘旭对"一带一路"沿途64个国家能源投资进行政治风险评估[11]。高岩芳将模糊综合评价法应用到海外能源投资风险评价的研究中，并提供了一种定量讨论投资环境风险的方法[12]。

经过文献梳理，发现现有的研究多涉及中国与一国或一区域之间的能源合作，对"一带一路"主要成员国的全面系统研究较少；大多定量评价能源合作的投资环境、贸易往来以及项目风险，但较少涉及能源资源合作潜力的测算与评估。因此，本章以"一带一路"沿线27个典型国家为研究对象，综合能源投资环境、贸易便利和合作风险相关因素构建了能源合作潜力指标体系，评价中国与沿线国家未来能源合作的潜力和可能性，为中国和沿线国家全方位的能源合作提供政策建议，推进"一带一路"建设与中国对外能源合作，实现合作共赢。

13.2　合作潜力评价框架构建

13.2.1　构建原则

指标体系的构建需遵循系统性原、代表性原则、可比性原则、可行性原则。

系统性原则。指标应能全面客观、真实的反映中国同沿线主要国家的能源资源合作潜力，主要表现为指标含义清晰、正确；层次分明，结构合理；定量和定性指标相结合。

代表性原则。能源合作涉及政治、经济、生态等多方面因素,所选指标应能恰当反映各个因素的主要特征。

可比性原则。指标要有统一的量纲,保证不同国家之间的数据具有比较的价值,且数据的来源需具有完全的可靠性。

可行性原则。指标的数据需具有现实意义,可以直接采集得到或简单计算得出,且主要以各国政府官方统计数据为基础。

13.2.2 构建思路

紧紧围绕"一带一路"战略所提出的五大合作重点,即政策沟通、设施联通、贸易畅通、资金融通和民心相通,并考虑"一带一路"沿线各国的油气资源现状、经济发展状况、交通运输情况、国际外交关系等因素,构建能源资源合作潜力指标体系,包括资源储量潜力、政治环境潜力、资源体制潜力、基础设施潜力、经济技术潜力、能源贸易潜力五个影响层面。

(1)资源储量潜力(B1)。资源储量是选择合作对象的基本条件,主要是油气资源已探明的剩余可采量,反映该国油气资源的供给程度。油气资源总量越高,资源储量潜力越大,未来能源合作潜力越大。选取石油探明储量、天然气探明储量、石油储采比和天然气储采比、能源净进口率五个指标来刻画该国油气资源的丰富程度。

(2)政治环境潜力(B2)。良好的政治环境为能源合作的重要因素,主要包括政权上的稳定、社会的安定和外交关系的和谐,反映宏观环境的友好程度。政权和外交关系越稳定,社会越和谐,政治环境潜力越大,能源合作潜力越大。选取安全形势、地缘政治、外交关系三个指标反映政治环境潜力。

(3)资源体制潜力(B3)。资源体制是影响跨国能源投资合作的必要因素,表明外国公司是否可以进入油气产业链,反映该国油气产业的开放程度。政策越稳定,油气产业对外开放程度越高,资源体制潜力越大,能源合作潜力越大。选取政策稳定、油气政策、官方表态三个指标反映资源体制潜力。

(4)基础设施潜力(B4)。基础设施是实现能源合作的关键因素,能源跨国运输主要依赖于管道、铁路和海路等运输方式,反映基础设施的高效程度。两国间地理区位越好、运输系统越完善,基础设施潜力就越大,未来合作空间就会越大。选取港口基础设施质量、货柜码头吞吐量、跨境油气管道数量三个指标反映基础设施潜力。

(5)经济发展潜力(B5)。主要包括成员国的经济发展水平,对外开放程度,双边金融合作的可能性,反映该国经济技术水平的发达程度。经济发展环境越好,金融合作水平越高,经济发展潜力越高,能源合作潜力越大。选取 GDP、外国直接投资(FDI)和经济风险四个指标反映经济发展潜力。

13.2.3　指标释义

石油探明储量(C1)和天然气探明储量(C2)表示通过地质与工程信息以合理的确定性表明，在现有的经济与作业条件下，将来可从已知储藏采出的石油和天然气储量。

石油储采比(C3)和天然气储采比(C4)表示如果用任何一年年底所剩余的储量除以该年度的产量，所得出的结果表明如果产量继续保持在该年度的水平，这些剩余储量可供开采的年限。

能源净进口率(C5)表示该国能源生产消费及进出口贸易情况，即能源自给程度。根据(能源使用量−能源生产量)/能源使用量简单计算所得，均采用石油当量衡量，负值表示该国是净出口国。

安全形势(C6)表示国内政权的稳定性和社会的安全性。根据文献资料梳理，给出每个国家的安全等级，并采用差、较差、中等、较好和好五个等级来衡量，赋值1~9分。分值越高，安全形势越好。

地缘政治(C7)表示边境领土争端与冲突的可能性，区域关系的紧张程度。根据各国政治现状，确定其安全等级，并采用差、较差、中等，较好和好五个等级来衡量，赋值1~9分。分值越高，该国领土争端的可能性越小，地缘政治越稳定。

外交关系(C8)考察我国与该国确定的外交伙伴关系的级别，反映两国双边合作关系的紧密程度。这里根据各国与中国的"一带一路"合作声明，划分为1友好伙伴、2友好合作伙伴、3全面合作伙伴、4战略伙伴、5战略合作伙伴、6全面战略伙伴、7全面战略合作伙伴、8全面战略协作伙伴、9全天候战略合作伙伴九个等级，赋值1~9分。分值越高，中国与该国的外交关系越好，双边合作的可能性越大。

政策稳定(C9)表示油气政策是否完善，更新调整是否频繁，能源相关的法律法规的修订会直接影响到外国公司的项目投资。这里根据文献资料整理，给出每个国家的政策稳定性程度，并采用低、较低、中等、较高和高五个等级，赋值1~9分。分值越高，油气政策越稳定，政策环境越利于能源合作。

油气政策(C10)表示该国油气产业链是否对外开放，反映外国公司进行能源投资的便利程度。根据文献整理，给出各国的开放领域，划分为不开放、部分开放、基本开放、完全开放四个等级，赋值1~9分。分值越高，油气对外开放程度越高，能源合作潜力越大。

官方表态(C11)考察沿线各国对于"一带一路"的支持度，反映两国政府高层对未来经贸合作的重视和认可程度。根据中国与各国的领导访谈和声明，采用低、较低、中等、较高、高五个等级衡量支持度，赋值 1~9 分。分值越高，支持度越高，中国与该国的双方认可程度越高，未来能源合作潜力越大。

港口基础设施质量(C12)表示港口功能的规划化、集约化和专业化程度，反映跨国港口运输的高效水平。采用"一带一路大数据综合服务门户"的指标，赋值 1~7 分。分值越高，港口运输和吞吐效率越高，基础设施质量越高。

货柜码头吞吐量(C13)表示经水运输入输出并经过装卸作业的货物总量，反映港口生产经营活动成果的数量指标。采用"一带一路大数据综合服务门户"的 2014 年的数据，以 20 英尺标准集装箱为当量单位。货柜码头吞吐量越大，水路运输越发达，"海上丝绸之路"的发展潜力就越大。

跨境运输通道(C14)表示建设了跨境油气管道的数量，反映该国油气领域的设施联通水平。油气管道数量越多，运输条件越便利，能源合作潜力越大。整理"一带一路"基础设施的建设情况，用跨国管道数量来反映这一指标。

GDP(C15)表示国内生产总值，反映一国的综合国力。一般而言，经济总量越大，经济技术水平和社会发展程度越高，经济发展环境就越有利。这里采用 2014 年世界银行的统计数据。

外国直接投资(C16)表示投资者为获得在另一经济体中运作的企业的永久性管理权益(10%以上表决权)所做的投资的净流入，反映经济开放程度，即对外资的吸引能力。采用 2014 年的数据，单位为亿美元。

经济风险(C17)表示外汇汇率变动所引起的收益变化的可能性，反映未来各经济实体承受损失的概率大小。这里通过整理各国货币的变化情况，划分为高、较高、中等、较低和低五个等级，赋值 1~9 分。分值越大，风险程度越低。

13.2.4 评价对象

"一带一路"东西连接了中国东部沿海地区和大西洋沿岸的欧洲国家，沿线覆盖了多个发达国家和发展中国家，是当今世界覆盖面最广、跨度最大的经济区域。选取了"一带一路"沿线主要国家并划分为五个区域，南亚地区包括印度、巴基斯坦、孟加拉国；东南亚地区包括缅甸、泰国、马来西亚、印度尼西亚、菲律宾和越南；中亚地区包括哈萨克斯坦、土库曼斯坦、乌兹别克斯坦、塔吉克斯坦和塔吉克斯坦；俄罗斯地区包括俄罗斯、阿塞拜疆、乌克兰、白俄罗斯、蒙古国；中东地区包括沙特阿拉伯、阿联酋、伊朗、伊拉克、卡塔尔、阿曼、科威特和埃及。

13.3 数据来源及评价方法

13.3.1 数据来源

受到数据的可获性的影响，本章均采用 2014 年的数据作为评价基础。C1～C4 四项指标来源于 BP 世界能源统计年鉴 2015[13]；C5、C15 和 C16 来源世界银行的统计数据[14]；C6~C11、C14、C17 通过"中国一带一路网"和《"一带一路"油气合作国别报告》整理所得[15]；C12~C13 数据来源于"一带一路大数据综合服务门户"[16]；部分国家缺失的数据查阅相关资料和文献整理所得。

13.3.2 指标权重

熵来源于热力学，是对系统无序程度的一种度量，申农首次引进信息熵反映信号的不确定性[17]。评价指标的信息熵越小，表明指标的变异程度越大，提供的信息量越大，指标的权重越大，在综合评价中所起的作用越大。

在多指标，多评价对象的区域系统内，评价指标的熵权计算步骤包括：①构建隶属度矩阵。设 m 个被评价对象对应于 n 个评价指标的数据构成隶属度评价矩阵 $R = (r_{ij})m \times n$。②指标标准化。对于正向指标，标准化公式为 $r_{ij}^* = \dfrac{r_{ij} - \min r_{ij}}{\max r_{ij} - \min r_{ij}}$；对于逆向指标，标准化公式为 $r_{ij}^* = \dfrac{\max r_{ij} - r_{ij}}{\max r_{ij} - \min r_{ij}}$，得到矩阵 $R^* = (r_{ij}^*)m \times n$。其中，$r_{ij}^*$ 为评价指标的隶属度。③各指标值归一化处理。根据公式 $P_{ij} = \dfrac{r_{ij}^*}{\sum\limits_{i=1}^{m} r_{ij}^*}$，计算第 j 项指标下第 i 个被评价对象指标值的比重。④计算各指标的熵值。$E_j = -\dfrac{\sum\limits_{i=1}^{m} P_{ij} * \ln P_{ij}}{\ln n}$，并假定 $P_{ij} = 0$ 时，$P_{ij} * \ln P_{ij} = 0$。⑤计算第 j 项指标的差异化系数。$D_j = 1 - E_j$。⑥确定权重：$\omega_j = \dfrac{D_j}{\sum\limits_{j=1}^{n} D_j}$。

13.3.3 能源合作潜力评价指标体系

根据上述评价思路，构建"一带一路"能源合作潜力评价指标体系，并采用客观权重测算各指标的重要性，结果如表 13-1 所示。

表 13-1　能源合作潜力评价指标体系

目标层 A	准则层 B	指标层 C	权重
中国与"一带一路"主要成员国能源合作潜力	资源储量潜力 B1	石油探明储量 C1	0.1369
		天然气探明储量 C2	0.1280
		石油储采比 C3	0.0447
		天然气储采比 C4	0.0401
		能源净进口率 C5	0.0261
	政治环境潜力 B2	安全形势 C6	0.0438
		地缘政治 C7	0.0332
		外交关系 C8	0.0381
	资源体制潜力 B3	政策稳定 C9	0.0371
		油气政策 C10	0.0306
		官方表态 C11	0.0318
	基础设施潜力 B4	港口基础设施质量 C12	0.0296
		货柜码头吞吐量 C13	0.0873
		跨境油气管道数量 C14	0.0782
	经济发展潜力 B5	GDPC15	0.0860
		外国直接投资 C16	0.0839
		经济风险 C17	0.0446

13.4　能源合作发展潜力评价结果

13.4.1　总体评价结果

在所构建的能源合作潜力评价指标体系的基础上，查阅相关的数据和等级评分，并采用熵权法，对"一带一路"沿线 27 个主要国家与中国能源贸易合作潜力进行评价。同时，采用 Ward 法对各国的综合得分进行聚类分析，使得两类里所有两两配对观测的平均距离达到最小，保证分类的客观性和科学性。

从图 13-1 中可以看出，"一带一路"沿线主要国家与中国的能源贸易合作潜力可以划分为四类：

第一类合作潜力强：俄罗斯、沙特阿拉伯、阿联酋、伊朗。

第二类合作潜力较强：卡塔尔、印度尼西亚、印度、马来西亚、哈萨克斯坦、科威特、土库曼斯坦、伊拉克。

第三类合作潜力较弱：阿曼、越南、阿塞拜疆、泰国、埃及。

第四类合作潜力弱：巴基斯坦、塔吉克斯坦、缅甸、乌克兰、乌兹别克斯坦、白俄罗斯、菲律宾、孟加拉国、蒙古国、吉尔吉斯斯坦。

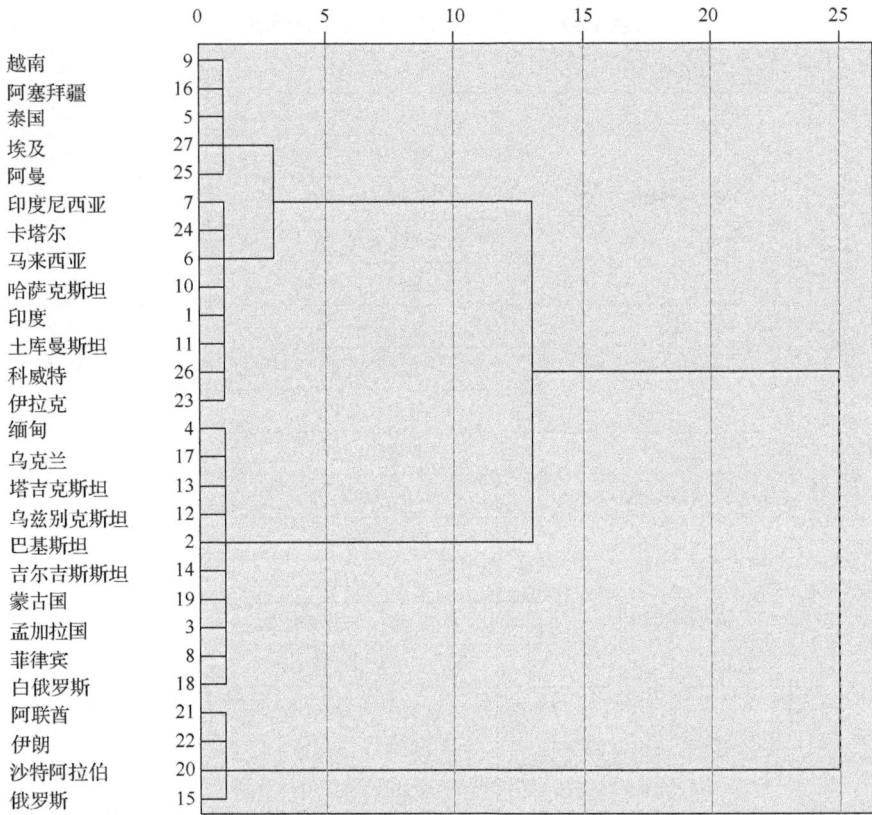

图 13-1　基于 Ward 法的能源合作潜力聚类分析

　　综合聚类分析的结果，可计算得到中国与"一带一路"沿线主要国家的能源合作潜力的综合评价结果，如表 13-2 所示。

表 13-2　能源潜力综合评价结果

国家	总得分	名次	类型	国家	总得分	名次	类型
俄罗斯	0.6191	1	强	哈萨克斯坦	0.3494	9	较强
沙特阿拉伯	0.5413	2	强	科威特	0.3276	10	较强
阿联酋	0.5017	3	强	土库曼斯坦	0.3165	11	较强
伊朗	0.4778	4	强	伊拉克	0.3013	12	较强
卡塔尔	0.4250	5	较强	阿曼	0.2743	13	较弱
印度尼西亚	0.3909	6	较强	越南	0.2584	14	较弱
印度	0.3628	7	较强	埃及	0.2479	17	较弱
马来西亚	0.3556	8	较强	巴基斯坦	0.2010	18	弱

续表

国家	总得分	名次	类型	国家	总得分	名次	类型
塔吉克斯坦	0.1879	19	弱	白俄罗斯	0.1573	23	弱
缅甸	0.1829	20	弱	菲律宾	0.1469	24	弱
乌克兰	0.1800	21	弱	孟加拉国	0.1435	25	弱
乌兹别克斯坦	0.1738	22	弱	蒙古国	0.1351	26	弱
阿塞拜疆	0.2567	15	较弱	吉尔吉斯斯坦	0.1268	27	弱
泰国	0.2531	16	较弱				

结果表明,俄罗斯、沙特阿拉伯、阿联酋和伊朗总得分区间为 0.45~0.65,位于前四位。其中,俄罗斯是中国对外能源合作的首选,总得分为 0.6191。俄罗斯是世界能源大国,拥有丰富的油气资源,是欧洲传统的油气进口来源国。随着俄罗斯加大向亚洲的油气出口,对中国的能源进口的影响将逐渐加大。另外,俄罗斯作为世界地缘政治格局中重要力量,国内政治环境相对稳定,安全风险较低,适宜长期合作,因此未来贸易合作的潜力最大。以沙特阿拉伯、伊朗、阿联酋为代表的中东地区油气资源储量非常丰富,是全球重要的生产国和油气出口国。然而由于中东地区复杂的政治局势以及美国对中东事务的干扰,存在着一定的政治风险,因此相较于俄罗斯稳定的政局以及和谐的全面战略协作伙伴外交关系,这三个国家未来与中国能源合作潜力略低于俄罗斯,然而仍具有很强的合作潜力,全面深化能源合作的可能性较高。其次,第二类国家的得分区间为 0.3~0.45,包括卡塔尔在内的各国与我国的贸易合作往来较频繁,因此合作潜力中等,能源合作快速发展。另外,阿塞拜疆、越南等第三类国家的资源储量较少,基础设施和经济环境没有明显的优势,能源合作潜力较弱,未来能源贸易可能呈现缓慢推进的现象,总得分为 0.2~0.3。最后,巴基斯坦、塔吉克斯坦等十国的经济技术水平较低,油气资源匮乏,且多以内陆国家为主,港口基础设施质量不高。因此,能源合作的潜力最弱,能源贸易合作有待拓展。

从区域分布结果来看,见图 13-2,俄罗斯地区内部差异较大,除了俄罗斯的能源合作潜力居于首位,剩余四国与中国的能源合作潜力并不高。其中,阿塞拜疆是俄罗斯和西方能源争夺的中心,且与美国建立了战略伙伴关系,中美关系决定了阿塞拜疆未来与我国能源合作的可能性较低。而乌克兰一直奉行融入欧洲,多元平衡的外交政策,东部危机和派别分裂使得政局也不稳定,也没有选择加入亚投行。白俄罗斯、蒙古国油气资源储量最少,且经济技术水平很低,因此未来的能源贸易潜力最低。中东各国分布较为均匀,沙特阿拉伯、伊朗和阿联酋的油气储量较高,油气出口有相对较大,政治环境较为稳定,对于外商直接投资的吸引力较强，属于全方位能源合作。而卡塔尔、伊拉克和科威特都存在一定的合作风险，卡塔尔港口基础设施质量较低，货柜码头吞吐量也不高；伊拉克政治风险和安全风险都相对较高；科威特的安全形势较差，与中国仅仅保持友好合作关系，没有跨国油气管道，石油出口完全依靠海运。这三国未来合作潜力中等，然而随着经济技术的不断进步，能源贸易将会快速发展。中东地区合作潜力最低的是阿曼和埃及，油气勘探开发程度较低，能源合作将持续缓慢推进。另外，地处中亚地区的哈萨克斯坦、土库曼斯坦、东南亚地区的印度尼西亚和马来西亚，南亚地区的印度与中国的能源合作潜力也较强，其余国家的合作潜力处于较弱水平以下。

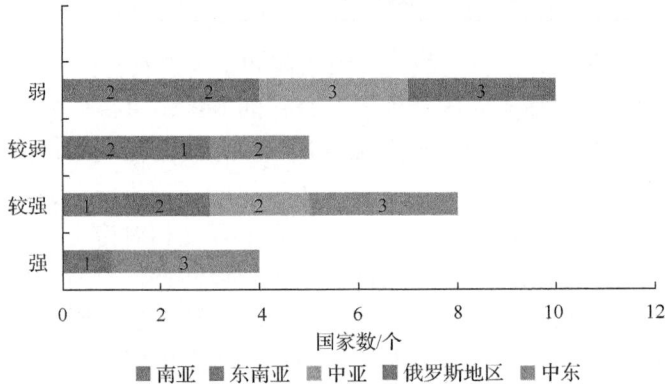

图 13-2　不同合作类型的区域分布情况

一级指标得分结果表明，见表 13-3，中东地区的油气资源储量最大，中亚和俄罗斯地区的资源储量处于平均水平，而南亚和东南亚石油和天然气资源均较少，主要从其他国家进口。政治环境潜力方面，俄罗斯地区各国政局较为稳定，国内外安全风险较低，区域内乌克兰、俄罗斯、白俄罗斯、蒙古都与中国都保持着和谐的外交关系，因此政治环境潜力最高。而在东南亚地区，由于领土的争端、战略利益的冲突，以及美国"亚太再平衡"战略的推行，中印之间的摩擦和矛盾将会长期存在，而只有巴基斯坦和中国保持着最高等级的"全天候的战略合作伙伴"外交关系，因此总体而言南亚地区的政治环境较差，得分值最低。至于各国的资源体制潜力，五个区域差别不大，反映出各国都用开放包容的态度支持并鼓励跨国合作，技术先进成熟的公司和国家可以进入并支持油气勘探开发能力较弱的国家，参与能源项目的投资。同时，便利的基础设施是能源运输的重要条件，而东南亚是中东油气进入东北亚消费区的必经之地，同时也是"海上丝绸之路"的重要交通区域，该区域海路运输是便捷的运输方式，港口码头等基础设施的建设相对完善，基础设施潜力最大，其余地区差别不大。经济发展潜力方面，南亚地区的平均经济发展环境相对较好，尽管巴基斯坦和孟加拉国的 GDP 和外商投资较少,然而印度 2015 年 GDP 已经达到了 2.1 万亿美元,是经济发展较快的发展中国家。随着外资政策趋于放松,印度政府积极采取措施促进外国投资,2008 年 FDI 净流入达到了历史峰值,近 400 亿美元。中亚五国深处内陆,经济发展水平较低,外资的吸引力度也不够,因此经济发展潜力值最低。东南亚地区的经济得分略高于平均水平,而俄罗斯地区和中东地区的得分略低于平均水平。

表 13-3 不同地区一级指标平均得分情况

地区	维度				
	资源储备潜力	政治环境潜力	资源体制潜力	基础设施潜力	经济发展潜力
南亚	0.0048	0.0154	0.0128	0.0108	0.0316
东南亚	0.0060	0.0186	0.0168	0.0201	0.0227
中亚	0.0142	0.0169	0.0169	0.0133	0.0075
俄罗斯地区	0.0155	0.0197	0.0132	0.0176	0.0135
中东	0.0367	0.0176	0.0176	0.0155	0.0172
平均值	0.0154	0.0177	0.0154	0.0155	0.0185

13.4.2 分项指标评价结果

进一步从资源储量潜力、政治环境潜力、资源体制潜力、基础设施潜力和经济发展潜力五个一级指标对 27 个"一带一路"主要成员国的能源合作影响因素进行分析。

1)资源储备潜力

资源储备潜力包含石油探明储量、天然气探明储量、石油储采比、天然气储采比和能源进口率五个二级指标。从图 13-3 可以看出,中东地区沙特阿拉伯、伊朗、伊拉克、科威特、阿联酋以及俄罗斯地区已探明石油储量最为丰富。天然气储量方面,伊朗、俄罗斯、卡塔尔、土库曼斯坦和沙特阿拉伯位于前五位,均超过了 8 万立方米。根据油气产量现状,计算得到各国原油和天然气储采比。基于 BP 世界能源统计年鉴的统计数据,发现尽管中东地区原油储量和产量均较大,储采比仍然具有明显的优势;中亚五国石油勘探开发能力较弱,产量较低,因此储采比也相对较高。天然气方面,土库曼斯坦、塔吉克斯坦、伊朗、伊拉克、卡塔尔、科威特、阿联酋的储采比均超过 100 年,未来可供开采的年份较长。能源进口率指标的数据显示,卡塔尔、科威特和阿塞拜疆位于前三位,能源生产量较大,消费量较小,因此出口量较大。南亚和东南亚国家的各项资源指标得分均较小,不具备资源储量的优势。

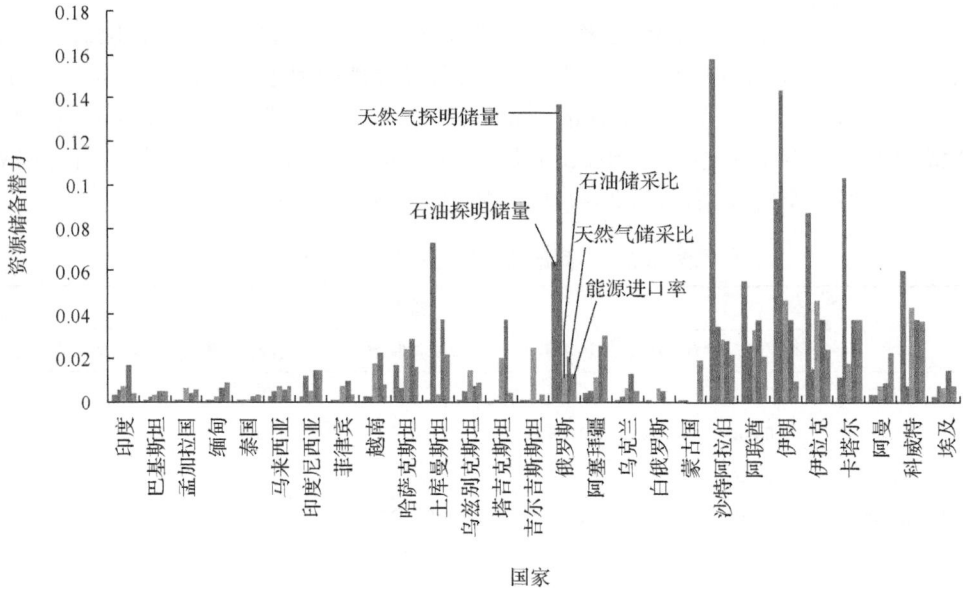

图 13-3　资源储备潜力得分情况

2) 政治环境潜力

　　安全形势得分较高的国家包括俄罗斯、白俄罗斯、沙特阿拉伯、阿联酋、卡塔尔和阿曼，国内秩序较为稳定，不安因素较少。具体来看，俄罗斯境内的地方分裂主义分子和民族极端分子较少；白俄罗斯境内不存在民族和宗教矛盾，社会治安良好，反对派力量薄弱；沙特阿拉伯王室对政权和军队拥有绝对的控制权，秩序稳定；阿联酋民族和宗教矛盾少，武装冲突风险较低；卡塔尔受到美国保护，民族、部族和宗教矛盾低；阿曼国内不存在宗教矛盾和恐怖组织。得分较低的国家包括菲律宾、乌兹别克斯坦、塔吉克斯坦、乌克兰、伊拉克和科威特。其中，菲律宾国内恐怖组织猖獗，绑架勒索尤其频繁，社会治安混乱；乌兹别克斯坦国内贫富差距严重，社会矛盾错综复杂，且面临着"伊斯兰运动"的恐怖主义威胁；塔吉克斯坦境内外"三股势力"、地方武装和毒品集团是国内面临的主要隐患；乌克兰国内动荡持续至今，亲俄势力频繁采取反武装行动，军事冲突不断；自萨达姆被推翻后，伊拉克国内的逊尼派、什叶派和库尔德人三大势力僵持不下，政局长期动荡不安；科威特主要面临着来自邻国基地组织的恐怖袭击和武装冲突；存在很高的安全风险。

　　政治环境潜力包括安全形势、地缘政治和外交关系三个二级指标(图 13-4)。地缘政治得分较高的是孟加拉国、泰国、印度尼西亚、塔吉克斯坦、俄罗斯、蒙古国、阿联酋和阿曼。俄罗斯作为世界强国，国际影响力很大，因此政治风险低。蒙古采取大国平衡战略，政局相对稳定；阿联酋与各国保持着和睦相处的关系，政权受到本国民众拥护，政局长期保持稳定。阿曼在军事上受到欧美国家的保护；孟加拉国自身国力不强，在美国重返亚太战略背景中具有重要地位；泰国保持与中国、美国、日本的平衡的外交关系，政治环境良好；印度尼西亚国内政局总体稳定，民主化转型基本完成，且努力平衡与大国的外交关系；塔吉克斯坦的周边国际环境较好。相反，得分较低的包括菲律宾、乌克兰、伊朗和伊拉克。乌克兰是俄罗斯与西方地缘争夺的焦点，国内亲俄势力和亲西方势力严重分裂，政治局面较为混乱；在美国大中东战略的背景下伊朗和伊拉克将会受到一定的抑制，不排除采取军事行动的可能。因此，这三国的地域冲突较多，地缘政治得分最低。

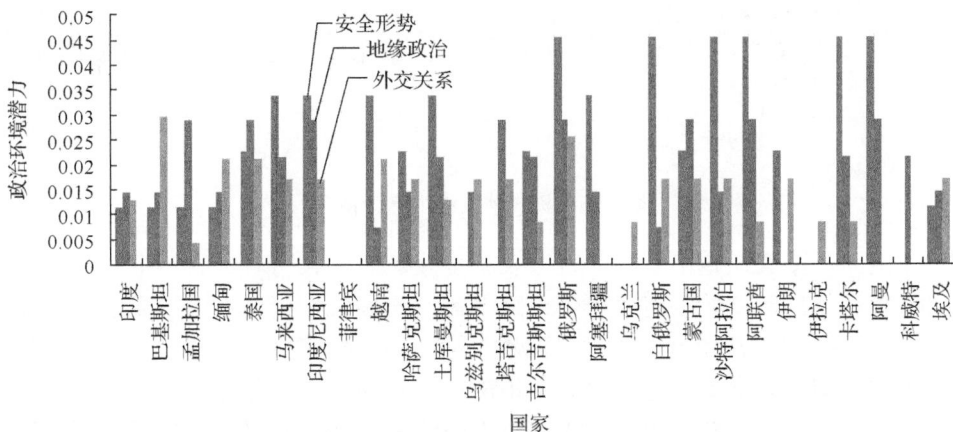

图 13-4　政治环境潜力得分情况

外交关系方面，巴基斯坦的得分最高，中国仅与巴基斯坦保持着最高等级的全天候战略合作伙伴关系，高层接触频繁，务实合作深入推进，两国在国际和地区事务中沟通协调良好。阿曼、科威特、阿塞拜疆和菲律宾仅保持着最低层次的友好合作关系，合作领域和深入程度都欠缺，因此外交关系得分最低。其余多数国家与中国保持着（全面）战略合作伙伴关系，国际环境相对较好，适合于开展多领域交流与合作。

3) 资源体制潜力

资源体制潜力包括政策稳定、官方表态和油气政策三个二级指标（图 13-5）。总体上来看，除哈萨克斯坦、俄罗斯、伊朗和伊拉克的政策稳定得分最低，其余各国政策稳定得分差距较小，油气法律法规不会频繁更新，对外商投资者的利益影响较小。俄罗斯投资政策不稳，能源政策和法规仍处在不断调整中；哈萨克斯坦油气对外合作政策比较完善，但经常调整税收政策，强化政府权力，提高了投资政策风险；在美国和欧盟制裁压力下，伊朗对外合作政策将会面临较大调整；伊拉克法律体系不健全，法律合同的约束力不强，未来将对在伊投资的外国公司产生不利影响。

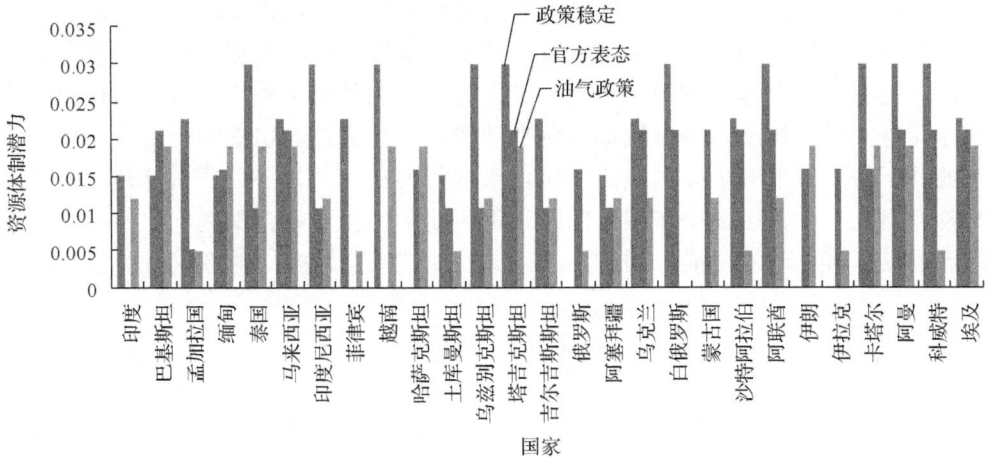

图 13-5　资源体制潜力得分情况

印度、菲律宾、越南三国的官方表态得分最低，表明对于"一带一路"战略的支持度偏低。印度始终将"一带一路"建设的倡议作为对本国的竞争，明确表示要实施"21 世纪海上丝路"的"四季"计划，并拒绝接受修建"云南—缅甸—孟加拉国—印度东部"通道建议。由于南海问题的争端，菲律宾、越南与中国的外交关系比较脆弱敏感，对"一带一路"倡议态度并不积极，仍然对中国保持着戒备和顾虑，担心中国的崛起会对本国的安全产生不利影响。

油气政策的得分中，孟加拉国、菲律宾、土库曼斯坦、俄罗斯、白俄罗斯、沙特阿拉伯、伊拉克和科威特得分较低，表明油气产业链没有完全对外开放，资源勘探开发与进出口受到政府不同程度的管控，外国能源项目投资吸引力较差。而多数国家都对外开放油气产业链，支持并鼓励外国公司进行能源项目合作。

4) 基础设施潜力

基础设施潜力包括港口基础设施质量、货柜码头吞吐量和跨境油气管道建设情况三个二级指标(图 13-6)。港口基础设施质量得分较低的主要是中亚五国，处于内陆地区，主要采用铁路和公路进行交通运输，港口建设稍显滞后。得分较高的是阿联酋、马来西亚、卡塔尔和沙特阿拉伯。阿联酋油气出口主要通过海路运输，鲁维斯港的最大泊位可承载 10 万吨级油轮，天然气最大存储能力 12.5 万立方米，油气设施较为完善。马来西亚拥有石油和天然气的港口 36 个，泊位 113 个，可停靠 5 万吨以上油轮。石油码头共建有 155 个石油储罐，原油和成品油储存能力较强。卡塔尔有 6 个油气出口码头，其中多哈港是卡塔尔最大的港口，有 9 个泊位，以进出口石油为主。沙特阿拉伯原油主要通过油轮出口，共有 7 个分布于波斯湾和红海的油港，年吞吐能力较大，基础设施质量较高。

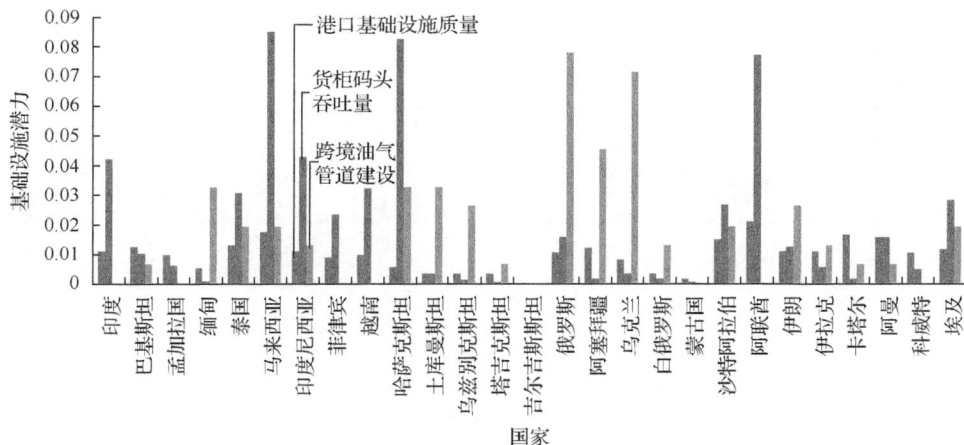

图 13-6　基础设施潜力得分情况

货柜码头吞吐量指标中得分较高是印度、马来西亚、哈萨克斯坦和阿联酋。印度油气进口完全依赖海上运输，全国现有石油和天然气港口 41 个，码头接卸能力已初具规模。马来西亚地处亚太地区的中心，地理位置优越，是油气储运和贸易中心。哈萨克斯坦的主要港口包括阿克套国际贸易港，包季诺港和库雷克港，2014 年的货物吞吐量达到了 2074.45 万标准箱。阿联酋共有 6 个较大的油气码头，是重要的集装箱运输中心，年吞吐能力达到了 1933.64 万标准箱。

跨境油气管道建设指标得分最高是俄罗斯、乌克兰、阿塞拜疆。其中，俄罗斯拥有庞大的油气运输管道网络，管线总长度超过 22 万千米，和欧洲、独联体、中国建有跨境油气管道，呈现出"向西为主，东向不足，南向空白"的特点。乌克兰输油管道总长 4569 千米，天然气管网总长 3.82 万千米，油气进出口管道通达。阿塞拜疆现有 3 条石油出口管道，4 条天然气出口管道，管线总长度达到 6596 千米，主要流向俄罗斯、欧洲和中东地区。

5) 经济发展潜力

经济发展潜力包括 GDP、FDI 净流入和经济风险三个二级指标，反映沿线主要国家的经济水平以及能源项目投资的吸引力 (图 13-7)。

从 GDP 和 FDI 指标的得分来看，俄罗斯、印度和印度尼西亚均排在前三位，2014 年 GDP 分别达到了 1.86、2.07 和 0.89 万亿美元，外商直接投资为 220.31、345.77、251.21 亿美元。一般而言，GDP 越高，外商直接投资越高，该国综合国力越强，社会经济发展环境的越友好，外资吸引能力越强，双边合作潜力越大。因此，这三个国家的经济技术和开放水平较高。而中亚五国整体经济实力不强，有待于进一步开发。

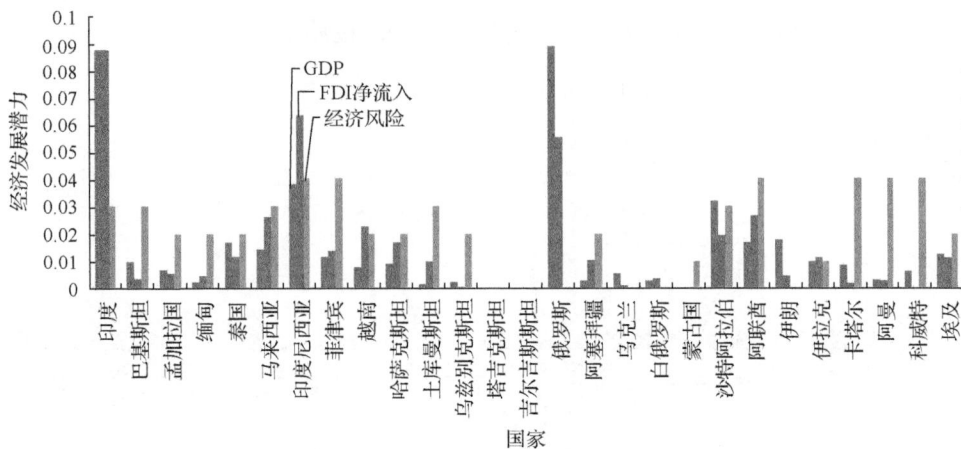

图 13-7　经济发展潜力得分情况

从经济风险的指标得分来看，印度尼西亚、菲律宾、阿联酋、卡塔尔、阿曼和科威特得分较高，经济发展形势良好，汇率稳定，外汇储备较为充裕，有较好的偿债能力。而塔吉克斯坦、吉尔吉斯斯坦、俄罗斯、乌克兰和白俄罗斯经济风险高，外汇储备有所下降，偿债能力受到一定影响，汇率将继续波动，经济增长乏力。

13.5　结论与建议

中国能源资源较为匮乏，是石油和天然气进口大国，且随着经济发展，对油气资源的需求将会逐渐增加。推进"一带一路"建设，加强能源合作有利于促进更深层次的区域合作，提高区域能源安全保障水平和区域能源资源优化配置能力，推动各国经济社会快速发展。基于"一带一路"沿线 27 个国家的能源贸易合作潜力评价可知，俄罗斯、沙特阿拉伯、阿联酋和伊朗能源合作潜力很强，属于深度合作型，便于开展能源领域全方位合作；卡塔尔、印度尼西亚等八国的潜力较强，属于快速发展型，能源合作发展较快；阿曼、越南、阿塞拜疆等五国的潜力较弱，没有明显的资源优势，属于缓慢推进型，能源合作缓慢增长；巴基斯坦、塔吉克斯坦等十国的潜力很弱，属于有待拓展型。

本章对"一带一路"能源贸易合作做出了一定的尝试，然而仍存在以下问题：①指标体系构建不全面。由于数据的限制，没有考虑到铁路运输对跨国合作的影响，也没有考虑到金融支撑环境对货币结算的影响。②数据有待扩充。可进一步搜集多年数据，分析不断变化的指标在各历史年度的耦合结果，发现能源合作潜力的动态变化特征，并进一步推演可能的变化趋势。

参 考 文 献

[1] 杨宇, 刘毅, 金凤君. 能源地缘政治视角下中国与中亚—俄罗斯国际能源合作模式[J]. 地理研究, 2015, 34(2): 213-224.

[2] 潜旭明. "一带一路"战略的支点:中国与中东能源合作[J]. 阿拉伯世界研究, 2014, (3): 44-57.

[3] 郑腊香, 张卉, 肖远进. "一带一路"背景下中欧新能源合作的机遇、挑战和对策[J]. 广东行政学院学报, 2016, 28(5): 91-94.

[4] 郭思佳, 安海忠, 曾金芳. 基于层次分析法的中东地区油气资源投资环境评价[C]// 2012 管理创新、智能科技与经济发展研讨会论文集. 2012.

[5] 何波, 安海忠, 方伟, 等. 全球油气资源投资环境的评价与优选[J]. 资源与产业, 2013, 15(6): 114-118.

[6] 安海忠, 陈芙蓉, 雷涯邻. 能源资源国际合作环境评价指标体系的设计[J]. 改革与战略, 2007, 23(11): 45-49.

[7] 孔庆峰, 董虹蔚. "一带一路"国家的贸易便利化水平测算与贸易潜力研究[J]. 国际贸易问题, 2015, (12): 158-168.

[8] 林珏. 2006—2015 年中加贸易互补性指标测度及两国能源合作[J]. 四川大学学报(哲学社会科学版), 2017, (2): 86-97.

[9] 谭秀杰, 周茂荣. 21 世纪"海上丝绸之路"贸易潜力及其影响因素——基于随机前沿引力模型的实证研究[J]. 国际贸易问题, 2015, (2): 3-12.

[10] 常雅楠, 王松江. "一带一路"背景下基础设施 PPP 项目风险分担研究[J]. 科技进步与对策, 2016, 33(16): 102-105.

[11] 许勤华, 蔡林, 刘旭. "一带一路"能源投资政治风险评估[J]. 国际石油经济, 2017, 25(4): 11-21.

[12] 高岩芳. 丝路经济带背景下海外能源投资风险评估方法探析——基于模糊综合评价模型[J]. 经济研究参考, 2015, (55): 62-66.

[13] BP 世界能源统计年鉴(2016)[R/OL]. https://www.bp.com/zh_cn/china/reports-and-publications/bp_2016.html.

[14] 世界银行统计数据库[OL]. https://data.worldbank.org.

[15] 徐建山, 等. "一带一路"油气合作国别报告[M]. 北京: 石油工业出版社, 2016.

[16] "一带一路"大数据综合服务门户[OL]. http://www.bigdataobor.com.

[17] Shannon C E. A mathematical theory of communication[J]. The Bell System Technical Journal, 1948, 27: 379-423.